《中国名人大传》
ZHONGGUO MINGREN DAZHUAN

苏轼传

胡明刚◎著

北京联合出版公司
Beijing United Publishing Co.,Ltd.

图书在版编目(CIP)数据

苏轼传/胡明刚编著.—北京:北京联合出版公司,2013.11(2022.1重印)

(中国名人大传/马道宗主编)

ISBN 978-7-5502-2163-5

Ⅰ.①苏… Ⅱ.①胡… Ⅲ.①苏轼(1036~1101)—传记

Ⅳ.①K825.6

中国版本图书馆 CIP 数据核字(2013)第 253163 号

苏轼传

编　著:胡明刚

版式设计:东方视点

北京联合出版公司出版

(北京市西城区德外大街 83 号楼 9 层　100088)

北京一鑫印务有限责任公司印刷　新华书店经销

字数 230 千字　710 毫米×1000 毫米　1/16　15 印张

2013 年 11 月第 1 版　2022 年 1 月第 3 次印刷

ISBN 978-7-5502-2163-5

定价:49.80元

前 言

　　苏轼（1036—1101年），字子瞻，号东坡居士。四川眉山人。北宋文学家、书法家。

　　苏轼出身寒门，自幼受父亲苏洵及母亲程氏影响，酷爱读书。宋仁宗嘉祐二年（1057年）进士及第，深受主考官欧阳修的赏识。六年，入第三等，授大理评事、签书凤翔府判官。熙宁二年，宋神宗任用王安石实施变法，先后推行均输、青苗、农田水利、免役、市易、方田、均税等新法。苏轼认为均输法的实质是朝廷与商贾争利，青苗法则是放债取利，而免役法则加重了市民和农民的负担。尤其是当他看到新法推行中的流弊，便上书请求外任。此后八年间，苏轼先后调杭州、密州、徐州、湖州任职。元丰二年（1079年），王安石被罢相，御史中丞李定等人诬陷苏轼怨谤神宗，苏轼被捕入狱，后改贬为黄州团练副使。元丰八年，神宗去世，哲宗年幼，高太后临朝，起用司马光执政，召苏轼回朝，开始废除新法。苏轼认为应该保留部分有益的条款，未被采纳，遂再次请求外任，历知杭州、颍州、扬州。在此期间，苏轼兴修水利、赈济灾民，多有政绩，八年后被召还朝，任兵部尚书兼侍读。绍圣元年（1094年）哲宗亲政，新党得势，贬斥元祐旧臣，苏轼被一贬再贬。他在生活条件极为艰苦的儋州（今海南儋县），"食芋饮水，著书以为乐"，对惠州百姓和黎族人民寄予了深切的同情。元符三年（1100年），宋徽宗即位，他才遇赦北归，建中靖国元年（1101年）七月，病死于常州。

　　苏轼在儒学体系的基础上结合了佛、老两家哲学思想，佛老思想一方面使他比较通达地观察问题，在超然物外的旷达态度背面，仍能坚持对人生和美好事物的追求；另一方面，"齐生死，等是非"的虚无主义思想又有严重的逃避现实的消极作用。这一点，在苏轼的政治活动及文学作品中都有所表现。他向往"朝廷清明而天下治平"的盛世，有志于改革北宋萎靡的积习，但他反对王安石变法，与变法派产生矛盾，同时又与维持现状的保守派有所抵牾，加上他为人表里澄澈，讲究风节操守，因而使他不见容于元丰，又不得志于元祐，更受摧折于绍圣，一生遭受很大的政治磨难，仕途曲折，历尽沉浮。但也正是这种磨难，加深了他的阅历，扩大了他的视野，使他对现实社会有所批判，对人民生活的疾苦有所同情，因而创作出许多流芳千古的名篇佳作。

苏轼一生的主要成就在于文学。他的诗奔放灵动，格调清新，自成一派，"有必达之隐，无难显之情"；他突破"词必香软"的樊篱，抒情言事，慷慨激昂，开创了豪放词派的先锋；他的散文气势磅礴，自然流畅，与父苏洵、弟苏辙同列"唐宋八大家"，人称"三苏"。此外，苏轼还工于书法，长于行楷，与蔡襄、黄庭坚、米芾共称"宋四家"；他善于绘画，画中讲究"神似""传神"；他提出的"诗中有画，画中有诗"的艺术观点，在中国文化史上颇具影响。

苏轼对后世影响很大，就在于从他的艺术作品和人生历程中表现出来的人生态度和为人品格。糅合了儒、释、道三家思想的东坡先生，尽管时常有消极避世的表现，但他的人生大局却是屡挫而屡奋起，百折不挠，一如他的词作，是一曲慷慨激昂的壮士悲歌。

目录 Contents

第一章 旷世才俊

一、家世渊源

眉山位于川西平原的南边，自眉山往北 200 里，就是成都。嘉州成都西南百余里处，其西是峨眉名山。眉山境内平原与丘陵相间，岷江穿境而过，气候温润，植物茂盛，虽然没有通都大邑的繁华热闹，却也是一个盛产蚕桑鱼米的地方。"岷山之阳土如腴，江水清滑多鲤鱼"，"想见青衣江畔路，白鱼紫笋不论钱"。家乡的富庶美好，是三苏诗文中经常提到的。眉山境内虽没有名山大川，但"山不高而秀，水不深而清"，自然景物秀丽可爱。登高俯瞰，只见郁郁葱葱的田野上，镶嵌着一座座小巧玲珑的山丘，清澈的岷江像一条蓝色的带子静静地流淌。这里的景色，给人的感觉不是震撼和敬畏，而是温馨、亲切与喜悦。

宋仁宗景祐三年（1036 年），苏轼生于眉山县城内的一个清寒的中等家庭中，这年他父亲苏洵二十八岁。苏洵是散文家，他二十七岁才发愤读书，经过十几年闭门苦读，学业大进。可是他运气不佳，多次应试均遭失败，"遂绝意于功名，而自托于学术"，一边刻苦著书立说，一边精心教导子女。苏轼的母亲程氏是个有文化的妇女，很注意对子女进行启蒙教育。

苏轼出生时，祖父苏序仍然健在，时年六十三岁。苏序年轻时高大俊朗，古道热肠，慷慨大方。他生于宋太祖开宝六年（公元 973 年），是苏杲的儿子，21 岁时父亲去世。他年轻时"喜为善而不好读书"，苏洵说他生性随便，待人很宽厚体贴，对自己的事却不怎么认真。他对人很谦恭，见到什么人都是和和气气的，于是就引起了一些不必要的误会。有些人看到他在那些有地位、有身份的人面前，显出十分尊敬的样子，就认为：这个人是在讨好有权势的人。可是后来又发现，他在那些普通的庄稼人面前，也是十分尊敬的样子。原来他对谁都一样，没有区别。人们因此改变了从前的看法，其实这种看法也是片面的。苏序脾气和善，与什么人都能谈得来，却并不是一个老好人，在他内心深处，有着极强的是非观念。

苏轼的父亲苏洵生于宋真宗大中祥符二年（1009 年），到 48 岁时才被世人所知。

受父亲和家风的影响，苏洵的性格淡泊宁静，因此不是特别迫切地追求功名，因受到眉州地方学风的影响，对科举考试中盛行的华而不实的作风感到厌恶。这使得他在学习中缺少强大的动力。他年纪尚轻，同时缺少良师的指点，阅历不深，对外面的世界接触较少；他想成大器，做大事，但找不到适合自己的正确学习目标及其途径。所以他在学习中浅尝辄止，学得既粗疏又肤浅，不久就失去了信心和热情，很快就辍学了。

他的妻子对此表现出深深的忧虑。苏洵19岁结婚，妻子是眉山巨富程文应的女儿。程氏出身书香门第，又很重视功名，她对苏洵的情况不免忧心忡忡。不过，程氏是一位贤惠而又淑德且能体谅丈夫的女子，她虽然不满苏洵的辍学，却并不表露出来，她采取了忍耐等待盼其丈夫觉悟的对策。善于体察人意的苏洵，却看出了妻子心中的忧虑，后来苏洵在《祭亡妻文》中曾写道："子虽不言，耿耿不乐。我知子心，忧我泯没。"

受家风、民风的影响，苏洵崇尚朴实，看不惯那些追求享受的浮华之徒，把他们看作"怪物"。不过终于有一天，他发现自己也处在"怪物"的位置上了。他是一位有志气有才华的人，不愿默默无闻埋没一生，对事业功名的渴望，始终埋藏在他内心深处。父亲的宽容、妻子的隐忍，终于有了回报。苏洵25岁那一年，他又开始认真读书学习了。等到27岁，他读书求学，干一番事业的心愿更加强烈。一天，他对妻子说："我自己反省之后发现，我今天还是可以学习的。可是家里靠我维持生计，要学习就得荒废家业，怎么办呢？"妻子说："这话我早就想跟你说了，我希望你忘我学习。如果你有志求学，就把家事交给我好了。"在妻子的热情支持下，苏洵走上了坚定的求学道路。

苏轼八岁到十岁的时候，父亲进京赶考。落榜之后，到江淮一带游历，母亲在家管教孩子。这段时期内，发生过一件事，在《宋史》有关苏轼的部分与苏辙为他母亲写的长篇碑文里，都有记载。程氏那时正教孩子《后汉书》。书上记载后汉时朝纲不整，政权落入宦官之手；当时儒士书生愤然而起，反抗这些小人统治。在当时的官场中，普遍存在贪污、受贿、勒索、滥捕无辜，地方官都是那些宦官豢养的走狗。忠贞廉正的大臣和太学生，不惜冒生命之险，上书弹劾奸党。抗议与改革之声，此起彼落，可是奸党进行追查与审讯之事，也层出不穷。当时太学生与学者们，有的遭皮肉之苦，还有的被谋杀。

这群勇敢正直的学者之中，有一个大无畏的青年，就是范滂。苏洵的妻子有一天也教儿子读《范滂传》。

建宁二年，遂大诛党人，诏下急捕滂等。督邮吴导至县，抱诏书，闭传舍伏床而泣。滂闻之，曰："必为我也。"即自诣狱。县令郭揖大惊，出解印绶，引与俱亡，曰："天下大矣，子何为在此？"滂曰："滂死则祸塞，何敢以罪累君，又令老母流离乎！"其母与之诀。滂白母曰："仲博孝敬，足以供养，滂从龙舒君归黄泉，存亡各得其所。惟大人割不可忍之恩，勿增感戚！"母曰："汝今得与李、杜齐名，死亦何恨！既有令名，复求寿考，可兼得乎！"滂跪受教，再拜而辞。顾谓其子曰："吾欲使汝为恶，则恶不可为；使汝为善，则我不为恶。"行路闻之，莫不流涕。时年三十三。

苏轼抬头望着母亲，问道："妈妈，我长大以后要是做范滂这样的人，您愿不愿意？高不高兴？"母亲回答道："你如果能做范滂，难道我就不能像范滂的母亲那样吗？"

苏轼小的时候在读书之外，还有其他的许多兴趣。下学之后，他回家就往鸟巢里瞧。他母亲曾经严厉告诫苏轼与家中的使女，不得捕捉鸟雀。因此没过多久，鸟雀就知道在庭园里不会受害，有的就在院子里的树枝上做窝，低得孩子们都可以望得见。有一只羽毛非常鲜艳美丽、样子也十分可爱的小鸟，一连几天飞到他家的院子里去，苏轼对这只乖巧的鸟儿钟爱不已。

苏轼和兄弟姐妹们常在母亲身边玩耍。他和弟弟苏辙还经常到村中去赶集，有时也在菜园中掘土。一天，他们挖出一块非常漂亮的石板，既晶莹剔透，又有绚丽的绿色条纹。他们轻轻敲击时，石板会发出清脆类似金属的声音。他们想如果做成砚台，一定非常合用。做砚台最好用一种有气孔的特别的石头，它能更好地吸潮、保存水分。一方上品砚台往往为文人雅士视为至宝。父亲给孩子一方砚台，孩子直到长大成人都要保存它，而且还要在砚台上刻上特别的词句，以期将来文名大噪。

二、成长之路

苏轼十六岁时，发生了一件意外而令人悲伤的事情，这事使他家和他母亲的娘家关系紧张起来。事情是这样的，苏轼的父亲把他的姐姐许配给苏轼外婆家的表兄程之才，这在中国过去的家庭里是常有的事。到现在，我们已无法知道详情，但是苏轼的姐姐在程家过得并不幸福，饱受程家人的折磨。以至于她不久就离开人世了，这激起苏洵的愤怒。苏洵还写了一首诗，暗含怨恨的词句，为女儿之死而自责。然后，他做了一件非同寻常的事情。他编了一个家谱，刻在石头上，并且在石上立了一个亭子。他把苏氏全族请到，他要在整个家族面前，谴责他妻子的娘家。在全族人奠酒祭告祖先之后，苏洵向他们说，村中有人——暗指他妻子的哥哥——代表一个豪门，弄得全村道德败坏；他甚至把幼侄赶走，独霸了家财；这个人是势利小人，媚上欺下，爱富嫌贫，家中车马光亮耀眼，贫穷的邻人侧目而视，他家的财富与势力可以左右官府；最后还说，"是三十里之大盗也。吾不敢以告乡人，而私以戒族人焉"。苏轼的父亲自然把程家得罪到底了，不过他已经准备与这门亲戚彻底断绝关系，因此他又告诉两个儿子永远不要和程之才来往。发生这件事之后的四十多年里，苏轼兄弟二人从来没有和程之才有过来往。不过苏洵去世之后，苏氏兄弟和外婆家别的表兄弟，倒保持了不错的亲戚关系。苏洵当众对豪门的谴责，表现出他刚直的性格。疾恶如仇的品性，在晚年的苏轼身上，也表现得非常突出。

苏轼的母亲当然为这件事很不高兴，也为自己的女儿感到伤心。至于在这一场亲族冲突之中，她究竟是站在娘家那一面，还是站在自己的丈夫和孩子这一方，那就很难猜测了。前面已经谈及，苏轼母亲受过良好教育，她父亲在朝为官，而且官职不低。她曾经反抗家中那种仗势欺人的恶习，更反对她哥哥丧心败德的行为。她为此痛心疾首，不久，她的身体就垮了下去。

苏洵在庆历五年（1045年）应制举不中，便完全打消了通过科举求取功名干一番事业的念头。他进行了深刻反思，决心彻底抛弃那些辞藻华丽实却内容空洞的时文，专心钻研古代文化，努力提高自己的学识素养。苏洵27岁后，闭门读书，所学的仍是声律属对，尽管他不适合也不喜欢这些东西，可是为了参加并通过科举，就不得不学习它们。那次考试失利后，他对应试文章的弊端有了一定的认识，并逐渐意识到学写古文才是正路。可是为了迎合时俗，适应科举，他还是不能放弃时文。结果导致声律属对没有学好，古文也不能运用自如。经过多次挫折，他深深感到，将自己的命运系于他人之手是多么可悲，只有抛开世俗观念与科举功名的束缚，才能使自己在学业上真正有所成就。

苏洵回家后，重读自己过去的习作，终于得出了一个结论："这不是我需要的东西！"他毅然烧毁了过去费尽心思写的几百篇文章，开始专心致志地研究古代圣贤的著作。从此，他的人生目标不再是在考场上出人头地。而把古代的圣贤奉为人生楷模。他决心继承古代散文的优良传统，学习古代圣贤的写作方法，从古代优秀的文化遗产中汲取营养，自己的诗文创作肯定会日臻化境。

十年游学的经历使他积累了大量的知识，也了解了国计民生的基本要理，积累了丰富的生活经验。他需要一段时间静心思考，将所见所闻所学加以整理、消化、提高。他必须停止那种漫无目的的学习，而转入潜心研究的阶段。

苏洵的大哥苏澹，一直身体不好，景祐四年（1037年）病故，苏涣又在外做官，苏洵则游学四方，家中的一切生计，主要靠苏洵的妻子程氏操持。大概程氏是受了娘家家风的影响，很善于经营，在她的操持经营下，苏家经济情况明显改观，较从前富裕了许多。程氏虽然能干，毕竟是妇女，在当时社会中要独力主持家务并非易事。苏序虽然年迈，但作为一个有地位的家长，其作用却是不可替代的。苏序去世后，苏洵就不得不来顶替他的位置。

另外一个更重要的原因，就是儿子苏轼、苏辙已渐渐长大，对他们的教育，苏洵不能不作为头等大事来考虑。庆历七年（1047），苏洵自江南回来，那时苏轼11岁，苏辙8岁，正是需要给予系统文化教育的年龄。先前孩子尚小，苏洵在外游学之时，由达礼知书的妻子给以启蒙教育是可以的，而这时则非由苏洵亲自授教不可了。之后的10年，苏洵居家教子，苏轼兄弟长大成人。

现存苏洵《嘉祐集》中的大部分作品，就是在这十年中的后半期写的。其中包括使他名声大噪的《权书》《几策》《衡论》。这些作品体现了苏洵的深刻见识，在其中也提出了革新政治的系统的意见。

皇祐初年，苏洵曾拜访过益州知州田况，并将自己的文章呈上。这些文章大多数是在庆历七年之前或庆历七年到皇祐初年之间所写的，后来，在给田况的信中，苏洵形容这些文章"浅狭可笑，饥寒穷困乱其心，而声律记问又从而破其体，不足观也"。他说，从那以后，自己打算"退居山野，自分永弃，与世俗日疏阔，得以大肆其力于文章"。由此可见，就算是在这10年中，他写的文章也不是一蹴而就的，仍然是在反复的探讨琢磨中完成的。直到皇祐初年之后，苏洵才真正能做到文思泉涌、内容博大而奔放流畅。苏洵在研究古代文化思想的同时，还对家中的藏书进行了考订校正，这既便于儿子们学习阅读，又进一步补充自己的文史知识。苏洵写的政论，借古喻今，旁征博引，正是得益于他对古籍的深入研究。他对前人文化的研究成果，体现在《六经论》《史论》《大玄论》等著作中。在这10年中，除了在皇祐初年去成都拜访过田况、张俞等人外，苏洵基本上是足不出户，来往的朋友都是眉州本地人士，但生活也并不是清净悠闲的。庆历七年回家不久，苏洵的好朋友史经臣便患病竟致残废了。当苏洵前去探望时，性格刚毅坚强的史经臣"瞋目大呼，屋瓦为落"。不久又传来了他的兄弟史沆不幸去世的消息，史经臣痛不欲生。"出门无所诣，老史在郊墟。"史经臣家是苏洵常去的地方。史氏兄弟品格高尚，才华出众，命运却极为不幸。看到他们悲惨的境遇，又想到自己困顿的经历，苏洵不禁感慨万千。他在《衡论·广士》中说，人原本才智卓绝却不善于从事名数、章句、声律的推敲，甚至又有许多人不愿意学这些形式技巧，如果总是用章句声律去考察、检验他们的学问，那么这些才识卓越的人就只能穷困终年了。这也是苏洵根据自己和朋友的经历得出的结论。

苏洵的思想、文章在庆历、皇祐年间已趋于成熟，作为学者、作家，他已经达到了当时较高的境界。因此，他对苏轼兄弟的教育和引导，就是在一个很高的层次上进行的。这样优越的条件，是苏洵自己所未曾有过的。可以说，苏洵几十年艰难曲折的文化探寻，为苏轼兄弟的学业铺平了道路。

苏辙说："从小我努力学习，我的老师就是父亲；我的学友就是哥哥。父亲和哥哥的学问，都是把古今成败得失作为立论的要点。他们认为有德之士生在世上，培养气质道德，做到没有任何不良习惯才是关键，并且要推广这样的修养，让它同样去影响别人，只有这样才算是没有白活在世上；如果不幸不被今世所重用，就应该将自己的学问心得著成文章，以便让后世的人们有所了解。"

苏轼也这样说："我和弟弟写的文章很多，却从来不敢有敷衍了事的意思。"他们兄弟俩的文章，都是有感而发而非矫揉造作。苏轼说他们不敢，是因为父亲的教导："从小我们听父亲谈论有关写文章的事，他认为古代的圣贤是有了强烈的感想，觉得不得不发时才写作的。"苏洵给儿子指出了写作的门径，这是他经历了许多的磨难、走了许多弯路才探索出来的。

有一次，苏洵从虔州回来后，拿出从京城带回的颜太初的诗文给苏轼兄弟看，并且说："孩子们啊，再过几十年，天下恐怕再没有人写这样文章的了。"之所以有这样的说法，是因为那时欧阳修被贬到滁州去了，苏舜钦、尹洙、梅尧臣这些主张写作古文、反对浮华文风的有识之士也贬的贬、罢的罢。从此以后，文坛的萧条状况怕是无人可以扭转的了。他还给苏轼兄弟分析讲解了颜太初诗文的特点："颜先生的文章，全都是有感而发的，精悍、切实、关忧尘世疾苦。出言务必针对当世的要害问题，内容确凿、言辞中肯，乃是救世良策、治世良方。那些漫谈浮言、蔓语枝词之类，颜先生一句也没有。"听了父亲的话，苏轼兄弟对这位颜太初先生佩服极了。他们 20 年后见到了颜太初的儿子，都互相仰慕，成为要好的朋友。

在父亲的指导下，苏轼兄弟阅读了大量的古代文献，也学习鉴赏了许多当时名家的作品。还有一次，苏洵和苏轼、苏辙一起读富弼的《使北语录》。富弼是河南洛阳人，庆历新政的重要成员。庆历三年（1043 年），辽国乘宋朝边境吃紧的机会，以战争威胁，索要领土。富弼奉命出使辽国，进行谈判交涉。他回来后把出使交涉的经过记录下来，就成为《使北语录》。富弼曾这样对辽国皇帝说："进行战争就会空费生命和财物，使国家受损；可是封爵赏赐，大臣们会得到好处。所以您的大臣，劝您用兵，是为自己打算，并不是为国家考虑的。"辽国皇帝知晓了利害的所在，就放弃了出兵大宋的计划。这时，苏洵父子三人都赞叹富弼的话有理有据，切中要害。这时苏洵突然问儿子："古人表达过这样的意思吗？"苏轼想了想，说："严安曾这样说过，但说得不太明白。"苏洵笑了，说："不错。"严安是西汉人，当时汉武帝要攻打匈奴，他也曾对武帝说攻打匈奴是"人臣之利，非天下之长策"。

还有一次，苏洵让儿子读了欧阳修的《谢宣召赴学士院仍谢赐对衣金带并马表》，让他们拟作一篇。苏轼在习作中写有"匪伊垂之带有余，非敢后也马不进"的句子，对仗工整，构思新颖。苏洵看后鼓励苏轼说："你将来会用上这篇文章的。"后来苏轼在朝廷中做大臣，也得到过皇帝赏赐，而且果真用上了同样的词句。这种官场上用的谢表，是讲究声律、对偶和文辞的。苏洵教儿子写文章，是以古文风格为主，以孟子、韩愈的古文为榜样的。同时苏洵也让儿子学习了属对、声律等技巧。他知道，要想让他们的文章在社会上得到承认，这些装饰点缀还是不可少的。好在苏轼兄弟非常聪明，掌握这些技巧，并没有花费他们多少精力。

苏轼兄弟俩在父亲的指导下，进行了大量的习作练习。苏轼《东坡集》中的《却鼠刀铭》，苏辙《栾城集》中的《缸砚铭》，就是他们这一时期的作品。苏轼兄弟也拜读了父亲朋友们的文章，有一篇史经臣的《思子台赋》，作得很好，很多年之后，苏轼还向自己的小儿子苏过讲解这篇赋，并让苏过模拟原文的意思，也作了一篇《思子台赋》。

苏洵一边潜心研究学问，专心著作，一边教子读书。父子共同读书，共同总结古今得失成败。光阴似箭，转眼10年就过去了。这10年，苏轼和苏辙得益于父亲的亲自教导，渐渐成长为才华出众、英姿勃勃的青年。

在民间流传着一个很美好的故事，说苏轼有一个虽不甚美丽但很有才华的小妹，她颇有诗才，嫁了一位词人，而且是苏轼的门下的学士秦观。在新婚之夜她不让新郎进入洞房，非要等新郎对好了她的上联才给他开门。那个上联很难对，秦观苦思冥想，终难如意，只好在庭院里十分急躁地走来走去，苏轼就助了他一臂之力，这样他才对出了下联。还有故事说这一对夫妇曾作神奇的回文诗，既可顺着读，又可以逆着读，更可以成为一个圆圈转着读。据说苏轼曾经向他妹妹说："你若生为男子，名气当胜过你哥哥。"这虽然是无稽之谈，人们却都愿相信，但不幸的是，找不到史实依据。在苏轼和弟弟苏辙的数百封信和其他史料中，虽然多次提到秦观，但是始终没发现他们有什么亲戚关系。即使苏轼的数十种笔记著作之中，也都不曾提到他还有个妹妹。况且，秦观是在二十九岁而且已经娶妻之后才初次遇见苏轼的。苏轼的妹妹，就算真有这样一位才女，在秦观初次遇见苏轼时，她也已经是四十左右的年纪了。这个故事却在后世越传越广越逼真，成了人们茶余饭后最好的趣谈。这样的民间故事之所以受民众欢迎，正是说明苏轼的人品多么投合中国人的喜好。不过，苏轼有一个堂妹，是他非常关心的人，而且毕生对她念念不忘。苏轼的祖父去世之后，他父亲游学归来，他的叔叔和亲戚也回来奔丧。这时堂兄堂妹有机会相见，还可以一同玩耍。据苏轼形容，他堂妹是"慈孝温文"的。因为二人同姓，自然联姻无望。后来，这个堂妹嫁给一个名叫柳仲远的年轻人。以后，苏轼在游宦途中，曾在靖江她家中住了三个月。在堂妹家做客的那些日子里，苏轼写了两首诗。那两首诗很难理解，不过如果当作情诗来看就讲得通。很少有作家或是研究苏轼生平的学者提到他们的特殊关系，因为没人愿意提。不过，苏轼晚年流放在外，听说堂妹逝世的消息，他给儿子写信说"心如刀割"。在他流放结束途经靖江之时，他虽然身染重病，还是挣扎着到堂妹坟上默哀。第二天，有几个朋友拜访他时，发现他躺在床上，朝向里面墙壁，正在轻轻地哭泣。

三、苏轼完婚

苏轼年满十八岁的时候，苏洵就准备给他完婚，没想到，苏轼却表示不想娶妻。这使苏洵十分恼火。这天，苏洵来到来凤轩，这是苏轼兄弟的书房，兄弟俩正在读书，苏洵叫苏辙离开书房一会，命苏轼留下。

"我和你母亲想给你完婚，听说你不愿意？"苏洵直截了当地说。

"孩儿年纪还小。"

"你已十八，今年订婚，明年结婚，不是很好吗？"

"我还是不想这么早就结婚。"

"那是为什么？"耿直性急的苏洵，一定要问个明白不可。苏轼知道父亲的性格，也不想隐瞒自己的观点，就平静地告诉父亲：

"我打算去青城山隐居修行。"

"不行！"苏洵十分生气，说话口气非常激动，"现在朝廷正是用人的时候，并且皇上也已下过诏书，叫天下才俊积极赴考。你与苏辙学问根底很好，你应准备进京赴考求取功名，这才是正途。成家立业后，才能前途无量。"

"爷爷一生轻视功名，实为隐士。在峨眉山下，父亲你也与白云居士张俞先生一起隐居过几年呢！"

"你不能像我一样，我从小读书，但讨厌声律，因此屡试不中，愧对前辈圣贤和列祖列宗。年轻时我喜欢游山玩水，荒疏了学业！后来才发愤学习，但深深感到少壮不努力之苦！现在，我将全部希望寄托在你们兄弟二人身上，你们应该彻底打消隐居的念头，搏取功名才是。"

"父亲您一向都瞧不起那种整日想做官的急功好利之徒。蜀中贤士也一向喜欢隐居，而不愿走出蜀道去追求功名！何况眉山附近，水秀山明。青城、峨眉，都是修道隐居的好去处。人生短暂，孩儿想上青城山拜师修炼，学求成仙不死之道！"

"一派胡言！"苏洵十分生气，"这是你的启蒙老师张易简道士灌输给你的糊涂思想！亏得你还是个读书明理之人！难道没听过郭璞的名言：燕昭无灵气，汉武非仙才！连汉武帝都无法成仙。人，都是凡夫俗子，哪有什么长生不死的神仙！"

"自古以来，山林隐士中……"

"不许你胡说八道！现在天下皆知我苏洵两个儿子的文名。当今皇上圣明，你应该明白'学成文武艺，货与帝王家'的道理。我们苏氏家族，汉朝有刺史，唐朝有宰相，你伯父苏涣，也是眉州有名的进士。自你伯父中举以后，眉州才俊纷纷走出蜀道，前去汴京应考！你与苏辙，学得这么优秀，先成家，再立业，这才是正道！你母亲常希望你像汉朝范滂，从来也没有让你学做什么隐士！"

提到母亲，他深深地敬爱着的深明大义的母亲，苏轼顿时说不出话来！母亲常教导他要做一个正直的为民请命的官，即使为百姓牺牲自己的性命也在所不惜，他也向母亲发过誓："母亲，您希望我学习范滂，为人耿直，为官正派，我一定牢记在心！"可是，若要做范滂那样的忠臣，那就得去赴考做官，那就不好隐居山林荒野，修道成仙了！

公元1054年，也就是宋仁宗把年号由皇祐改为至和的那一年。四海升平，社会稳定。至和元年三月，春和景明，大地青翠，踏青者纷至沓来。青城进士王方，借中岩寺召开了一个文会，四乡文人秀士被邀请过来，他们一起为鱼池命名。王方，这位青城贤士还梦想暗中为女儿王弗寻找一位佳婿。中岩寺丈元觉和尚是王方的好朋友，也很乐意助兴。眉山苏轼兄弟，是名满天下的青年才子，苏轼的母亲与王弗还带一些亲戚关系，所以苏轼兄弟也被王方邀请过来。

苏轼身着盛装，来到城南八十里外的中岩山麓。春风拂面，杨柳依依，清澄的岷江，在暖融融的阳光下，煞是美丽。

中岩寺内，早已热闹异常。鱼池傍岩依山，池岸山崖上，绿荫翠幔，垂下一条条藤葛，藤梢垂入清澈的池水。池中，水清见底，游鱼嬉戏。清幽的中岩寺配上如此绝景，真令人心旷神怡。苏轼对苏辙说：能找到这么个幽雅的地方，不愧好眼力！如果能为鱼池题个好名，一定成为千古流传的佳话！"哥哥你就尽显文才，争他个千古芳名吧！"苏辙知道，哥哥的诗才文思远远胜过自己。今天，他发现哥哥跃跃欲试，状态极佳，已知兄长稳操胜券。

鱼池四面，聚集着年轻的文人学士、举贡生员，都是被王方请来的客人。苏轼、苏辙分开人群，只听得王方说："今日邀请诸位，前来中岩寺开这个文会，一则欣赏春光，二则以文会友。大家也看到了，中岩寺前新添鱼池，也想请诸位学士取个雅名，也算我们青城一景，有劳各位啦！"一位秀才说："这池池深水碧，池岩犬牙交错，正是藏鱼的好地方，依我之见，取名'藏鱼池'。"王方微笑不语。人群中有人评道："一般！一般！"另一秀才说："池水清澈，锦鳞潜游，耐人玩赏，不如取名'观鱼池'。"人群之中，摇头者更多，觉得比"藏鱼池"更平淡无奇。又一个秀才说："池成水至，水至鱼来，鱼水各得其所，敢问取名为'引鱼池'如何？"王方驳道："鱼是人工放养，又非因水引来，不妥！"

突然，水中有鱼跃出，姿态优雅，煞是可人，一个书生见此情景，高兴地说道："鱼迁新居，喜不自胜，跳跃不断，其乐无穷，何不取名'跃鱼池'？"王方想："这也太俗气了！"他久闻眉山苏洵两个儿子才华横溢，特别是苏轼，十六岁时就在丹棱县山上题写过"连鳌山"三字，每个字都像房子那么大，山下的人老远就能看到。今日，何不再试试他的才华呢！于是，他热情地请苏轼为鱼池命名。苏轼谦虚地说道："晚辈愚钝，惟恐言不中意。不过，长辈既然有命，我就献丑了。我想读过《庄子》的人都知道，庄子深知游鱼之乐。那池中锦鳞，自然也明白今日宾主之乐，唤之即来，呼之即去。大凡游人观赏金鱼，都要唤鱼，何不取名'唤鱼池'呢！"王方早有心思，也喜欢苏轼的才气，欲成全他，大喜道："妙，妙，妙！唤鱼、唤鱼；人鱼共乐，我看，就取名'唤鱼池'！不知众位同道意下如何？"

　　大家见主人已定下"唤鱼池"，乐得不再白费心思，异口同声说"好"！王方便要众人题写"唤鱼池"三个大字，以便摹刻到山崖之上。众文士早知苏轼的书法已名动天下，都不敢再贸然出手，一个个向后退却，推着苏轼写。苏轼自知推辞不掉，便答应了。中岩寺禅房中，早已备好笔墨纸砚，大家便伴随着王方、苏轼，来到厢房。苏轼向王方道："晚辈献丑了！"他先慢慢地研墨润笔，提起毛笔，先平心静气，而后一气呵成，连写三纸，每纸一字。王方看着"唤鱼池"三个散发着幽幽墨香的大字，雄浑刚健，如同见了稀世珍宝，捋着胡须，十分高兴，与中岩寺住持交换了喜悦的眼色，转身对苏轼说："你这样刚健的字，真替中岩寺生色，为青城山添彩！后生可畏！前途无量！"王方与住持都万分欢喜，请苏轼到内堂禅房用茶。王方看着苏轼，见他中等身材，英姿勃勃，眼光炯炯有神，心中早已拿定主意：女儿王弗的终身幸福，定要托付于此人！苏轼为"唤鱼池"命名、题字，"唤"来了他娇美的妻子。

　　十九岁那年，苏轼由父母作主，娶了王弗为妻。这时，王弗年方十六，长得娇美可人。听父亲介绍她知道，苏轼是眉山极有才华的才子，所以对夫君格外敬重。她受其父的影响已深，颇为知书识理。嫁到苏家之后，她更感受到一种前所未有的和谐气氛。

　　一天，苏轼正在来凤轩背书，王弗又端来一杯香茗。

　　"夫人，这些事，奶娘采莲嬷嬷会做的，你不必客气。"

　　"相公如此苦读，我十分高兴。我既为你的夫人，自然应该替奶娘分担一些事。我和奶娘已说过，由我来打理书房。"

　　"也好，只是辛苦你了。你喜欢伴我读书吗？"

　　"陪你读书，挺有意思的。读书时你全神贯注，好像跟人作战一样。"

　　"这种读书方法，我管它叫'四面受敌'法，我与敌人打仗，岂能温文尔雅呢？"

　　"难怪你背诵一篇文章下来，会满头大汗。"

　　"这《战国策》的文章，有排山倒海的气魄，气势充沛，读起来当然要用力。父亲说，以后去京城应试，会考到策论，所以要我熟诵《战国策》。"

　　"《战国策》里辩论文章多，《左传》中讲故事，容易明白。"

　　"夫人原来也知书啊？"苏轼很吃惊，就笑着问，"那你说《郑伯克段于鄢》讲什么故事呢？"

　　王弗不紧不慢地说："郑伯和段是兄弟，段后来跟做了国君的哥哥为敌，最后，郑伯打败了他。"

"你父亲与你讲过这故事没有?"

"没有。父亲喜欢读诗歌。这文章,不是你前些日子才读过的吗?"苏轼恍然大悟,这才记起来。没想到她听懂了这篇文章。"你好聪明机敏,伴君读书,你也知书!唉,那段虽然是'多行不义必自毙',但其兄其母亦有过错。武姜不管教儿子,反而溺爱宠信幼子段,实际上害了儿子。那郑伯设下陷阱,欺骗弟弟,也太阴毒,郑伯克段,兄弟相残,仁义丧失殆尽!此是古之圣贤所讥讽、所悲哀而不忍言之事!"苏轼又问了王弗几篇文章,她都能讲出大概。这使苏轼感到十分欣慰。原来,王弗是一个沉静而机敏的女子,与这样的夫人相处,苏轼不再有压抑沉闷之感。本来,苏轼不愿结婚,想隐居山林之中,更不想去求取功名。但是父亲坚持要他早日完婚,准备进京赶考。他深深感受到责任和压力,如今有了王弗,苏轼似乎获得了一种前所未有的信心和力量。

四、进京赶考

苏洵在给儿子苏轼完婚之后带着两个儿子启程赴京。他们准备先到成都,拜见重要人物张方平。苏洵也仍然打算求得一官半职。他已四十七岁了,但自上次赶考名落孙山之后,一直在不停地学习。在那段时间,他已经精心写了一部有分量的著作,论为政之道,谈天下太平之理,显示出真知灼见。他想此作应当令京城名士刮目相看。当时只要有名公巨卿的全力推荐,朝廷大都可以任命官职。苏洵把著作呈献给张方平,张方平对他的文章大力赞赏,有意任命他为成都书院教席,但是苏洵并不满意。最后,张方平情面难却,修书给欧阳修,其实当时张与欧相处并不十分融洽。另外有一位姓雷的友人,也写了一封推荐信给梅尧臣,极力推荐说老苏有"济世之才"。怀有这两封致欧阳修与梅尧臣的书信,父子三人便自旱路赴京,穿剑阁,越秦岭,大约用了两个多月,宋仁宗嘉祐元年(1056年)五月,父子三人到了京城。

到达开封之后,苏氏兄弟游逛热闹的街市,站在街道之旁,以非常羡慕的心情凝视着达官显贵在街上骑马乘车招摇而过。宋朝共有四个都城,河南开封为首,称为东都。开封分为外城内城。外城方圆十三里,内城七里,在城周有十二座城门,城门处有两层或三层的城墙,用来抵御进犯的敌军。城墙上筑有炮台,开封因为地势低,无险可守,只有北部黄河绵延约有二百里,可以凭障。

开封是中国名城,也是雄伟壮丽的皇都,财富之厚,人才之多,声色之美,难以言表。有护城河围绕城外,河宽百尺,河的两岸种有杨柳榆树,红墙碧瓦映于翠绿的嘉木之间。城中有四条河流过，大都是自西而东，其中最大的是汴水，河南安徽大平原出产的粮食，沿此而运来。河上的水门夜间关闭。城内通衢大道，每隔百丈左右，设有卫兵。自城中流过的河上，有精雕细镂油漆木桥勾连相通。最重要的一座桥在皇宫的前面，乃精心设计，用大理石筑成，亦施精工雕刻。皇宫位于开封城中央。由玄德楼下面的一段用砖和石头建的长墙开始，皇宫飞檐下则用龙凤花样的浮雕点缀着，上面是光亮闪烁的殿顶，是用各种颜色的琉璃瓦铺成的。宫殿四周是大街，依照罗盘的方位命名。中书省和枢密院在皇宫的西面。在外城的南部，朱雀门之外，国子监和太庙就建在那里。街上行人熙熙攘攘，官家的马车、牛车、轿子，轿子一般是有钱人旅行必需的，另外有由人拉的两轮车，可以说是现代黄包车的原型，这些车轿川流不息。在京城有个习惯，就是必须戴帽子，即使算命看相的那些低等人，也要身着读书人的装束。

嘉祐二年元月，欧阳修主持科举考试。这一年的试题是《刑赏忠厚之至论》，在阅卷中，梅尧臣发现有一篇文章议论鞭辟入里，行文流畅，很有"孟轲之风"。让其他考官看了，也都极为赞赏。梅尧臣便把文章拿给欧阳修看，欧阳修也认为这的确是一篇充实顺畅的好文章，心中大加赞叹，嘴上却说："文章中'皋陶曰杀之三，尧曰宥之三'这两句话你在哪里见过吗？"梅尧臣说："为什么一定要有出处呢？"尧是上古贤帝，皋陶是他的大臣。文章中引文的意思是说："皋陶严格执法，他反复强要杀触犯刑律的人，而尧却一再说要仁慈宽恕。这是上古的事，应该是史书上记载过的。"欧阳修博览群书，是有名的历史学家，却怎么也想不起在哪本书上见过这话，就指出来问梅尧臣，可梅尧臣也不知道。"那就放在第二吧。"欧阳修说，见主考官这样主张，其他考官也都附和，于是这篇文章就成了第二名。其实欧阳修心中认为这篇是最好的，可是他怀疑是自己的学生曾巩的答卷，怕将来别人说偏私，就定成了第二。谁知开封揭榜，却发现文章不是曾巩作的，作者是眉山考生苏轼。

接着苏轼兄弟又通过了复试，苏轼高中头名，进而参加了三月举行的殿试。兄弟俩担心殿试前他们中会有一个人不能通过，父亲出策道："你们一个正写，一个反写，就可以。"结果兄弟同科及第。苏洵激动地说："莫道科场易，老父如登天；莫道科场难，小儿如拾芥。"这一年，苏轼22岁，苏辙19岁。这时苏洵的文章正在人们中间广为传抄着。加上苏轼兄弟又同科及第，简直如一声春雷，震动了整个京城。"三苏"的美名，从此传遍天下。

苏轼兄弟及第后，拜见了欧阳修，欧阳修一时兴起又问起"皋陶曰杀之三"的出处来。苏轼说大概在《三国志·孔融传》注中。欧阳修查阅《三国志》，并无这个典故，又问苏轼，苏轼说："曹操把袁熙的妻子俘虏来赐给儿子曹丕，孔融对曹操说：'过去周武王把妲己赐给了周公。'曹操问：'你在哪部典籍中见到过？'孔融对曰：'从您做的事来看，我猜想过去也应如此。'我文章中皋陶和尧的事，也是杜撰而已。"欧阳修听后非常吃惊，说："这个后生可以说是会读书，善用书，将来文章学问必定独步天下。"欧阳修又对别人说："30年之后，就没有人记得我了。老夫我应当让路，让后学才子出人头地。"

苏轼的仕途正要开始，母亲突然去世。根据儒家之礼，这当然是极其重大之事，甚至官为宰相，也须立即辞官归隐，守丧两年三个月之后，才能重新出仕。东坡的姐姐已于数年前去世，因此苏氏全家三个男人晋京应试之后，只有母亲和两个儿媳妇呆在家中。母亲逝去，家中乱作一团，墙倒屋斜、院中杂草丛生，形如废园。办完丧礼之后，他们在名为"老翁泉"的山坡之下，挑选一处做为苏家的坟地。这个泉之所以得名，是因为当地人说月明之夜，可见一鹤发童颜的老翁倚坐其上，有人走近时，老翁则消失于水中。苏洵后来埋葬于此，因为那片地方的名字，后世通常亦称苏洵为"苏老泉"。

居丧守礼、蛰居生活的这段日子，是苏轼青年时期最幸福的日子。兄弟二人和年轻的妻子住在一起。东坡常到青城岳丈家去，青城是美丽的山区，有清溪碧池，山中有佛寺，涉足其间，令人有超然脱世之感。苏轼常与岳父家叔伯表兄弟等前往寺中游览，坐在附近瑞藻桥边的堤上野餐。在夏天的夜晚，他坐在茅屋之外，吃炒蚕豆和瓜子。岳父家是大家庭：有岳父王方，两个叔叔及妻子儿女。在岳父全家约三十个人之中，有一个小妹，名唤"二十七娘"。在苏轼、苏辙兄弟依礼守丧的这段时间，苏洵也一直居家不出。在此期间，经欧阳修的荐举，朝廷通知他参加舍人院的招聘考试。在宋朝舍人院是主管上奏下发文件的机构，进入朝廷的这些机构做官，必须先经考试。可是苏洵已经厌倦参加考试，厌倦考官摆布自己的命运，也不满朝廷对自己所持的推诿拖延态度，便借故推辞了。苏洵毕竟还是关心政治的，又考虑到苏轼的前途，在欧阳修、雷简夫、梅尧臣等人的规劝下，最后他还是决定在儿子服丧期满后，与他们一起再赴京城。

五、举家迁京

嘉祐四年十月，父子三人又出发了。不过，这一次有两个儿媳同行，启程之前，已经把母亲灵柩安排妥当。苏洵让人请了六尊菩萨塑像，安放在镀金的两个雕刻好的佛龛中，供奉在极乐寺的如来佛殿里。那六尊菩萨是：观世音菩萨、大势至菩萨、天藏王、地藏王、解冤王者、引路王者。启程时，苏洵正式把这些佛像供在庙里，并且到亡妻灵前告别，还写了祭文。祭文的结语是："死者有知，或升于天，或升于四方，上下所适如意，亦若余之游于四方而无繫云尔。"

这次赴京和前一次自然不同。三人已是文名大噪，此番举家东迁，是走水路出三峡，再不是由陆路经剑门穿秦岭了。整个行程千余里，大概是七百多里水路，四百多里旱路，须从十月启程，次年二月方可到达。行旅当然不必太急，因为有女人同行，他们尽可自在从容，在船上饮酒弄乐，沿途玩赏美景。两个媳妇从来没有离开过老家，心里知道这次出行是与夫婿同游，谁也没想到她俩是在陪伴三个散文名家出行。兄弟二人一路上时常吟对。苏轼妻子的年龄地位较高，她实际属于聪明能干型，苏辙的妻子与她相处得极为融洽。并且，老父与他们在一起，做晚辈的完全是柔顺服从，大家和睦相处。在苏轼妻子眼里，三个男人之中，她丈夫显然是易于激动，不轻易向别人低头，而说话又辞锋犀利。苏辙身材较高而瘦削，不像哥哥那么魁武，苏轼颧骨生得高，下巴颏儿和脸大小极为搭配，不但英俊挺拔，而且健壮结实。和他们在一起的，还有苏轼的小儿子，是苏家的长孙，就是那一年生的。有这么一个孩子，这家生活真是太美满了。倘若这个孩子早生一年，依旧礼多少有点儿让人不好意思，因为苏轼是在守丧期间和妻子出来走动太任性，太失于检点，道学先生就会说他有辱孝道，要对他们侧目而视了。

苏洵全家在以乐山大佛出名的嘉州登船启程，对两对小夫妻而言，这是一次充满希望的水路旅行，有热情、有兴致、有前途、有信心。

出发之时，父子三人都作了《初发嘉州》诗。

苏洵有：

> 家托舟航千里速，心期京国十年还。
> 乌牛山下水如箭，忽失峨眉枕席间。

苏轼则有：

> …………
> 故乡飘已远，往意浩无边。
> 锦水细不见，蛮江清可怜。
> …………

苏辙亦赋诗道：

> …………
> 谁能居深山，永与禽兽伍。
> 此事谁是非，行行重回顾。

父子三人不约而同地道出了留恋家乡的感情。

从嘉州经岷江和长江三峡到荆州，沿途风景秀丽、古迹众多，至今被称为"风景文化长廊"。苏轼曾以这样的诗句形容"江上同舟诗满箧"。旅途中父子三人作了100多首诗，汇入《南行前集》中。这是苏洵父子的第一个诗集。苏轼在《南行前集序》中写道，秀美的山川，淳朴的风俗，古之圣贤的遗迹，凡是所见所闻，都引起了各种的感触，于是用诗歌抒发出来。他们是鼓着诗的风帆旅行的。

无人不知长江三峡的风光壮丽，但对旅人而言，则又是险象环生。所谓三峡，即四川境内的瞿塘峡、巫峡，和湖北省宜昌以上的西陵峡。此段江流全长一百二十余里，在悬崖峭壁之间，急流迸涌漩涡叠叠，暗石隐伏水下，却视而不见，船夫必须灵活避让，才可通行。三峡之中，每年都有行船沉没、客旅丧生。然而三峡确是富有雄壮惊人之美，在中国境内无一处可与之相媲美，在世界上也属罕见。所以四川古代能独自成天府之国，原因大概就在于独特的自然地理环境，东边有高山耸立，水上屏障则有三峡之天险，易守难攻。

如若逆流而上，经三峡时，船夫劳作真是万分艰苦。那时，一只小平底木船，要由六十至七十个纤夫，用长而粗的绳子一头拴在船上，一头套在纤夫肩上，在势如奔马的江水中逆流而上，在沿江的岸边一步步躬身俯首跋涉而行。顺流而下时，则危险更大，全船的安全，全部系在舵夫手中，若一闪失，船即触礁，撞得四分五裂。

一路上的所见所闻使苏轼兄弟大开了眼界，加深了对社会现实的了解。他们路经牛口时，看见岸边的百姓衣不遮体，十分贫困，苏辙感慨万千：

行过石壁尽，夜泊牛口渚。
野老三四家，寒灯照疏树。
见我各无言，倚石但箕踞。
水寒双胫长，坏裤不蔽股。
日暮江上归，潜鱼远难捕。
稻饭不满盂，饥卧冷彻曙。
安知城市欢，守此田园趣。
只应长冻饥，寒暑不能苦。

可是苏轼却用另一种心情来看，在其《夜泊牛口》中这样写道：

日落红雾生，系舟宿牛口。
居民偶相聚，三四依古柳。
负薪出深谷，见客喜且售。
煮蔬为夜飧，安识肉与酒。

> 朔风吹茅屋，破壁见星斗。
>
> 儿女自咿嘤，亦足乐且久。
>
> 人生本无事，苦为世味诱。
>
> 富贵耀吾前，贫贱独难守。
>
> 谁知深山子，甘与麋鹿友。
>
> 置身落蛮荒，生意不自陋。
>
> 今予独何者，汲汲强奔走。

他觉得自己为了富贵功名匆匆奔走，愧对这些安贫守困的老百姓。有时他们在一座孤单的茅屋下驶过，只见那茅屋高高立于危崖之上，有时看见樵夫背负青天，在山上砍柴，茅屋孤零零立在那里，就可推测居住的人必然是赤贫无疑，屋顶上只是木板茅草，并无片瓦覆盖。苏轼正在思索人生的劳苦，忽然仰头看到一只苍鹰在天空盘旋，那么自在悠然，似乎丝毫不为明天费一点心思，于是自己考虑，为了功名富贵使悠闲的生活受到铐镣桎梏的枷锁，是否值得？飞翔在高空的苍鹰就像是人类精神解脱后的象征。现在他们的船行入巫峡了，巫峡全长五十里。青山耸立，悬崖逼人，光线渐暗，江面渐窄，呈现出黎明时的黯淡颜色，仿佛一片苍茫，万古如斯。自船头仰望，只见一条细蓝，如玉带在天，那正是天空。只有到中午时分，才能看见太阳，但亦转瞬即逝，在夜晚，也只有月在中天之际，才能看见一线月光。岸边高崖耸立，崖顶端则时常隐现于云雾中，变幻无穷。虽绘画名家，亦无法捉摸把握。巫山十二峰中，神女峰状如美女，自从宋玉作《神女赋》以来，独得盛名。这里，在高高的山巅，天与地互相抵牾，风与云相互鼓荡，阴阳雌雄之气，得以会合凝聚，是以"巫山云雨"一词，至今还有着男女交欢的意思。苏轼觉得此等神话有悖于伦理。他想："成年之人也仍不失其玩童之心，喜爱道鬼说神。楚辞中的神话故事，全是无稽之谈。为成仙而沉溺于男女之欲者，从来没有见过。"

这时有一个上了年纪的船夫，开始给他们讲故事。他自称年轻时，常登上那些最高的山峰，在山顶池塘中洗澡，衣裳挂在树枝上晾干。山中有猿猴，但是他爬上去的地方，鸟鸣猿啼之声就听不到了，只有一片寂静或是山风呼啸而已。虎狼也走不到那样高处，虽然只有他一人，但他并不害怕。那位船夫说：神女祠附近生长一种特别的竹子，竹枝柔顺低垂，竟直触地面，仿佛向神仙俯首膜拜一样。有风吹拂，竹枝摆动，让神坛随时保持清洁，就像神女的仆人一般。苏轼听了，颇为所动，心想："也许人可以成仙，困难就在于难忘七情六欲罢了。"苏轼在一生之中，也和许多其他人一样，相信会遇到神仙，相信自己也可能会成仙成神。

过了巫峡和翟塘峡，最危险的一段还在下面呢。可能是由于山崩，巨大的山石滚落在江心，使得船只无法通行。江面的交通在这一带断绝了很长时间，后来才勉强开了一条狭窄的通道。因此，这个地方叫作"新滩"。父子三人停留了三天，苏轼曾有诗记之：

　　　宿颈夜眠如冻龟，雪来惟有客先知。
　　　江边晓起浩无际，树杪风多寒更吹。
　　　青山有似少年子，一夕变尽沧浪鬓。
　　　方知阳气在流水，沙上盈尺江无澌。
　　　随风颠倒纷不择，下满坑谷高陵危。
　　　江空野阔落不见，入户但觉轻丝丝。
　　　沾裳细看若刻镂，岂有一一天工为。
　　　霍然一挥遍九野，吁此权柄谁执持？
　　　世间苦乐知有几，今我幸免沾肤肌。
　　　山夫只见压樵担，岂知带酒飘歌儿。
　　　天王临轩喜有麦，宰相献寿嘉及时。
　　　冻吟书生笔欲折，夜织贫女寒无帏。
　　　高人著屐踏冷冽，飘拂巾帽真仙姿。
　　　野僧斫路出门去，寒多满鼻清淋漓
　　　舟中行客何所爱，愿得猎骑当风披。
　　　草中咻咻有寒兔，孤隼下击千夫驰。
　　　敲冰煮鹿最可乐，我虽不饮强倒卮。
　　　楚人自古好弋猎，谁能往者我欲随。
　　　纷纭旋转从满面，马上操笔为赋之。

　　一路之上，有时船行江中无事，他们就用琴棋书画消磨时光。苏洵的古琴技艺，是苏轼兄弟俩非常敬佩的。苏轼曾如此形容：

　　　弹琴江浦夜漏永，敛衽窃听独激昂。
　　　风松瀑布已清绝，更爱玉佩声琅珰。
　　　…………

　　苏辙在《舟中听大人弹琴》也写到：

　　　江流浩浩群动息，琴声琅琅中夜鸣。
　　　水深天阔意响远，仰视牛斗皆从横。
　　　…………

十二月，他们到达江陵，在江陵留住近一个月。然后沿陆路北上，由襄阳入京师。苏家在次年二月抵达京城。他们买了一栋附有花园的房子，园子约占半亩地，靠近仪秋门，远离繁华的街道。屋子四周有高大的老槐树和柳树，质朴无华的环境，很适于诗人雅士居住。一切安排停当之后，父子三人便恭候朝廷任命了，当然那通常是须等候较长时间的。兄弟二人又参加了两次考试，一是考京都部务，另一次更为重要，名为"制策"，要坦白批评朝政。仁宗皇帝求贤若渴，敕令举行此种考试，以激励公众舆论的良好风气，所有文人学士经大臣推荐，并凭呈送的专门著述与所长，都可以申请参加。苏轼、苏辙兄弟经欧阳修的推荐，都顺利通过。苏轼蒙朝廷赐予的等级，他又呈上二十多篇策论文章，其中有些篇章已经成为后世学校中必读的散文。仁宗皇帝曾经这样说过："现在我已经给我的子孙选了两个宰相。"苏氏父子文名日盛。他们与当时名家相交往，诗文为众人所爱慕，父子三人皆以文坛奇才而知名于时。苏轼兄弟刚二十有余。年少有时也会成为成就事业的障碍。苏轼这时轻松快乐，壮志凌云，才气纵横而不可抑制，一时骅骝长嘶，扬蹄而奔，有随风飞驰，征服八荒之势。不过弟弟则沉默寡言。而父亲更是深沉莫测，对事对人，一概不随便通融，因此处世小心谨慎。他身旁这两匹千里驹，随时勒抑，不得随意驰骋。

第二章　初涉仕途

一、上任凤翔

仁宗嘉祐六年（1061年），朝廷下旨任命苏轼为大理评事，签书凤翔府判官，有权连署奏折公文。在唐朝，因实行地方分权的制度，形成藩镇割据，而藩镇大员也经常是皇亲国戚，朝廷诸王。国家大受其害，最后酿成叛乱，陷国家于危亡，宋代力除其弊，采用中央集权制度，派重兵环驻于国都四周，并创行新制，对各地方长官严加考核节制，其任期通常为三年，因此经常轮调。每省设有副长官连署公文奏议，即为此新制度中之一部分。苏辙也被任为商州军事通官，但是苏洵则在京为官，兄弟二人总得有一人与父亲同住京师，因为无论如何，总不可使寂寞的老父一人生活。苏辙于是辞谢外职不就。弟弟为兄嫂赴任送行，直至离开封四十里外郑州地界，兄弟二人依依惜别，望着弟弟在雪地上骑瘦马返回，弟弟的身影在崎岖的古道上隐现起伏，直至消失，苏轼才策马前进。他寄弟弟的第一首诗这样写道：

> 不饮胡为醉兀兀？此心已逐归鞍发。
> 归人犹自念庭帏，今我何以慰寂寞？
> 登高回首坡垄隔，惟见乌帽出后没。
> 苦寒念尔衣裘薄，独骑瘦马踏残月，
> 路人行歌居人乐，童仆怪我苦凄恻，
> 亦知人生要有别，但恐岁月去飘忽，
> 寒灯相对记畴昔，多雨何时听萧瑟，
> 君知此意不可忘，慎勿苦爱高官职。

在唐人寄弟诗中"风雨对床"之思也是有的，此种想法显示了兄弟二人团聚之乐的愿望，更是辞官退隐后的理想生活。

赴任途中，苏轼途经渑池。苏轼告诉妻子："娘子，五年前，父亲带着我和弟弟赴京考试，我和苏辙曾经住在此寺庙中，我们前去看一下寺庙吧！"苏轼带了妻子，找到了那座寺庙。只见寺中围墙成了断垣残壁，招待过苏轼兄弟的那位老僧已经去世，园子里了一座新增的宝塔，埋着那位老僧。围着宝塔，苏轼走了一圈，两眼含泪，感慨歔歟。他来到昔日与苏辙题过诗的禅房，只见那间屋子墙壁已倒塌，所题之诗也杳无影迹，室内全是尘土蛛网。苏轼扫兴地离开了，无精打采。王弗见他情绪如此低落，便温柔地宽慰了几句，两人回到驿馆休息。乳娘采莲端茶过来，苏轼已在吟诵刚刚写好的《和苏辙渑池怀旧》：

> 人生到处知何似？应似飞鸿踏雪泥。
> 泥上偶然留指爪，鸿飞那复计东西。
> 老僧已死成新塔，坏壁无由见旧题。
> 往日崎岖还记否，路长人困蹇驴嘶。

王弗知道，苏轼的情绪是在渑池寺庙中变得低落的，一路上只是说："苏辙不知，人生虚幻！"她虽不明白这首诗的每一个句子，但从丈夫的语气表情中知道，这首诗也是讲人生虚幻如梦的，很为他担忧。"相公，如今父亲不在你身边了，妾身又没有父亲的见识魄力，你赴任凤翔途中，不宜如此感伤才是。"

父亲是安慰苏轼的巨大力量。苏轼说："你说得对！我刚才见老僧已死，从前的题诗也不见了，觉得人生实在太虚幻了，才如此伤心！"

经过终南山时，苏轼听说了终南山太平宫保存着朝廷收集整理完整的《道藏》，万分欣喜，决定先读《道藏》，这使王弗很担忧：丈夫对前往凤翔做官并不认真积极。自她嫁到苏家，苏洵总是以治国平天下为己任来教育苏轼，力图打消苏轼想隐居山林的消极念头。苏轼与王弗结婚后，也一直沿着人世成就事业的路子在走。可是，苏轼近来的出世思想，真令王弗吓了一跳。

"相公，你为何不先去凤翔，却留在终南山？"

"不必着急去赴任。"苏轼回道。

"我知道这是你这两天写给苏辙的诗里的意思。苏辙在父亲身边，自由父亲教诲，你应该先去凤翔赴任，以后抽空再来终南山不行吗？"王弗说。

"终南山太平宫的《道藏》是稀世珍宝。现在路过太平宫，机会难得，不能再错过了。凤翔任签判，报到日期可迟可早，何必为这八品官去匆忙奔走呢！"

"父亲要在这里，一定不同意你的说法。"王弗道。

苏轼并不回答。苏轼知道，父亲是坚定的儒家，自己的崇道隐居思想，一直受到父亲的极力压抑。他如今离开父亲身边，隐隐约约觉得了自由，父亲当年要他抄《汉书》，可是却不让他抄最喜爱的《庄子》。如今，盘旋在他思想中的是庄子的思想。"我怎能丧失自我呢！"他决心继续留在终南山太平宫读《道藏》。王弗知道丈夫的脾气。这一次她更全面地了解了丈夫的个性：原来他并不是热衷功名利禄，而是全身心地热爱大自然，向往着山林隐居的生活。她深知自己无力改变丈夫的一切。但是她知道已经羽毛丰满、桀骜不驯的丈夫是不会放弃能独自在蓝天翱翔的机会的。

苏轼在太平宫读了一个月的《道藏》。太平宫藏书楼有匾，上有魏碑体"琳宫"两个苍劲有力的大字。门两边，站着两名全副武装的卫士。进了藏书楼，就是排列得整整齐齐的《道藏》。苏轼知道时间有限，只能去粗取精，专门选读上清派的重要经典。《黄庭经》是这次阅读的重点。《黄庭经》说"心部之宫莲含华，下有童子丹元家"，苏轼闭目养神内观，想象自己的心就像一枝含苞欲放的莲花。他返归了自然，回到了自我。报到的期限到了，王弗催得很紧，苏轼不得不匆匆赶往凤翔赴任。

苏轼一到凤翔，立即被繁忙的政务纠缠着。苏轼的到来，打破了凤翔府的宁静。太守宋选敬重他的文学才华，但他不相信这样年轻的文人有行政管理的才能，所以没有分配给他太多的"吏事"。宋选明白，苏轼既然带着"大理评事"的京官官衔，他到凤翔来只是锻炼而已，他迟早要返回京城被重用的。州府里其他幕僚，也很尊重苏轼。凤翔府的文人，则狂热地崇拜苏轼。不久，宋太守又任命苏轼兼州府教授，负责对后学们的教育。

来苏轼家中的客人很多。处于苏轼这样的地位，来的人多数是有求于苏轼的，他处于被捧场、被崇拜的位置，要辨别来者的好坏良莠，往往是很难的。此时，王弗成了苏轼的参谋，她以旁观者的身份立在屏风后，仔细倾听苏轼与客人的谈话，待客人走后，她便仔细帮分析：这位客人讲话唯唯诺诺，善于察言观色，十分注意你的立场态度，他可以根据你的态度随时改变自己的言辞。这种人是利用你，你可得小心。那个客人讲话比较直率，没有心机，这种人光明磊落，没有阴谋诡计，可以深交。

使苏轼惊奇的是：王弗凭直觉的判断总是一针见血，非常准确。他这才知道：如何识人，这门学问不是单靠读书能得来的。妻子善于识人，弥补了自己的不足。她的判断，一一应验。来访的客人中，有一个叫陈季常的，后来成为苏轼后半生的知心朋友。

凤翔任上，苏轼在领导抗旱、支援前线粮草、处理各县诉讼案件、州府教授等方面表现了卓越的行政才能。但是，苏轼一有空闲，就想回归大自然。终南山太平宫读《道藏》的影响是深刻的。他与妻子商量，想在凤翔附近溪南一片苍竹翠林的深处筑一茅堂，名曰"避世堂"。苏轼只想一有空便去"避世堂"修习上清派的道家功夫。妻子知道这是无法改变的决定，只是提出一个要求："避世堂"造好后，她也住进"避世堂"，以便照顾丈夫的生活。苏轼欣然同意。"避世堂"很快造好，重获清净的苏轼与忙忙碌碌的王弗成了鲜明的对比：因为她要在家庭、丈夫、儿子之间来回忙碌。

二、祈天求雨

不过，有的人不忙不快乐，苏轼就是这样的。那时陕西旱灾频发，已经好久无雨，农民们心急如焚。除了向龙王求雨，别无他法，而求雨是父母官的责任。若不立刻下雨，广大百姓就要深受其害了。他现在准备立即在神明面前，以他那滔滔雄辩的奇才，为黎民百姓祈求甘霖。

有一道高大的山脉，在渭水以南，通常称之为秦岭，而秦岭上最为人所知、最雄伟、最高的山峰，叫太白峰。据说太白山上一个道观前面，有一个小池塘。雨神龙王就住在那里，这个龙王可以化身为各种小鱼。苏轼就打算到那个道观里去求雨。在奉承了几句话之后，在那篇祈雨文里他说："乃者自冬徂春，雨雪不至。西民之所恃以为生者，麦禾而已。今旬不雨，既为凶岁；民食不继，盗贼且起。岂惟守土之臣所任以为忧，亦非神之所当安坐而熟视也。圣天子在上，凡所以怀柔之礼，莫不备至。下至愚夫小民，奔走畏事者，亦岂有他哉？凡皆以为今日也。神其曷以鉴之？上以无负圣天子之意，下亦无失愚夫小民之望。"

由太白山祈雨回来之后，他继续游历各处名胜，一日，天上果然下了些小雨，但是对庄稼则嫌不足，农民也仍然不能宽心。他研求原因，有人告诉他在太白的祷告并不是无效，但是那里的雨神由宋朝一个皇帝封为侯爵之后，再去祈求便不再那么灵验。苏轼在《唐书》上翻查之后，发现在唐朝太白山神原是封为公爵的，宋朝的封爵实际上是降低了爵位，大概山神因此很不高兴。苏轼立刻为县官向皇上草拟了一个奏本，请求恩准恢复山神以前的爵位。然后他又与太守沐浴斋戒，派专吏敬告神灵，说他们已为山神求得更高的封号，又从庙前的池塘里请回一盆所谓"龙水"。

三日后，苏轼出城去迎"龙水"。全城之中人人振奋，因为这次祈雨是他们极为关怀的事。那天十分热闹，从乡间来了好几千人。在"龙水"未到时，已经阴云密布，天空昏黑。老百姓等了好久，雨却是不肯下。苏轼又陪同宋太守进城去，到真兴寺去祷告。传说他在路上看见一团乌云在地面轻轻飘过，在他面前展开。他从农夫手里借了个篮子，用手抓了几把乌云，紧紧放在篮子之中。进到城里，他在祷告乌云的诗里写道："府主舍人，存心为国，俯念舆民，燃香霭以祷祈，对龙湫而恳望，伏愿明灵敷感。"祈祷完毕，他又和宋太守出城去。当他俩走到郊区，忽然来了一阵冷风。旗帜和长枪上的红缨都在风中猛烈飘舞。天上乌云下沉，犹如万马奔腾。远处雷声隆隆。正在此时，那盆"龙水"到来。宋太守和苏轼前去迎接"龙水"，然后把"龙水"恭敬地放在临时搭建的祭台上，随即又念了一篇祈雨文，这篇祈雨文和其他的祭文至今还保存于他的文集里。仿佛是感动了神灵，暴雨降落，乡间各地，普沾恩泽。两天之后，接连三日，又下大雨。小麦、玉蜀黍枯萎的茎秆又挺了起来。

　　所有人都高兴起来，但是最快乐的人却是诗人苏轼。为纪念这次喜事，他把后花园的亭子改名为"喜雨亭"，并且作了一篇《喜雨亭记》。这篇文章文笔简练，很能代表苏轼文章的特性，又足以代表他与民同乐的精神。此后，太白山神又由皇帝封为公爵。苏轼和宋太守为此事再度上太白山还愿，向神致谢，又向山神道贺。可是次年七月，又有大旱，这次求雨，却不灵验。苏轼非常失望，于是到蟠溪求姜太公显灵。姜太公曾是个智慧贤德的隐士，据稗官野史上记载，他在水面三尺之上用直钩钓鱼。人们说他心肠好、人公正，若鱼从水中跳出三尺咬他的饵，那是鱼自己愿意的。所谓"姜太公钓鱼，愿者上钩"便是此意。苏轼此次向姜太公求雨是否应验，大家并不知道。不管信仰什么神仙佛祖也好，信一棵得道的老树或什么花也好，这并不会成为怀疑祷告不灵的理由。永远无法证明祷告不灵，因为根据佛经解释，若出什么毛病，总是祷告的人不诚心，所谓"心诚则灵"，便是此意。再者，祈祷也是人本身就有的天性。祷告，或是具有祷告的那种虔诚态度，大概是最重要的；至于是否灵验，那倒在其次。不管灵不灵，后来苏轼做其他各州的太守，只要事有必要，他还是继续祷告。他认为他的此种行动是绝无差错，他也就相信神明一定会竭其所能为人消灾解难。因为，倘若善良是人性最高的本性，神明也必然是慈悲的，也会服理，也会听从劝告。但是苏轼在几篇谈到天灾的奏折里，他也按照中国的传统指出，朝廷若不废除暴政以解民困，即使向神明祷告也无用处。这就是中国凭常识形成的宗教，古籍上有"尽人事，听天命"的说法。他一生都是精力旺盛，简单说来，他的气质，他的生活，就犹如跳动飞舞的火焰，说他是火性并无不当，所以不管到何处，都能给人以生命的温暖。

　　这朵飞舞跳动的火焰，据说曾经两度和妖魔邪道争辩。因为他深信，不管是神灵，还是妖魔鬼怪，也得要服理。他痛恨一切不合情理的事，妖魔鬼怪甚至也得对他的所作所为负责，判别什么是对什么是错。邪魔歪道也许有时会分辨不清善恶对错，可是在苏轼的雄辩之下，他们就会自见其行为的愚蠢，不得不立即罢手。

三、官场、朋友与酒

　　苏轼在凤翔还发现，在这个一向被称作关中粮仓的地方，老百姓的生活其实十分贫困，一点儿也不像富庶之乡的样子，这使他感到十分忧虑。人民如此贫困，何谈富国强兵，应付内忧外患呢？他认为，官府的剥削是造成百姓贫困的主要原因。徭役、捐税，耗去了百姓大部分的收入，而商业官营，又夺去了百姓的生财之路。官府盘剥百姓的行为更加触目惊心，很多百姓积欠官府的钱款，催逼之下，往往家破人亡。他在好几篇给朝廷主政大臣的书札中，都谈到了这些问题。苏轼观察到的，的确是宋朝普遍存在的严重问题。当时不但一般农民群众常因积欠官府钱款无力偿还而倾家荡产，就是一些中小地主的家庭，也有不少因积欠官府钱款而破落的。许多士大夫都把不得积欠官府钱款的告诫写进留给子孙的遗嘱家规中去。签判作为管理州府日常行政事务的官员，组织差役，催还积欠正是他的工作。对于官府剥削给人民带来的苦难，苏轼有着痛切的感受。曾做过封丘县尉的唐代诗人高适曾写下"拜迎长官心欲碎，鞭挞黎庶令人悲"的诗句，而苏轼这时也体会到了"鞭挞黎庶"的心情。他对很多人说："如果确实侵占欺夺官府钱财而不按时偿还，我就是整天拷打他们也不会感到惭愧。可是这些人中有许多不是这样，让人觉得很可怜。"

苏轼为了解决农民困难，先后给韩琦、蔡襄等大臣去信，建议减轻差役，免除积欠，把官营商业还给百姓。这些政见，在他和苏辙以后的从政过程中，也曾不断提出。

苏轼任凤翔签判的当年，奉命巡察所辖宝鸡、虢、郿、周至四县，实施"减决囚禁"，也就是释放囚犯、清理监狱的工作。这是一项仁政，因为凤翔一带当时遭受水患，朝廷下令释放灾区监狱中关押的犯人，共同救灾，以示关怀。苏轼非常积极地完成了任务。"远人罹水旱，王命释俘囚。分县传明诏，循山得胜游。"既施行了皇上的仁政，又能顺便游览山水，心情自然是特别高兴。

苏轼在凤翔那一段时间里，还发生了一件事，使他觉得有点儿不光彩，他在后来的日子里总不愿提起。在那段时间里，宋太守与他家是世交，他也和上司宋太守处得很融洽。此后，来了一位新太守，情形就有了变化。新太守姓陈，是武官出身，刻板严厉，威猛健壮，两眼炯炯有神。他与苏轼同乡，认为他少年得意，总把他看作暴发户。陈太守为官以来，颇负美誉。在长沙曾捕获一坏和尚，此僧人经常与权要交往，他仍将此僧惩办，当时全境之人，无不惊异。还有一次，他捕获七十多个男巫，这些男巫平日鱼肉乡民，他将他们强行遣返故乡，为农耕田。那时有些寺庙暗中干些丧风败德之事，为此他还拆除了几座庙宇。

这么一个人现在成了苏轼新的顶头上司，所有的文武官员都向他俯首致敬，但是对苏轼而言，我们都不难推测，现在是两个不轻易通融妥协的硬汉碰了面。二人之间遇有争论，便唇枪舌剑，恶语相加。苏轼年少多才，要他向外在的权威俯首拜服，实在非常难为。也许苏轼感到最大的不开心，是陈太守经常改动拟妥的上奏文稿。而且陈太守往往在苏轼造访时不予接见，有时让他等很久，然后说他要午休了以表示不悦之意。二人的关系不和，后来陈太守向皇上呈公文，说苏轼抗命自大。

苏轼的报复机会很快到来。在太守公馆里陈太守建造了一座"凌虚台"，以便公务之暇，登台欣赏四野景物之胜。不知何故，陈太守吩咐苏轼写一篇文章，打算刻在凌虚台的石碑上，作为兴建此台的纪念。对才华横溢的苏轼这个诱惑是欲拒不能了：他也想借此机会来戏弄一番。作文刻石，大多是为传之久远，必须典雅庄重，甚至富有诗情画意方为佳品。显然是苏轼不得直接攻击陈太守，但是他想同老头子开个小小的玩笑，总无伤于人，亦无害于己。那篇《凌虚台记》便这样写道：

> 台因于南山之下，宜若起居饮食与山接也。……而太守之居，未尝知有山焉。……太守陈公杖屦逍遥于其下，见山之出于林木之上者，累累如人之旅行于墙外，而见其髻也。曰是必有异。使工凿其前为方池，以其土筑台出于屋之檐而止，然后人之至于其上者，恍然不知台之高，而以为山之踊跃奋迅而出也。公曰，是宜名凌虚。以告其从事苏轼，而求文以为记。轼复于公曰，物之废兴成毁，不可得而知也。昔者荒草野田，霜露之所蒙翳，狐虺之所窜伏，方是时，岂知有凌虚台耶。废兴成毁，相寻于无穷，则台之复为荒草野田，皆不可知也。尝试与公登台而望；其东则秦穆之祈年橐泉也，其南则汉武之长杨五柞，而其北则隋之仁寿、唐之九成也，计其一时之盛，宏杰诡丽，坚固而不可动者，岂特百倍于台而已哉。然而数世之后，欲其求髣髴，而破瓦颓垣无复存者，既已化为禾黍荆棘，丘墟陇亩矣。而况于此台欤？夫台犹不足恃以长久，而况人事之得丧，忽往而忽来者欤？而或者欲以夸世而自足，则过矣。盖世有足恃者，而不在乎台之存亡也。

如果苏轼年龄再大些，言辞之间的语气会更温和柔软些，讽刺的意思也许隐藏得更巧妙些。本为庆祝而作，这篇记叙文，却在言辞中想象其将来坍塌毁坏之状，并含有讽刺太守不知所住城外有山，多此一举之意。此文在中国志记文中尚属罕见。不过陈太守这位老人确实度量够大，竟然没有介意生气。这一次他对此文一字未予改动，照原作刻在石碑上。

陈太守的儿子陈慥字季常，后来成了苏轼毕生的知心友人，这个人不可不在这里提一提。陈慥喜欢骑马饮酒，打猎击剑，并且大度慷慨，挥金如土。一天，陈慥正在山中骑马打猎，有两个士兵相随。他前面忽然有一只喜鹊飞起，他的随从没有将此喜鹊射下来。这位年轻的猎人咒骂了一句，他从丛林隐藏处突然冲出，嗖的一箭射去，喜鹊应声落地。后来有人传言，说陈慥的父亲在别处做官之时曾有纳贿之事，被判处死刑。传闻是这样，苏轼正要遭受贬官之时，陈慥在黄州隐居，苏轼的仇人想起当年苏轼与陈慥的父亲不和，就把他贬谪到黄州来，好使陈慥对付苏轼。他们认为陈慥要为父报仇，这样苏轼的敌人就可以借刀杀人了。可是实际上，苏轼与陈慥父亲的死毫无关系，陈慥与苏轼反成了谪居黄州期间最好的朋友。这一时期苏轼结交的朋友中，比较重要的还有文同、章惇等人。文同，字与可，也是四川人，算起来与苏家还带点儿亲戚关系。不过他们过去并不认识。文同是汉代西蜀著名学者文翁的后代，是北宋杰出的画家，善画墨竹，是湖州画派的柱石。他还善于书法，篆、隶、行、草都有很高的造诣。他的诗文也很有成就，著有《丹渊集》40卷。文同性格纯朴沉静，品行高洁脱俗，待人厚道随和，是一位极富艺术气质的人。文彦博形容他是"襟韵洒落，如晴云秋月，尘埃不到"。由于文同的墨竹受到世人的赞赏，所以常有来自各地的士大夫请他作画。开始他有求必应，并不把自己的画看得十分贵重。可是后来来的人多了，他就有些厌烦了。有一天，他一时气闷起来，把别人送来作画用的白绢扔到地上，说："我要把它们都做成袜子。"这话后来成为士大夫们攻击嘲笑他的把柄。而苏轼却认为，这正体现了文同的朴实直率。

苏轼兄弟对文同很敬重，互相有许多的诗词文章相和。文同在绘画的理念和实践上，都给苏轼以很大的影响。文同认为画竹子一定要"先得成竹于胸中"，他的这一理论，经过苏轼的阐释发挥，成为文艺理论上的"胸有成竹说"。

苏轼还结交了一位"朋友"——章惇。章惇似乎注定是苏轼后半生仕途上的克星。章惇后来也成了一个极为有权势的大臣，这时他官居太守之职，所治县距此不远。但是章惇确实富有才华，慷慨大方，正是苏轼所喜爱的那一种人。苏轼曾经预言过章惇的前途，那是在往芦关旅行的途中，苏章二人进入深山，再往前就到黑水谷了，他们来到一条上面架着一块窄木板的深涧边，下面深有百尺光景，有急流滚翻倾泻，两侧巨石峭立。章惇是胆色极佳之人，向苏轼提出从木板上走过去，到对面岩石的峭壁上题一行字，一般游客是常在名胜之地题词的。苏轼不敢过去，章惇以异乎寻常的定力，独自跨过那条深涧。然后把长袍塞在腰间，抓住一根悬挂的绳索，坠下悬崖，到对面小溪的岸上，在岩壁上题了"苏轼章惇游此"六个大字。随后又若无其事，轻松自如由独木桥上走回来。苏轼钦佩地用手拍了拍他这位朋友的肩膀说："总有一天你会杀人的。"章惇问："为什么？"苏轼回答说："敢于置自己性命于不顾的人自然敢取别人的性命。"苏轼的猜测后来得到了证实。

治平二年（1065年），苏轼已经将近三十岁了。他自凤翔签判任返回京师。苏轼三年前离京赴凤翔，原本有接受锻炼才能的意思。宋英宗早就闻知苏轼名声，他一听苏轼返京，就直接把苏轼召入翰林院。可是，宰相不同意，苏轼就去史馆任职。苏轼又和父亲、弟弟一起住在南园。南园的位置不在汴京中心，靠近宜秋门。这里，高槐古柳，俨然像神仙隐士住的地方。苏辙在侍奉父亲三年中，已把南园修整得像一座园林，园中种着葡萄、萱草、病榴、竹子、芦草、牵牛、柏葵。苏轼见苏辙像个园艺师，十分高兴，兄弟俩为各式草木各写一首诗，以作纪念。这时，有一位四川同族苏自之，从很远的地方寄送来两坛好酒，祝贺苏轼回到京师任职。

"在凤翔这三年中你喝酒吗？"苏辙问。

"请喝酒的人太多，我偶而逢场作戏，'常以身体不适，不宜多饮'相辞，因而，我的酒量仍然极小。你呢？你的酒量可一直比我好，但是你不喜欢饮酒。"苏轼回答道。

"我在家侍奉父亲，更不喝酒。只是在外与朋友偶而会饮，不过我酒量还是像从前一样。""我在终南山太平宫读了《道藏》之后，更不想喝酒。"苏轼说，"可是，与文人学士在一起文会宴饮，人家常以韩愈的'高士例须怜曲蘖'相劝。韩愈的这句诗，毫无道理，好像文人雅士都得喝酒。更有些末流文士，也捧出韩退之这句诗，好像只要能喝酒，就是饱学之士；酒量越大，才学会越好，有李白的酒量，便有李白那样的诗才，这简直是一派胡言！"苏轼对这个问题好像有许多感慨。

苏辙说："韩退之《赠崔立之》这首诗中的'高士例须怜曲蘖'，我也常听人在宴席上当作格言一般吹牛。有一次，有位自称'汴京高士'的文人，在宴席上分韵作诗时，大家都写完诗了，他却早已烂醉如泥。叫他吟诗，他吟不出一句，却吐出不少酒菜来，令人扫兴！这样的酒徒，怎能称'高士'？"

"《庄子·达生篇》说，喝得烂醉的人从车上跌到地上，得力于酒，总是死不了。庄子的原意是得全于酒犹若是，何况是全于天呢？人们总是以庄子这个故事为喝酒辩护，误解庄子的原意！"

"是啊，历史上有名的酒鬼，晋朝刘伶、阮籍之徒，都有不得意的痛苦！"苏辙说。

"我要写首诗，偏要与韩愈对着干，我以为'曲蘖未必高士怜'！杜子美是我们尊敬的前辈，可是他的《饮中八仙歌》也有偏见，似乎酒徒成了神仙！试问，路遇曲车便馋得口水直流，几口酒下肚便在大庭广众脱帽脱衣，行为如此混乱，竟能成佛成仙？夸张失了分寸，便少理趣了！"苏辙知道，苏轼熟读《庄子》，熟读史书，他有勇气批评韩愈、杜甫，他定有文才作基础，一定会写成一首好诗。苏辙看着桌上两瓶酒，这两只坛口密封、圆肚小口的棕色酒坛，包着红绸布，他知道这是眉州名酒。便问哥哥：

"这位送酒的同宗苏自之，认识你吗？"

"不。眉州的父老乡亲总是那么热情，他们对我们兄弟，寄托着莫大希望。"

"那么，哥哥，这首诗你还很难写呢！你既要批评杜甫、韩愈，又不能对不住这位苏先生的美意呢！"

"这有何难！苏辙，我现在就写给你看。"

过了一盏茶工夫，苏轼来到竹林，手拿着才写好的诗，苏辙正在竹林中，笑呵呵地接过苏轼的诗，只见诗题是《谢苏自之惠酒》，便吟诵出来：

"高士例须怜曲蘖"，此语常闻退之说。
我今有说殆不然，曲蘖未必高士怜。

醉者坠车庄生言，全酒未若全于天。

达人本是不亏缺，何暇更求全处全。

景山沉迷阮籍傲，毕卓盗窃刘伶颠。

贪狂嗜怪无足取，世俗喜异矜其贤。

杜陵诗客尤可笑，罗列八子参群仙。

流涎露顶置不说，为问底处能逃禅。

我今不饮非不饮，心月皎皎常孤圆。

有时客至亦为酌，琴虽未去聊忘弦。

吾宗先生有深意，百里双罂远将寄。

且言不饮固亦高，举世皆同吾独异。

不如同异两俱冥，得鹿亡羊等嬉戏。

决须饮此勿复辞，何用区区较醒醉。

"这首排律，前半与后半转得巧妙。"苏辙一向佩服哥哥的诗才。

苏轼说："我饮酒时只求酒中之乐趣，不求一醉方休。就像陶渊明弹无弦琴，他说过'但识琴中趣，何劳弦上声'，为了不辜负眉山同乡苏先生的美意，这两坛美酒，我一定要品尝。苏辙，我们一起来喝吧！喝酒本来是热热闹闹才有乐趣，我不爱一个人喝闷酒。""好吧！"苏辙回答。

再说王弗随苏轼回到京城，回到父亲身边，她似乎感到轻松了许多。她在凤翔时感到父亲不在苏轼身边，苏轼像一匹无缰的野马，很难管束。王弗很为他担忧，怕桀骜不驯的丈夫会闯出祸来。苏轼好发议论，与任何人交往都坚守原则，毫无人情可讲，很容易得罪人。王弗觉得自己有责任经常提醒丈夫。苏轼也觉得妻子的判断往往正确，所以常常听从她的意见。回到京城，王弗觉得卸去了一副重担，她知道父亲会关心这一切。命运好像注定王弗只要伴随丈夫这颗新星上升，而不需要看到丈夫的政治灾难。到治平二年（1065 年）五月，回到京城才四个月，王弗就去世了。

第三章　卷入党争

一、居丧守孝

那年五月，苏轼的妻子以二十六岁之年病逝之时，遗有一子，年方六岁。苏洵对苏轼说："你妻子嫁过来后随你至今，还没来得及见你有成就，共享安乐。你应当将她埋葬在你母亲的旁边。"

妻子死后的次年四月，父亲又病逝。那时是英宗治平三年（1066年）。去世前苏洵已完成了《太常因革礼》一百卷。自然如一般常礼，兄弟二人立即辞去官职，经过重重的旱路水路，把父亲和苏轼妻子的灵柩运回四川眉州故里，埋葬在祖茔。朋友们纷纷前来吊唁。

运送灵柩时，他们必须雇船自安徽走水路，然后沿长江逆流而上。次年四月才安抵故里。父亲的坟墓早在父亲自己监督之下完成，只要将父亲的灵柩安葬在母亲墓穴之旁，便算完事。不过苏轼在山上种了好多松树，希望将来长成一片松林。

现在又要过一段守丧的生活，要到两年零三个月才居丧期满。他们在回京之前必须做两件事。苏轼要效法父亲为纪念母亲而立两尊佛像的先例，打算建一座庙，以纪念父亲。他在庙内悬有父亲遗像，另外还有四张极宝贵的吴道子画的佛像，是他在凤翔时物色到的。庙的建造费要白银一千两，苏氏兄弟出资一半，其余由和尚筹募。守丧期满后，苏轼要做的第二件大事，就是续弦。新娘是王弗的堂妹王闰之。苏轼续娶王闰之，实际上这门亲事是伯丈人王君锡作主的。苏轼为父守孝期满时，已是三十三岁，母亲此前早已去世。父母的去世，使苏轼对未来的婚姻有些茫然。苏轼的心思全都放在朝廷的大政上，王安石深得新登基的皇帝神宗的器重，正雷厉风行地推行新法。苏轼觉得这一切太突然，他正在思索两全其美的办法，力图使神宗明白：这样的变法可能使朝廷陷入危机之中。他实在没有多余的精神来想续娶的事。

正当此时，王君锡主动提出将幼女王闰之嫁给苏轼。王君锡是青城的名士，而且是苏轼前妻王弗的伯父。王闰之已二十一岁，身体健康，为人贤淑，勤于妇职。王君锡提出这桩婚事时，苏轼觉得王君锡本来就是长辈亲家，又是青城著名人士，他的考虑一定是为了自己好。反正自己要续娶，有这样合适的人选，省去许多费神之事。苏轼觉得闰之很贤慧稳健，自己身边需要这样的人来关心和爱护，否则自己的生活会乱七八糟，所以也很同意这桩婚事。王闰之觉得自己是去接替王弗的，这种亲上亲的婚姻，是有保障的。熙宁元年（1068 年）七月，苏轼为父守丧期满，中秋前后就与王闰之完婚。冬天，苏轼带了王闰之，离开了眉州。从此一别，苏轼竟再也没有回过家乡。

王闰之是十分务实的。她不管苏轼是不是文学家、政治家，她只知道苏轼是自己的夫君，她的职责与任务就是一辈子爱他、关心他。她根本不关心丈夫在政治上的升迁，丈夫写什么文章，她也不关心。她心目中，苏轼是她的丈夫，这就是她所应知道的一切！

元丰年间，苏轼被贬到黄州。开始，苏轼满腹牢骚，满肚冤屈，两眼通红，右目几乎失明。王闰之对丈夫的爱却始终不变。苏轼的俸禄减去了一大半，只有四千几百文。她每逢初一帮助丈夫把钱分为三十份，挂在屋梁上，每天早晨用竹竿挑取一份。善于勤俭持家的王闰之，总能每天省下一些钱存在大竹筒里，来了客人，就用大竹筒里的钱。尽管生活艰难，由于王闰之的勤劳俭朴，善于理家，在黄州，东坡的酒还是从来没有断过。

后来苏轼得到朋友帮助，在黄州申请到一片旧营地，有数十亩之大，那年天大旱，这片营地到处是瓦砾荆棘，苏轼决心开垦这片土地，先在高处造茅屋数间，名之"东坡雪堂"。其余的土地，整理好后种稻、种果树、种蔬菜。在开垦东坡蔬地的几个月中，出力最勤的是王闰之，苏轼只能在王闰之指挥下干一些轻活。东坡荒地的开垦，大大改善了苏轼全家的生活。

神宗熙宁元年腊月，苏轼将照顾父母的坟地等事交托给堂兄子安和一个邻居杨某之后，他与弟弟就带着家眷自陆路返回京城。不承想到抵达京城之后，二人都卷入旋涡之中，以致漂泊万里。

二、安石崛起

北宋王朝的政局在苏轼兄弟回到京城时已发生了急剧的变化。治平四年（1067年），宋英宗便去世了。登上了皇帝宝座的是宋神宗赵顼，神宗皇帝是一位奋发有为、英明果断的君主。他一登上皇位，便召见了力主变法的王安石。王安石的变法主张得到神宗的首肯，在皇帝的支持下，王安石开始大规模的改革。王安石变法的声势之浩大，范围之广阔，措施之彻底，都大大超过了"庆历新政"。他的改革触动了许多人的利益，特别是一些商人地主的利益，遭到了许多顽固守旧大臣的反对。变革是剧烈的，反对变法的势力也是强大的，于是导致了北宋建国以来最严重、最激烈的政治冲突。苏轼一向是主张变革新政的，但如前所述，苏、王在改革的指导思想和措施步骤上却有着极大的分歧。随着变法的深入，苏轼与王安石的分歧也越来越大，最终站到了反对王安石的立场上。而他们一回到京城，便深深地卷入这场政治斗争的旋涡之中。

王安石是个不同寻常之人，思想人品都异于常人。他学生时代很勤勉，除了文字学极糟之外，还算得上是个好学者，当然也是宋朝一个主要的诗人。不幸的是，徒有佛祖救世之心，而无圆通机智的处世治人之术，除去与他自己本人之外，和天下人无法相处。毫无疑问，他又是一个不务实的理想主义者。如果我们说理想主义者是指不注意自己饮食和仪表的人，王安石正好就是。王安石的衣裳不净，头发纷乱，仪表不雅，他是以此等面貌为众所周知的。苏洵曾在《辩奸论》那篇文章里刻画一种人说，"衣臣虏之衣，食犬彘之食"，又说这种人"囚首丧面而谈诗书"。我们无法知道王安石是否喜欢以这样特点异乎常人，但是一个人把精力完全倾注在内在的思想上，自然会忽略了他的仪表，这话倒令人相信。有一个故事说王安石从来不换长袍。一天，几个朋友同他到一个寺院里的澡堂去。在他从浴池出来之前，朋友们特意偷偷在外头放上一件干净的长袍，用以检测他是否知道衣服已经被换了。洗完出来，王安石把那件新袍子穿上，朋友动了手脚，他竟然完全不知道。他不管衣服怎么样，总之身上穿了件衣裳就行了。又有一天，朋友们告诉王安石的夫人王氏，说她丈夫喜欢吃鹿肉丝。王氏夫人大感意外，她说："我不相信。他向来不在乎吃什么。他怎么会突然爱吃鹿肉丝了呢？你们怎么知道的？"大家说："他在吃饭时不吃别的盘子里的菜，只把那盘鹿肉丝吃光了，所以我们才知道。"王夫人问："你们把鹿肉摆在了什么地方？"大家说："就在他正前面。"太太明白了，向大家说："我告诉你们，明天你们把别的菜摆在他面前，看会有何结果？"第二天朋友们把菜的位置调换了，把鹿肉丝放得离他最远，大家都注意他吃什么。王安石开始吃靠近他的菜，调换了鹿肉，他竟然完全不知道。还有一个故事说王安石在扬州太守作幕府时，他整夜读书。那时的太守是后来做了宰相的韩琦。王安石总是通宵苦读，天将黎明之时才在椅子中打盹。等醒来时，已然晚了，来不及洗脸梳头发，便连忙跑到府衙去上班。韩琦一看他那副样子，以为他彻夜声色犬马，就规劝了几句。韩琦说："我劝老弟，你趁着年轻，一定要多用功念点儿书吧。"王安石站在那儿未作辩解。他在去职之时告诉朋友说韩琦不赏识他。后来，王安石的学问名气日大，韩琦对他的看法也有了改变，也愿把他看作自己的下属，王安石却很不高兴。事情赶巧是，王安石在京城接受朝廷一个高位那一年，正好韩琦罢相。王安石记日记甚勤，竟写了七十多册，他曾有这样批评韩琦的话："韩琦惟面目较好耳，别无长处。"

王安石确实很怪，除去不洁的外表之外，尚有不止此者。在他掌权之前大约二十年之中，他是人们经常谈论对象，是因为他屡次谢绝朝廷的任用。这倒很难让人相信他这样做纯系沽名钓誉之意，因为从他二十一岁考中进士，到他四十六岁掌权——那是他壮年最活跃的时期，共二十五年，他一直谢绝朝廷任命，宁愿在一个偏僻的地方当一小官。那是仁宗在位之时，国家太平，才俊之士都荟萃于京都。王安石越谢绝朝廷授予的高位，他的声名越大。后来，朝廷上的官员都非常想一睹此人的真面目。此时因为他除去以文章出名之外，他位居太守，政绩斐然，行政才干优异，堪称能吏。他建堤筑堰，创农民贷款法，改革学校教学制度，政绩确实不错，也受百姓爱戴。他对进京为官的诱惑一直视若无睹，直到仁宗嘉祐五年，朝廷任命他为三司度支判官，他才来到京师。显然，王安石的兴趣是在财政经济方面，只有在这方面他才会对国家有最大的贡献。后来他母亲去世，他必须辞官守丧；但是等到守丧期满，他又被召入朝之时，他还是宁愿留在金陵，谢绝在京为官。

王安石这一段韬光养晦的经历，颇难理解，人们深信一旦时机到来，他必可为国家做大事。如果说他壮年这段时期已经建立了他一生政治生涯的基础，是不合乎情理的。当时他觉得不能适应朝廷名臣大儒之间的竞争，因为朝中有年高德重学识渊博的文臣，如范仲淹、司马光、欧阳修、曾公亮等人，这些人都深得众望，都会对他的锐意改革侧目而视，足以钳制持有新见解的后起之辈使之无从施展手脚。王安石在坐待时机。但是，从心理上看，恐怕另有一个理由。像王安石那种性格的人，不管身居何处，总愿做首领，在偏远的外县身为太守，仍不失为小池塘中的大鱼。在京师他担任过一个官职，那一段短短的时期，他就和同僚不和，事事不能走上正轨。他想变动旧法，按自己的想法办事。吴鹏和张方平都认为与王安石为同僚或为属下，都极难合作。

他在仁宗嘉祐五年来到京师时，人们都将他看作奇才。他已经写过许多不错的诗文。王安石的思想有创见，也擅长辞令。老一辈的名公巨卿如富弼和文彦博都对他颇有好评，甚至连欧阳修也对他很有好感。在王安石那不寻常的仪表之下，蕴含着当时那些官员所不能了解的才干和品格，他这个奇特之士就一直与那些大员周旋。在能看穿王安石的品格并认为他将会成为国家一个重要人物的寥寥数人中，有苏轼的父亲苏洵和他的老友张方平。张方平曾与王安石，共同监督地方考试，在王安石峻拒之后，便不再与王安石往来。他一定把早年与王安石共事的经历告诉过苏洵。于是二人对王安石极为反感，更因为他打扮习惯的矫揉造作不近情理，因而反感更深。欧阳修也曾经把王安石介绍给苏轼的父亲，而王安石也非常想结识苏氏父子，但是苏洵对他拒而不纳。王安石母亲去世时，在所有经邀请参加丧礼之人当中，苏洵不但没有前往，反而写了那篇著名的文章《辩奸论》，这一篇成了后来历代学生常读的文章。苏洵在这篇文章里开头就说了解人的性格很难，甚至聪明人也常会受骗。惟有冷静的观察者才能看透人的品性而预知他将来的发展。他征引古代的一个事例：山巨源预言王衍的将来，王衍那时仅仅是聪颖秀逸的文士；同时还引证名将郭子仪对卢杞的预见。卢杞对唐代的灭亡多少负有责任。卢杞富有才干而为人阴险，且其容貌极丑。郭子仪在接见卢杞时，必须把舞姬歌女等斥退，恐妇女们见其丑陋而受惊，或因一时嗤笑而得罪于他。但是苏洵说，当时若不是有昏庸之主，这两个人还不足以亡国。苏轼曾言："今有人，口诵孔老之言，身履夷齐之行，收召好名之士、不得志之人，相与造作言语，私立名字，以为颜渊孟轲复出，而阴贼险狠，与人异趣。"苏洵认为此人如一旦得势，就可能欺瞒君主，障闭视听，成为国家朝廷的大患。"夫面垢不忘洗，衣垢不忘浣，此人之至情也。今也不然，衣臣虏之衣，食犬彘之食，囚首丧面而谈诗书，此岂其情也哉！凡事之不近人情者，鲜不为大奸慝。"苏洵盼望他的预言不应验才好，如此他就可比为"善战者无赫赫之功"的名将了。不过他说："使斯人而不用也，则吾言为过，而斯人有不遇之叹。孰知祸之至于此哉！不然，天下将被其祸，而吾获知言之名，悲夫！"王安石的怪习，是否矫揉造作，无法判断，但每逢一个人对某一事做得过分，人们总容易怀疑他是虚伪作假。我们若是相信邵伯温的记载，仁宗皇帝也曾对王安石有此怀疑。一天大臣们蒙恩宠召，盛开御宴。臣子须在池塘中自己捕鱼为食。在用膳之前，做成小球状的鱼饵，在桌子上的金盘子里摆好。王安石不喜欢钓鱼，便将金盘子里的鱼饵吃光。皇帝第二天对宰相说："王安石是伪君子。人可能误食一粒鱼饵，但总不会有人心不在焉之下把那些鱼饵吃完的。"从这个故事看来，可见仁宗为什么不喜欢王安石了。在王安石的日记里，对仁宗他也挑剔得特别苛刻。从人类发展的进程来看，苏洵的话没说错。不知什么原因，在世界各国，怪人、精神病分裂者、狂想家，总相信邋遢脏乱就是天才的标志，而最能使自己获有千秋万岁名的手段，就是拒绝正常人一般的装束。还有一种怪想法，肮脏污秽就是表示轻视物质享受，因此也就是精神伟大，于是顺此推论的结论必然是：天堂者，恶臭熏人的天使集中之地也。苏洵写《辨奸论》时，苏轼说他和弟弟苏辙都觉得责骂得太重，只有张方平完全赞同。可是，没过多久，苏轼的同代人就认为老苏的见解正确。《辨奸论》至今流传，足以表明苏洵的真知灼见。王安石接任三司判官不久，他就想试探一下自己的政治影响。当时仁宗在位，他就上书论政，长达万言。在这万言书中，他陈明对财政改革的基本原则："因天下之力以生天下之财，取天下之财以供天下之费。"他说自太祖皇帝开国以来，政府即感财力不足之苦，此皆因没有一良好的财政经济政策。良好的政策之所以未被人们所想到，只是因为没有伟大而且有思想的人谋划。他说当时有这样权力地位的人，却无此大才。在全国之中，他亦不知何人具有此等才智足以出任此职。他很巧妙的提出如果从事基本改革，必使之与古圣先王的治世之道相联系，要使百姓相信不背乎先王之道。他又说，在顺乎古代传统之时，切勿师先王之法，只需师先王之意，政策无论如何不相同，但都应以人民之利益为依归。总之，那是一篇论证严谨文字老练的政论文章，而且论到政府的每一方面，官制、财政、教育，无不包含。

王安石试探他的政治基础，发现他的政治基础还不是很坚实。仁宗皇帝把他的万言之书看完，就束之高阁了。在随后英宗皇帝短短的四年当政之中，王安石又蒙恩召，可是他仍然辞谢不受。许多史家往往举出的理由是，因为仁宗无子，仁宗驾崩后，他曾奏请不要立英宗为帝，因此他心中感觉愧疚之故。

这时，英宗的儿子，将来要继承帝位，现今正以太子之身，居于京都，后来即位为神宗，王安石才因宠得势。神宗为太子时，韩维为太子司文书事，而韩维对王安石则极为佩服。韩维常对朝政表示意见，每逢太子赞同那些意见，韩维就说："这不是臣的意见，而是王安石的意见罢了。"于是，太子对王安石渐渐刮目相看，希望将来他能借重王安石的政治才能。在英宗治平四年（1067年），神宗年二十岁，即帝位，立即下诏任命王安石为江宁知府，九月又将他擢登翰林之位。王安石与他的好友韩维不断通信，深知他的机会终于到来了。他这次违背了以前的老习惯，圣命一到，立即拜受了官职。但是延迟赴京，七个月后才成行。神宗皇帝惊奇地说："先帝之时，王安石一向谢绝任命，不肯来京都。有人以为他冒失无礼，可是现在他仍然不来，以称病为借口。是真有病在身，还是冀图高位？"这一时期，朝中有两位元老重臣，互相猜忌：一为曾公亮，一是韩琦。韩琦曾经在三朝连续担任宰相与枢密的职位，已经有权力太重之趋势。曾公亮在企图抵制韩琦之时，希望拉王安石为有力的同党。他向皇帝力荐王安石真有宰相之才干，皇帝应当对他的话信而不疑。另一方面，大臣吴珪很了解王安石之为人，他警告皇帝说，如果让王安石掌权，必致天下大乱。最后，在神宗熙宁元年（1068年），王安石已经完全明白皇帝对他的态度，乃自外地赴京，奉召入朝，奉准"越级进言"，不受朝仪限制。皇帝问："朝政当务之急是什么？"王安石回奏道："以决定政策最为重要。"

皇帝又问："爱卿以为唐太宗怎么样？"

"陛下当以尧舜为法，而不应仅止于唐太宗就够了。其实尧舜之道行之亦甚易。后世许多名臣并不真了解先生圣贤之道，认为尧舜之政策，后世不可复见。"皇帝听了颇觉称心，但谦谢道："卿之所望于寡人者过奢，恐怕寡人无以孚贤卿之望。"后来王安石得到一次单独召见的机会，其他大臣已全退去。这真是王安石的千载良机。皇帝说："坐下。我想和你深谈。"皇帝陛下开始问他为什么过去两个明君一定要获得贤臣做宰相以辅佐朝政。皇帝提出的两个贤相之一并非别人，正是诸葛亮，可以说是历史上最有才干的宰相。王安石又设法使谈话不离三千年前的尧舜之治这一题目。他说他希望谈尧舜的贤相。他说诸葛亮在他的心目之中，无足多论。诸葛亮的治世才能，也不过是按部就班，循序渐进，以达到一个明确的目标，此种做法绝不适于像他这等有更加远大报负的人。王安石接着说："陛下如今治理一个地大民多的国家。国家升平已有百年之久，全国贤良之士如此之多，竟没有贤德能干的大臣辅佐陛下施行仁政，其原因恐在陛下无明确之政策，有用人不专的弊端。今日虽有非常之才，就像当年辅佐尧舜之贤臣，如受小人之诋毁，亦必弃职而退。"皇帝道："每朝皆有小人。即使在尧舜时代，也有恶迹昭彰的四凶。"王安石道："就像陛下所说，正因尧舜深知此四奸臣之劣迹而除之，尧舜才能有其成就。如果四奸臣在朝不去，仍逞其阴谋而妒贤害能，有才之士亦必弃官而去。"神宗听了，颇为感动。他年方二十，像所有的年轻人一样，雄心万丈，日日思虑国富兵强。他为人公正而善良，四方脸，五官端正，和太祖皇帝长相相似。不过宋朝的皇帝，到神宗以后，就明显显出了精力衰颓的样子。王安石心知年轻皇帝对远大前景的热望终于被自己点燃起来。自从那次深谈之后，神宗皇帝就决定不惜赴汤蹈火也要完成王安石的改革变法计划，即便牺牲其他所有大臣也在所不惜。结果果然如此。不知为什么缘故，每逢贤德的老臣进谏抨击王安石的新法之时，这位年轻皇帝的脑海中便闪现出那"四凶"的影子来。

三、变法论争

实际上，苏氏父子与王安石在政见上的分歧，早在嘉祐初便已经出现了。随着他们权力地位和影响的逐渐提高，分歧也越来越明显。这一点不仅王安石心里明白，就是宋神宗也是深知的。但王安石作为一个成熟的政治家，明白争取更多的人站在自己一边，尽量减少反对势力对自己完成大事的重要性。他也知道苏氏家族尽管与自己政见不同，但在要求变革，改变宋王朝日益颓败的趋势这方面，苏氏与自己是有相似意见的。因此，他在变法改革开始实行的时候，就尽量争取苏轼兄弟。于是苏辙的《上皇帝书》，便成为实现王、苏联手的契机。但后来的发展，并没有按照王安石的想法进行。

苏辙进入三司条例司后，有一天，王安石拿着一个折子，对苏辙等人说："这是《青苗法》，各位仔细研究一下，有不妥之处就告诉我，不要有什么顾虑。"当时农民在春季青黄不接时向财主借钱，用农田里未成熟的庄稼作为抵押，待秋天后用收获的粮食偿还本息，对地主来说，这叫作"买青苗"。这是剥削地租的辅助形式。中唐之后，买青苗越来越盛行。由于收获是不易预计的，所以到秋后往往有因歉收而无法偿还的，只好卖地卖房，乃至家破人亡。买青苗不但是地主对农民进行高利贷盘剥的方法，也是进行土地兼并的重要手段。"二月卖新丝，五月粜新谷。医得眼前疮，剜却心头肉。"唐末聂夷中的《伤田家》，描写的就是地主买青苗剥削农民的情景。王安石的青苗法，规定由政府借给农民青苗钱。目的一是由政府控制利率，防止高利贷剥削造成农民破产；二是把原来属于地主商人的利息收入，转到政府手中。因此青苗法在后来的实行中，受到了猛烈的抨击，原因是一来青苗法侵犯了地主商人的利益；二来在实行中地方官为了显示政绩，强行贷款，催逼讨债，反倒加重了对农民的剥削。而当时最早对青苗法提出异议的是苏辙。

在王安石出示《青苗法》的几天后，苏辙对王安石建议说："把钱借给农民，只收二分利。这本来是为了救济农民的困难，主要目的不是征利。但是钱款出入之中，如果各级官吏乘机作奸，虽有法令，也不能禁止。钱到了农民手中，也免不了会出现不合理的费用。等到还债的时候，就是富裕人家，也免不了违背期限。这样就必定会对他们武力催逼，州县的麻烦事就多了。唐代刘晏管理国家财政计划，从没有发放过贷款。有人责备他，他认为：'让百姓侥幸获得钱款，那不是社会福利，让各级官吏依照法律追索债务，那也不符合百姓的利益。虽然我没有借钱给农民，但各地的丰灾粮价我能及时地知道。粮食贱了政府买进，贵了政府卖出。这样各地的粮价没有过于昂贵或便宜的。哪里用得着贷款呢？'刘晏所说的正是汉代实行的'常平法'。这个法令如今还在，但没有施行。如果想帮助农民，完全可恢复常平法，定能很快取得刘晏那样的成效。"王安石听后，觉得有理，便暂时搁置了青苗法，并嘱咐苏辙以后有不同的意见，不要对别人说。

后来青苗法还是实行了，因为当时陕行漕司已自行发放青苗钱，河北转运司判官王广廉也要求在河北推行青苗法。于是王安石便开始完全实施青苗法，但在施行青苗法的同时，还是采用了一些苏辙的意见，也做了禁止强行分配贷款的规定。在苏辙进入条例司最初两个月内，他与王安石虽有很多不同的意见，但彼此还是可以相容共事的。熙宁二年四月，根据三司条例司的请求，打算派出八位钦差，前往各地检查新法执行情况。苏辙前去求见负责条例司的枢密副使陈升之说："最近召集八个人，要派往各地。不知道您是否掌握了下面的情况？是事情已有名目，派人下去查实呢？还是不了解下面的具体情况，泛泛地派人去捕风捉影呢？"又说："嘉祐末年，朝廷派使者到各地体恤下情，没有分配具体任务。结果下去的人无事生非，回来后上奏的事多数不实际，被天下人当作笑话。今天的作法和那时似乎大同小异？"

当时陈升之虽主管三司，对王安石的变法却没有深刻的认识，只是随声附和而已。听了苏辙的话，觉得也在理，便召集条例司的官员，指示下文件催促各地上报情况，待情况报上后，再根据下面的报告讨论派巡使的事。原打算以此拖延派使者检查的事，但没有成功，专使还是派出了。苏辙便致信王安石，表示坚决不同意派人巡查，并要求将自己外放。王安石非常生气，打算降罪于苏辙，经陈升之劝说，方才罢休。王安石派人巡查各地，目的在于推行新法，检查各地改革措施的实行情况。而苏辙认为这与过去派官吏下去无事生非、骚扰地方没有什么不同。一个想有所作为，自上而下地推行改革措施；一个要休养生息，反对滋生事端，乱政扰民。

指导思想是抵触的，冲突就无法避免。从这以后，苏、王的矛盾就激化了。

王安石到了五月，又提出建立学校、改变科举的奏议。这是王安石变法的又一重大举措。三司条例司的设置，是财政经济方面的改革，变更科举是对政治制度的改革。从唐朝开始，古代科举考试以进士、明经两科为常规的主要考试科目。进士科以诗赋为考试内容，明经科以经义为考试内容，就是对古代儒学经典的理解发挥。在这两种考试中，进士科更受重视，参加进士考试和通过进士考试取得功名的人最多。这就是人们所说的"以文取仕"。北宋沿袭唐代的制度，仍是以文学考试的进士科为主要科目。这种文学取仕制度的缺点，就是重视文学才能甚至是形式技巧的掌握，忽略实际的行政工作能力，使一些文学才能不突出，或不大注重形式技巧，却有实干能力的英才，被挡在仕途之外。苏洵就是一个例子。王安石对科举的变革，是取消明经科的考试，只设进士科，但进士科改考经义，而不再考试诗赋。这就彻底改变了以文取仕的传统。这样改革的好处是明显的，就是重视了实际才能，因为与文学相比，经义更接近政论。

苏轼对于王安石的主张，坚决反对，他写了《议学校贡举状》，上奏皇帝。苏轼以为科举不论考什么，都有可能出现考试成绩与实际不相符合的情形。如果考经义是为了考察品行，那么这等于教天下人作假，因为德行应该是通过君王的表率和奖惩来教化的。至于从实用角度考虑，诗赋当然不能直接用于行政，而策论也只是文章罢了，也是没有实用价值的。但不应该因此把这些考试内容都取消了，因为自古以来，这是唯一可行的选才方法。从唐代以来，通过诗赋考试成为名臣的不计其数，为什么要废除它呢？宋神宗看了苏轼的议论，就明白了。他召见苏轼，请苏轼谈谈对朝政的意见。苏轼说："陛下求治太急，听言太广，进人太锐。"苏轼关于文学取士自古实行、无法改变的观点，显然是站不住脚的。正如王安石后来分析的，科举引导士子闭门钻研声律、对偶，不问世事，实在是浪费人才。这也是苏洵当年所持的观点。不过反对废除诗赋考试，苏轼也有他的道理。古代一向政文一体，文学是很难与朝政截然分开的。古代出现了许多既是文学家又是政治家的杰出人物，说明在文学和政治这两种文化形态之间，有着密切的关系，而不是像王安石解释的，因为只有诗赋考试，所以德才兼备之士只好由诗赋考试入仕。王安石的科举变革，在选人观上是一种进步，但也有着一种文化沙文主义的味道。他强调一切文化活动都要服从朝廷的政治需要，甚至认为文学是多余的东西。苏轼反对变更科举，从某种意义上讲，是捍卫了文学。

关于科举问题的争论，反映了苏、王在文学观、政治观和教育观上的不同。王安石倾向于用集权的、强制的方法解决政治问题，而苏轼兄弟主张用缓进、自然的方法处理问题。从文学上看，王安石的文学观是以实用为本的，离开时事，文学就毫无价值，是无病呻吟。苏轼也认为文学要实用，但并不认为离开政治文学就失去了意义。对苏轼来说，文学既是属于政治的，也是属于个人生活的。王安石写了一篇《伤仲永》，描写一个孩子因缺少后天培养而使天资泯灭的事例，大概是想用以说明教育学习对于培养人的才华的必要性。苏轼有一篇《日喻》，说一个盲人无论怎样向别人请教，也不能真正知道太阳的样子。从而说明人的道德才能只能从实践中得来，不可能由学习得来。总之，导致苏、王冲突的原因，就像王安石分析的"所操之术异耳"。

自从关于变更科举的争论发生后，苏轼兄弟与王安石新政集团的矛盾，就更加激化了。神宗皇帝在召见苏轼之后，打算任命他"修中书条例"，王安石不同意，任命苏轼"权开封府推官"。也就是给苏轼找点儿事干干，免得他整天唱反调，找麻烦。后来神宗又想让苏轼编写起居注，也被王安石拒绝了。

到了熙宁二年的八月，王安石终于不能容忍苏辙了，苏辙在条例司继续待下去了。王安石就借着他自请补外的请求，打发他到河南府任推官，把他调离了京城。

这年十二月，苏轼上书宋神宗，对王安石新法改革提出了全面的批评。苏轼的《上神宗皇帝书》认为皇帝治理国家，所能依靠的只有人心。如果不得人心，什么事也做不成，就算暂时成功了，将来也会失败。如今人们不喜欢新法，就应加以废除。他对王安石新政的政策措施，逐项加以批评。对于设立的三司条例司，苏轼认为这是公开打出了"求利"的旗号，扰乱了原有的行政制度，滋生事端。

王安石推行"农田水利法"，鼓励兴修各地水利，发展生产。苏轼认为应因地制宜修水利，对乱上项目浪费财力的情形应予重罚。农田水利法的推行，实际上导致了不考虑地形条件、乱开工程的做法。

对王安石变法措施中的农田水利法，苏轼是相当不满意的，他曾经在《山村五绝》之二中叹道：

> 烟雨濛濛鸡犬声，有生何处不安生。
> 但教黄犊无人佩，布谷何劳也劝耕。

这首诗作于熙宁五年，苏轼当时任杭州通判。按当时的体制，通判也兼任"劝农使者"，苏轼对农田水利法感到不满，所以才有了"布谷何劳也劝耕"的讽刺性诗句，《乌台诗案》记载当时大兴文字狱者的话，说"是时贩私盐者多带刀杖"，此诗"意言但得盐法宽平，令民不带刀剑而买牛犊，则民自力耕，不劳劝督。讥讽朝廷盐法太峻，不便也"。

当时两浙多"盗"，不全因为"盐法太苛"，而是"官逼民反"的事情太多，使农民走投无路，只好武装起来谋求自己的生计，"以兵仗护送"贩盐，只是其中之一。苏轼自己兼为劝农使者，他在新城、富阳一带，看到这一情况，写出了"布谷何劳也劝耕"的诗句，是别有深意的。苏轼知道百姓是不会轻易离开自己土地的，除非官府逼得他们无路可走时，才会"铤而走险"。苏轼想起了汉代的渤海太守龚遂，在"劝耕"途中碰到"带持刀剑"的农民时，幽默地问他"为何带牛佩犊"？意思是卖了刀剑，可以买耕地牲口，何必把买耕地牲口的钱换成刀剑来佩带在身呢？苏轼认为只要官府不剥夺人民生存的权利，农民会自己回到土地上来，用不着布谷鸟来劝农民"布谷"了，也就是用不着官吏来"劝耕"了。

通常说来，封建社会的"劝耕"，大部分是一种"扰民"的政策。唐朝的柳宗元在《种树郭橐驼传》中就借郭橐驼之口说过：

> 吾居乡，见长人者好烦其令，若甚怜焉，而卒以祸。旦暮吏来而呼曰："官命促尔耕，勖尔植，督尔获，蚤缫尔绪，蚤织尔缕，字尔幼孩，遂尔鸡豚"。鸣鼓而聚之，击木而召之，吾小人辍飧饔以劳吏者且不得暇，又何以蕃吾生而安吾性耶？故病且怠。

王安石变法改革时设"劝农使者"对百姓所形成的骚扰，此柳宗元所讲更为严重。在《上神宗皇帝书》中，苏轼就指出过那些借口"均税宽恤，冠盖相望"而"争言水利"的"浮浪奸人"，造成了"吏卒所过，鸡犬一空"的情形。这首诗所反映的情况，仍然是这种思想。"劝农"在今天看来似乎是好事，农田水利法有何不好？但在封建社会时代，却成了扰民的政策，反不如实行"休养生息"，"无为而治"，更有利于发展社会生产。

另外再看苏轼的《鸦种麦行》这首七言古诗，诗中写道：

> 霜林老鸦闲无用，畦东拾麦畦西种。
> 畦西种得青猗猗，畦东已作牛尾稀。
> 明年麦熟芒攒槊，农未未食鸦先啄。
> 徐行俯仰若自矜，鼓翅跳踉上牛角。
> 忆昔舜耕历山鸟为耘，如今老鸦种麦更辛勤。
> 农夫罗拜鸦飞起，劝农使者来行水。

这首诗是熙宁五年十二月，苏轼到湖州检查河湖堤岸时作的。那时候，"新法"的执行官员，为了开辟运河来运盐，打乱了江浙水利系统，而又失于疏导，致使原来的水道逐渐淤塞了，一遇大雨，经常造成水灾。苏轼到湖州查看堤岸情况时，正是冬天，听当地农民讲了一个"鸦种麦"的故事，因而写了这首幽默的讽刺诗来讥讽那些执行"新法"的"劝农使者"。

本来乌鸦是不会种麦的，但农民撒下麦种以后，乌鸦就到田里来吃麦种，当它从田地东边衔走麦种，没有吃完，有时也落在田地西边，发出麦苗，因而被戏称是"鸦"所"种"的"麦"，它实际上把畦东的麦田搞得乱七八糟，像牛尾巴上的毛一样稀少,还在那里扬扬得意。秋季麦子熟了,农夫还没有来得及收麦和吃麦,乌鸦又先来啄食麦粒了。你看它在麦地里"徐行俯仰",好像在"自矜"种麦有功,蹦蹦跳跳地站到牛角上去。这是苏轼对那些"新法"盲从者的讽刺,因为王安石实行"新法"时期,各地遍设"劝农使者",还规定诸道转运使、副使、知州刺史、通判等官,都要兼任"劝农使者",苏轼自己也是兼任"劝农使者"的。但他看到这些"劝农使者",名义上来"劝农",实际上是来"扰民"。在他们的骚扰下,农民不能专心生产,"劝农"反而阻碍生产,到收成之后,他们还沾沾自喜,说自己"劝农有功",向朝廷邀功请赏。这和"种麦"的"鸦"有什么区别呢?因而苏轼写了《鸦种麦行》来对他们进行十分辛辣的讽刺。这也表现苏轼对"新法"中的农田水利法是不满的。

另外再说苏轼的《吴中田妇叹》这首七言古诗,诗中说道:

> 今年粳稻熟苦迟,庶见霜风来几时。
> 霜风来时雨如泻,杷头出菌镰生衣。
> 眼枯泪尽雨不尽,忍见黄穗卧青泥。
> 茅苫一月陇上宿,天晴割稻随车归。
> 汗流肩赪载入市,价贱乞与如糠粞。
> 卖牛纳税拆屋炊,虑浅不及明年饥。
> 官今要钱不要米,西北万里招羌儿。
> 龚黄满朝人更苦,不如却作河伯妇。

这也是熙宁五年苏轼到湖州劝农,遇到苕溪隐士贾收,谈到江南农民的悲惨境遇,于是写了这首诗。诗中的田妇叙述自己遭灾之苦,还把仅有的少量粮食,拿出来贱卖,以缴纳官税,表明当时"钱荒米贱"的严重问题。最后两句指出,王安石推行"新法",到处都是黄霸、龚遂一类关心农业的"好官",但老百姓反而"更苦"了。原因是"新法"表面上说关心农民,实际上关心如何为朝廷征利,以致"钱荒米贱"的现象越来越严重。"百姓有米而官不要米,百姓无钱而官必要钱",逼得农民有生不如死的哀叹。说明"满朝"的龚遂、黄霸之流,都是虚伪矫揉的"好官",利用"新法"来升官发财,却害苦了黎民,至于"西北万里招羌儿"一句,指收回熙河羌族的土地这件事是做得对的。

免役法也是这样。官方的原意与实行情形也是南辕北辙。但是这一项措施,在苏轼看来是王安石变法中最好的一项。后来苏轼的"蜀党"当权时,他这派中所有的人都打算把王安石的新法全部推翻,苏轼所支持新法中唯一的一项,就是免役法。

在北宋以前,中国实行征兵制已经很久。王安石的政策就是老百姓可以付税以代替兵役。换句话说，这条措施就是以募兵组成常备军代替征兵制。不过，仔细研究一下免役法的具体规定，其结论恐怕仍是政府打算以税收实现丰裕国库的目的，至于使人民免于征兵之利益，则已由实行保甲制度而归为泡影，而保甲制度较之征兵制则弊端更多。慎重研讨免役法一年之后，诏令终于公布了。诏令中规定凡过去免于征兵的家庭仍须付免役税；例如，家中无子女、寡妇，或只有独子，或虽有子女尚未成年者，尼姑与和尚道士，都须纳一种税，称作"助役金"。各地区在免役配额之外，须多缴纳百分之二十，以供荒年百姓无力缴纳时使用。由此种税征集的款项，则充当政府雇兵与雇用其他人员之用。正如苏轼在青苗贷款措施上所说，百姓将因拖欠而入狱，而受刑狱之苦，也正如司马光当时所指出将来必然发生之情况——凡无现款以缴纳春秋之免役税者，必被逼而出售食粮，或杀其耕牛，或伐其树木，皆为可以缴纳此项捐税。况且，在前项征兵法中，百姓只不过轮流服役数年，而在新实行的免役法中，常常必须为免役而年年纳税，连不必服役之年份，亦须照常纳税。

在逐条批评王安石诸新法措施之后，苏轼又进一步批评了宋神宗的"求治太急，用人太锐，听言太广"，他反对宋神宗的急于求治和王安石的好大喜功，认为国家的存亡，在于德行的深浅，而不在于强和弱。国运的兴衰，在于风俗的厚薄，而不在于富和贫。德行风俗果真敦厚了，国家即使贫穷弱小，也不会妨害其长久存在。德行风俗如果野蛮粗陋了，即使强大富裕，也免不了短命灭亡。

苏轼在用人问题上，批评宋神宗的"多开骤进之门"，使朝廷中忠实纯朴之人越来越少，乖巧锐进之人越来越多，从而激发了天下文士贪求官位的野心。

苏轼在言论问题上批评宋神宗与王安石的独断专行，并且不能容忍不同的意见。他认为"君子互相支持理解而不必要求见解一致，小人即使见解一致却并不和睦。君子的和谐就像调和菜肴一样，小人的一致，就像水中加水"。

《上神宗皇帝书》的奏折，表明了苏轼对王安石变法坚决全面的否定，是对新政改革派的公开宣战。

北宋熙宁年间，围绕王安石变法，朝廷上下展开了一场空前的大论战。一方是在宋神宗支持下的以王安石、吕惠卿为首领的变法改革派，一方是由苏轼、司马光和韩琦、张方平等元老大臣形成的反对派。双方的观点立场尖锐对立，毫无调和折中的余地。

四、行事思想

说到王安石的理想和性格，许多历史学家和批评家都认为他是一个不自量力的人，倒不是因为他进行的社会政治的激进改革，而是他自认为是古代经典的唯一解释人。他也像王莽那样篡改古籍，也写了《三经新义》并使之成为官定的思想标准，并以替代过去所有对经典的名家解释。他的这种行为，既是滥用职权，又是对学术的专制。中国科举考试，通常都是以经书的一段为题，而应考者题意的发挥也要依据经书。王氏这个新制度，就是要赴试的考生必须在每个题义上，要研究并且吸收王安石所说的话，不论从为政之道，还是佛道儒学的理解，甚至于到"雉""枭""鹑"等字的训诂等，都要带上"王氏理论"的印记。苏轼离开京城之后，在一次地方考试监考时，曾写过一首诗，对考生试卷上所出现的思想观念之呆板雷同表示强烈的厌恶和不满。

王安石的《三经新义》也和他的语言文字学一样，往往带有佛教思想。新思想创见多，但学术根基浅。但是他却认为，在解释古籍的思想和政治观念时，他的思想如何就必然如何。他的《三经新义》多无可取之处，他死之后就完全为人所轻弃，此书也一本无存了。可是在他掌权之时，则是科举考生人人所必读的经典；考生的意见如与宰相的观点小有出入，便因此落榜。最为人所厌恶的，是《三经新义》是在两年之内仓促编成的；此书之正式开始编写是在神宗熙宁六年三月，由他的小儿子和一个政治帮闲合作编成，两年后出版。这本书随即就定为儒家思想的标准疏解，但每逢王安石有新见解时，新版本立即出现。考生人人皆知，他们的前途是全系于这个修正本上了。

苏轼觉得实在不能容忍王安石的如此作为，因为苏轼自认为学问胜过王安石的实在太多。不过现在也可以提一提，王安石的训诂学之荒唐可笑，简直有点像外行人一样。除了他的《三经新义》之外，在当时学人之中，大家最不平的事，就是王安石所引起的讨论训诂学的怪风气。他的训诂学，不是用比较方法，而是凭个人的直觉和想象。王安石认为这是独得的秘密，是对学术上重要的贡献，至老年时仍然苦研不辍，成书二十五卷。大家应该知道，一旦学者任凭想象力纵情驰骋而不加以科学方法的限制，那写二十五卷训诂学著作真是易如反掌。王安石的字源说有五十条左右流传至今，都是茶余饭后的笑谈。苏轼和王安石之间的许多趣事，都是以此等训诂学为题材的。

苏轼喜用"反论证法"。中文里有一个"鸠"字，是"九""鸟"合成。显然"九"字是音旁。王安石不管语音学的道理，只想从意义上找点趣事。一天，苏轼和他闲聊时，忽然问王安石："那么，为什么'鸠'字由九鸟二字合成呢？"王安石答不上来。苏轼说："我能告诉你原因所在。诗经上有：'鸤鸠在桑，共子七兮。'七只小鸟加上父母两只大鸟，不正好是九只吗？"

"波"字是由"水"加"皮"而组成，"皮"以表音。这个"波"字触动了王安石丰富的想象，他解释"波"者"水"之"皮"也。一天苏轼碰到他，向他戏谑道："'波'若是'水'之'皮'，则'滑'就是'水'之'骨'了。"王安石违反中国字构成的基本原则，他有时割裂字根分作两个，再另加一个部首相接，象"富"字一例，真会使语言学家啼笑皆非。

王安石还鄙视所有那些被他称为"流俗"的人，不但与那些长者忠卿大臣等一干人疏远起来，就连自己的莫逆之交如韩维、吕公著也断绝了往来。神宗尚身为太子之时，是韩维使太子对王安石刮目相看的。等这些朋友对他推行新政的方式方法表示反对时，他毫不犹豫，立刻把他们贬谪出京。他陷于孤立无援之境，就提升些不相知的"才不胜职"之辈，而这些人只是对他点头哈腰毕恭毕敬，实际上利用他以满足私欲。三个名声极坏的小人是李定、舒亶、邓绾。李定名声极坏，为免辞官，退而返里居丧，在儒教社会中这是大逆不道的。邓绾为后人所知，是他说了一句名言："笑骂由他笑骂，好官我自为之。"但是王安石的两个巨奸大恶的后盾人物，则是两个极端活跃，富有阴谋才干又极具口才能力的小人：曾布和吕惠卿，尤以吕惠卿为甚，最后他甚至想取王安石的地位而代之，又把王安石出卖了。王安石八年执政终于崩溃，可以一言以蔽之曰："吕惠卿背叛了王安石，王安石出卖了皇帝，皇帝背叛了老百姓。"在吕惠卿以极卑鄙的手段公布王安石的私信，以挑拨他和皇帝之时，王安石便垮了。晚年王安石每天都写"福建仔"三个字数次，用以发泄心中的悲愤，因为出卖他的这个朋友吕惠卿是福建人。王安石变法失败之后，苏轼一次在金陵遇到他，斥责他发动文字狱迫害文人之罪，王安石回答说吕惠卿当负全责。此不足以为借口，因为王安石本人坚持严苛对付反对派，而且在熙宁四年四月至六年七月吕惠卿因守丧去职期间，王安石在京师还成立用以监察非议朝政者的特务机构。

不过，相反两派的领袖王安石和司马光，虽然政见不同，不能相处，但皆系真诚虔敬洁身自好之文人，在金钱与个人品行上从未受人指责。

有一次王安石的妻子为他娶了一个小妾。等此女人进见时，王安石惊问道："怎么回事？"那女子回答说："夫人吩咐奴婢侍奉老爷。"王安石又问："你是谁家的女子？"女人回答道："奴家的丈夫在军中主管一船官麦。不幸沉船，官麦尽失。我们倾家荡产，不足以还官债，所以妾身丈夫卖掉奴家好凑足钱数儿。"王安石又问："他把你卖了多少钱？""九百缗。"那女子悲伤地回答。王安石把她丈夫找到，命妇人随同丈夫一起回去，告诉她丈夫也不必退还卖妻的钱。

这样情形司马光也曾遇到过，因为他在勉强之下纳了一个妾。他年轻时曾做过通判，而妻子未能生育儿子。太守夫人赠送他一个小妾，司马光毫不理睬。妻子以为是自己在跟前的原因。一天，她告诉那个侍妾等她离家之后，打扮漂亮，晚上到老爷书房去。司马光看见那一女子在他书房中出现，他惊问道："夫人不在，你胆敢来此？赶快离去！"随即让她离去。王安石和司马光都希望实行自己的观点和政策，而不在谋求地位权力，而且王安石对钱财绝不看重，做宰相时他一领到薪水，就交给兄弟们，任由他们花费。

司马光，德行才华，当世罕见、无人可比，由始至终是光风霁月胸怀，重理不重利。他和王安石只是在政见上水火不相容。后来一个批评家曾说："王安石必行新政始允为相，司马光必除新政始允为枢密副使。"司马光为宋朝宰相，其为人所敬重，不仅与范仲淹齐名，他还是《资治通鉴》的作者。这部书全书二百九十四卷，附录考异三十卷，识高学富，文笔精练，为史书中之泰斗，后世史学著作之规范。初稿多于成书好几倍。他编著此书时，一直笔耕不辍，每日抄写，积稿十尺，最后全稿装满两间屋子。这一空前巨著耗掉作者二十五年工夫。

　　青苗贷款法是引起最后争论的问题，在制置三司条例司讨论数月之后，终于在宋神宗熙宁二年九月公布。朝廷派出四十一位专使大员，到各省去督导实施新法。不久之后，即明显显示政府款项并不能如预先之估计。专使所面临之问题即是：直接返京陈明使命未能达成，抑或强迫农民将款贷去而回京票报新法成功。官家愿将款项借予富户，因其抵押较为可靠，但富户并不特别需要借款。穷人家急须借款，但官府必需取得抵押，因知其无还债能力。有些专使想出其他办法，按百姓之财力，自富至贫，将款项定比分配。但是贫户太贫，实在无力借款，只有富户可借。官方要做到贫户确能归还贷款，于是让贫户的富有邻居为之做担保。一个特使向京都的报告中说：官方把贷款交与贫户时，贫户"喜极而泣"。另一个专使，不愿强民借贷，回京报告与前一特吏大有出入。御史弹劾成功放款的特使，说他强民借贷，有违朝廷之本意。王安石亲自到御史台对那些御史说："你们想做什么？你们弹劾推行新法的能吏，却对办事不力者不闻不问。"

　　那时韩琦驻在大名府，官居河北安抚使，亲眼看到了青苗贷款法实行的情形，他向皇帝奏明青苗贷款是如何借贷出去的。韩琦与苏轼的火暴脾气相比，他的奏折写得周详，措辞谨慎，言之有物，真不愧是个极具才干，功在国家的退职宰相的手笔。他在奏议上说，甚至有赤贫之民也要分担款额，富有之家则要求认捐更多。所谓青苗贷款也分配给城市居民分担，也分配给地主和"垄断剥削者"，须知这两种人是不需青苗贷款的。但是一定要知道的是，每借进一笔钱，短短几个月之后就要付出一分半的利息。不论官府如何分辩，说贷款与民不是以营利为目的，百姓都不肯相信。韩琦指出，即使阻止强迫贷款，而力行志愿贷款，也并无实际用处，因为富户不用借，穷人愿借，但无抵押；最后仍须保人还债。同时，监督贷款的特使急于取悦于朝中当权者，低级官吏知道案情却又不敢明言，韩琦说，他自思身受皇帝恩泽，不得不将真相奏知皇帝。他请朝廷停止新法，召回特使，恢复原来的常平仓制。

　　与王安石讨论韩琦的奏议时，皇帝说："韩琦乃国之忠臣，虽然为官在外，对朝廷仍是记挂在心。我本来以为青苗贷款法会有利于百姓，没料到为害如此之烈。再说，青苗贷款只用于农村，为何也在城市实行？"王安石立即回奏道："有什么害处？都市的居民倘若也需要贷款，为什么不借给他们呢？"这位退位的宰相，明确指出汉朝曾经一度实行的国家资本制度的不良影响，那样榨取民脂民膏以充国库而供皇帝穷兵黩武，并不能达到富国强兵的目的。

这就动摇了王安石的地位，皇帝开始有意停止施行青苗法。王安石知道了，就请病假。司马光在谈到王安石请病假时说："士夫沸腾，黎民骚动。"大臣们都在讨论此一情势，当时还有人支持王安石，主张等王安石回来再说。那天晚上内阁大臣曾公亮派他儿子把局势有变的情形去告诉王安石，告诉他要赶快销假。得此密告，王安石立刻销假，又出现在朝堂之上，对皇帝说，反对派仍然想方设法阻挠新政。

皇帝也不知该怎么办，于是派出两个太监到外地视察回报。两个太监也深知利益，回报时说青苗法甚得民心，并无强迫情形。老臣文彦博反驳说："韩琦三朝为相，陛下宁可信太监之言而不信韩琦吗？"但是皇帝竟然坚信自己亲自派出之使者，决心贯彻措施。几名愚蠢无知毫不负责的检查人员，不知自己说的几句话，竟会对国家大事发生了多么大的影响，这种情形何时得了！倘若那几个太监还有男子汉的刚强之气，这时肯向皇帝据实回禀，宋朝的国运还或许会有所改变。他们只是找皇帝爱听的话说，等政局变化，谈论"土地改革"已不再新鲜，他们也羞愧得一言不发了。

司马光、苏轼还有范镇三个人并肩作战。司马光原对王安石颇为看重，他自己当然也深得皇帝的信任。皇帝曾询问他对王安石的意见。他说："百姓批评王安石虚伪，也许言之过甚，但他确是有不切实际，刚愎自用。"司马光确实和王安石的亲信吕惠卿在给皇帝讲解历史典故时，发生了一次激烈的争论，甚至需要皇帝来调停。司马光反对王安石的政策，王安石开始讨厌他。王安石请病假时，神宗皇帝打算让司马光担任副枢密使。司马光谢绝不就，他说他个人的官位无甚重要，重要的是皇帝是否要停止新政措施。司马光九次上奏折，皇帝回答说："朕曾命卿任枢密使，主管军事。卿为何屡次拒不受命，而不断讲那些与军事无关之事？"司马光回奏称："但臣迄未接此军职。臣在门下省一日，即当提醒陛下留意这些事。"王安石销假上朝后，他的地位复又巩固，他把司马光贬为制诰。范镇拒发新命。皇帝见范镇如此抗命，皇帝乃亲自把诏命交予司马光。范镇因此奏请辞去门下省职位，皇帝批准。

最使朝廷文武百官激动的，应该说是王安石之清除御史台。最初，王安石能统制朝廷百官，倒不是凭借他那极端而广泛的经济政策，而是他对胆敢弹劾他的御史，凭他狂妄的习惯，一律撤职。于是批评朝政的权力受到了摧残。国家组织的基础受到了破坏，这样就触动了政体最敏感部分。全体官员为之大惊失色，王安石自己的朋友也开始背叛他。

单以排挤御史台异己一事，就足以削弱王安石的支持力量，也使得朝廷许多大臣纷萌退意。监察机构在中国是一个历史悠久的制度，其功能就是代表舆论对当政的政权时时予以约束或批评。在一个好政府里,监察机构一定要能随时对皇帝进谏诤言,向皇帝反映各种论证言辞,这种重要性是不能轻视的。因为其地位如此之重要,监察机构既有重大权力,亦有重大责任,如御史对当权者进行强有力的攻击,可以把一派当政者推翻。在政府的人事和政策上,这种监察作用可以引起变动,不过其方法并没有明确予以规定,其作用与现代的新闻舆论大致相同。古代此种制度之异于今日者,就是这样的监察机构及其反对权,并无明文规定要受法律保障,只是习惯上认为贤君明主应当宽宏纳谏;至于皇帝会不会重视他那明主贤君的名誉,那就是他自己的事了。倘若他自律克己,他可以降旨将御史降级、惩处、折磨甚至杀害全家。有些皇帝也确是如此。在个人无法律保障之下,身为御史者,却要尽职尽责向朝廷与皇帝规劝进谏,处境是既艰难又危险。在过去也总有受皮肉之苦,鞭笞之痛,甚至死亡之威胁的御史,要尽其于人民之职责。尤其在东汉与明朝两朝,当时有御史,写好弹劾奸相的奏议,自料必死无疑,在奏折呈递与皇帝之前,先行自缢身死。这些御史就象士兵之上战场,前仆后继。好皇帝自己爱惜名誉,对于这等御史的处理颇为慎重,因此甚获美誉而得人望,但是奸臣当政则急于塞御史之口。

王安石当政之始,元老重臣对他颇寄厚望。现在御史中丞吕晦向王安石发出了第一弹,批评他:"执邪见,不通物情。置之宰辅,天下必受其祸。"连司马光都深感意外。在吕晦同司马光去给皇帝讲解经史之时,吕晦向司马光透露那天早晨他计划要做的事,从袖子里把那封弹劾表章给司马光看。司马光说:"吾等焉能为力?他深得众望。"吕晦大惊道:"你也这么说!"吕晦被革职,于是王安石排挤政敌的行动开始了。

五、御史台之争

有一妇女,企图谋杀丈夫,但仅仅使她丈夫受伤而未致死命。此妇人承认有谋杀之意,当时有个大官对处治之刑罚表示异议。此一案件拖延一年有余,未能定案。司马光主张以一种方式判决,王安石则主张另一种方式,而且坚持己见,对此案的处刑,皇帝的圣旨亦有所指示。但是御史刘恕则坚决不同意,要求再审,御史这样要求,亦属常事。另一御史不服王安石的意见,王安石则安排他自己的一个亲信弹劾刘恕。这样一来,一场争斗,便化暗为明,这样星星之火使朝廷政争变成了燎原之势。

御史台则群情激动。现在问题是仍要在不受限制之下自由尽责呢,还是等着逐一被对手清除?几位御史乃联名上书弹劾王安石,请求罢免其相位。王安石大怒,欲将这几人投入监狱而后快。司马光与范纯仁认为不可如此对待御史，最后这六个御史遭贬官至边远外县充任监酒。范纯仁一见情形如此，起而应战。他要求必须撤回贬谪御史之成命，结果他自己也遭流放。下一个要倒下去的是苏轼的弟弟苏辙。他一直就反对青苗法和免役法。两个月之后，忠厚长者老臣富弼向朝廷辞职归隐，临走时警告说，在任何政治斗争中，正人君子必败，而小人必占上风，因为正直之人为道义而争，而小人则为权力而争，结果双方必各得其所，好人去位，坏人掌权。他预言国家大事若如此下去，朝廷行将大乱矣。

现在朝廷之上是一片骚乱。神宗熙宁二年二月，制置三司条例司成立，七月实行市易法，九月实施青苗法。数月之后，众人对当权者的政策，由满怀希望而怀疑，由怀疑而迷惑不解，由迷惑而恐惧愤怒。

而且情势变化甚速。熙宁三年三月至四月，御史台大规模遭受整肃之后，随即大规模安排新人。随后倒下的两个御史，都曾是王安石个人的朋友，王安石也曾极为倚重。性情暴躁，身材颀长又擅长于辞令的孙觉，同时也是苏轼的朋友，曾经向王安石发动论争，因为王安石始终说周朝的执政机构，曾经以百分之二十五的利息把钱借给百姓，他对此表示反对。王安石仍然希望得到他的支持，派他到外地调查，为什么当时盛传朝廷强迫贷款给农民，甚至在京畿一带也传闻如此。孙觉返回京师，老老实实报告确有强迫事情。王安石认为他这是背叛朋友，所以孙觉也被革职。更为重大的案子是"美髯公"吕公著的案子。吕公著学识渊博，是宰相之子，但是性格内向不善辞令。王安石在早年和吕公著在文学上同负盛名，同为天下士人所敬佩。吕公著曾帮助王安石位登权要，王安石做为回报，就让他官拜御史中丞。现在吕公著上神宗皇帝的奏议中，文字未免过于严苛，使王安石大为不快。在奏折中，吕公著问："昔日之所谓贤者，今皆以此举为非，岂昔贤而今皆不肖乎？"王安石亲自草拟罢斥吕公著的诏书，用字措辞正好流露他自己喜怒无常的性格。在二人交好之时，王安石曾向皇帝说："吕公著之才干将来必为宰相。"而今他把吕公著比作了尧舜时的"四凶"。

敬重王安石的人与之疏远的最大原因，就是在同一个月内，王安石派了两个劣迹昭著的小人进入御史台，去补充他排挤出来的空缺。他派李定任全权御史，使御史台群情激愤。李定既没考中科举，也没有为官的其他必要的资格。众人所知的反倒是他隐瞒父丧不守丧礼，这事情简直是败德下流甚于禽兽。王安石把他提升到那么高的职位，只是因为自乡间来京后，他向皇帝奏明青苗贷款法极受百姓欢迎。这件事使御史们非常愤怒。同时，王安石又把亲戚谢景温提升为御史。谢为求官，把自己的妹妹嫁与王安石的弟弟。有三个御史反对朝廷的这一任命诏书，一起被罢官。其他的御史对此事还照旧坚持。张戬请求将三个御史官复原职，并罢停王安石的心腹李定与吕惠卿。张戬到中书省去催办此一案件，他发现王安石神情古怪。只是听他叙述，自己则一句话都不说，用扇子掩着嘴，一味大笑。张戬说："我想你一定正嘲笑我愚蠢。但是你要明白，全国老百姓中嘲笑你的还更多呢。"

这时另一位遭到排挤的御史是程颢，他是宋朝理学家"二程"之中的兄长大程。他在新政推行之初曾经与王安石合作。现在他也到中书省因为那同一件案子向王安石争辩。程颢看到他正怒气难消。这位理学大家以极具修养的风度对他说："你看，老朋友，我们讨论的不是个人私事或家事；我们讨论的是国家大事。难道不能心平气和说话吗？"从儒家的道德修养看，王安石觉得很难为情，很丢脸。

前后一个月的光景，御史台的异己清除完毕。连前年所罢黜的那六个御史在内，王安石清除的御史一共达到了十四人，十一名是御史台的御史，三名是皇宫中的谏官。司马光曾经向皇帝痛陈利害。朝中只有王安石、吕惠卿、曾布赞成新政。朝廷百官无不反对他们三个人。"皇上难道就只需用这三个人，朝廷就可以万事大吉了？就用这三个人国家就可以管理得井井有条了吗？"韩琦和张方平已在二月告老还乡，范镇已经大怒而去，司马光对枢密使一职拒不接受，当月也遭贬降。同年九月，那位举棋不定的内阁大臣赵抃，一度曾经想献媚这群新贵，现在也决定辞职。他指出"青苗使者于体为小，而禁近耳目之臣用舍为大"。年老而宿命毫无火气的曾公亮，在数月之后，把王安石的得势归因于天意，以身体多病为由，在皇帝极不高兴的情形之下请求离职，多少也是负气出走的。在神宗熙宁三年，王安石正式出任宰相，整个朝廷中权势凛然不可侵犯。次年九月，欧阳修辞去朝廷一切职务，退隐山林。

如果说从宋仁宗天圣年间开始，宋王朝进入了一个人才辈出的时期，那么到宋神宗熙宁年间，就呈现出杰出人物纷争的局面。政治改革家王安石、历史学家司马光、文学家苏轼，他们都是中国历史上的巨擘，他们对中国文化的进一步发展产生了深远的影响。这些英才却无法携起手，共同挽救宋王朝的衰败趋势，反而在相互斗争内枉费了自己的智慧与才华。

苏洵父子本来是主张改革的，但改革指导思想与方针措施的不同，使苏轼兄弟转到了反对王安石变法的立场，成为保守派阵营的中坚。苏轼的《上神宗皇帝书》《议学校贡举状》以及苏辙对新法的批评，今天看来，的确有僵化甚至荒谬之处。不过，他们的政见并不是没有道理的。苏轼批评宋神宗、王安石的用人太锐，"招来新进勇锐之人"。王安石变法集团中，确实钻进了一些见风使舵、投机取巧、成事不足、败事有余的小人，这也是王安石变法不能成功的重要原因。苏轼主张采纳不同意见，不要强迫别人的意见与自己完全一致。就是自己的观点是正确的，也不应提倡众人对一个人的意见随声附和。这种看法也有一定道理，其中还包含着辩证的思想。苏轼兄弟虽然是受到了阶级立场和集团利益的局限反对变法，但他们的原意还是为国家和百姓着想，并不是出自个人私利。在青苗法、雇役法等问题上，也体现了下层老百姓的利益。

当一个人得了小恙，医生们可以很容易诊断，采用相同疗法。可是在面对一个病入膏肓的人时，即使是一群名医，也会争论不休，各执己见。有人会主张猛药重治，有人会主张调理保养。熙宁年间的激烈政争，说明了宋王朝的病症已经难以救治了，各种陈疾积重难返，各方面的利益没有办法调和。政见不同的大臣们就像是一群名医，各持己见、争论不休，不仅无益于治病，甚至耽误了病情。

他们反对变法的各项政策，并不是因为没有看到弊病的存在，而是鉴于官吏腐败太严重而产生的忧虑。他们担心实行青苗法，会出现"抑配"；对于雇役法，他们担心扰民耗财，得不偿失。他们对变法的态度是消极的，可是他们对宋王朝众多的政治弊端、重重的社会问题、腐朽不堪的官僚行政机构，认识是清醒深刻的。

苏轼的《上神宗皇帝书》上奏之后，没有得到宋神宗的支持。熙宁三年年初，正式下诏发放青苗钱，在三月的进士科举考试中，取消了诗赋考试的题目。这次考试，由支持王安石力主变法的吕惠卿任主考官，苏轼担任编排官，参与主考的还有刘攽。刘攽，是刘敞的弟弟，字贡父，与兄长同科及第。兄弟俩都博学多才，风趣幽默、洒脱豪放。在凤翔时，苏轼与刘敞交往密切，很是开心。刘攽这时也在朝中做官，与苏轼关系更为亲密。这一年的考生中，有一个叫叶祖洽的，在策论中批评前朝因循守旧，赞扬宋神宗的改革。吕惠卿把他评定为上等，苏轼、刘攽不同意。最后还是由皇上决定，定为第一名。苏轼认为："叶祖洽贬低祖宗，讨好当朝的皇帝，而且得了第一，这样是不能端正风化的。"于是他自己拟写了一篇进士策论，献给皇上。文中再次全面抨击新政，强调"必畏天，必从众，必法祖宗"；"未尝言天命不足畏，众言不足从，祖宗之法不足用"。神宗阅后，交给王安石看，王安石认为应该罢苏轼的官。不久，苏轼又写了《再上神宗皇帝书》，把王安石比作晋武帝时的奸臣贾充，认为王安石将像贾充祸乱西晋一样祸害宋朝，他告诫皇帝如果不废止新法，就可能产生这样的局面，小处使用就会在小处出现祸患，大处使用就会在大处出现祸患，而如果彻底全力施行而不赶快反省，那么祸乱就会伴随而来，不断滋生。

熙宁三年七月，苏轼主持开封府进士考试。苏轼给考生出的策论题目是："晋武帝进攻东吴时，因独断而取得胜利，苻坚攻打东晋时却因独断而灭亡；齐桓公专任管仲而实现霸业，燕王哙专任子之而遭致失败。为什么事情相似而结果不一样？"当时王安石碍于反对变法的人很多，形成了强大的舆论，便鼓励宋神宗力排众议，"独断专任"，强制推行变法措施。苏轼的策问，显然是要引导考生抨击王安石的主张。这件事又使得王安石大为恼怒。

苏轼从熙宁二年起一直站在反对变法改革的立场上，不断向新政发难。反对变法的大臣到了熙宁三年的下半年有的被迫引退，有的被罢免，有的被外放。韩琦、富弼等元老因不赞成新法，先后罢官。与苏轼交好的任集贤校理太常博士的文同、刘攽也因反对变法，被外放到州府。只有苏轼还没有受到处罚。这其中的原因，一来是王安石赏识苏轼的才学，希望争取他支持新法。尤其宋神宗对苏轼特加照顾，不仅没有贬斥的意思，甚至几度想提升他任更重要的官职。只是苏轼始终坚持不合作的态度，受到王安石集团攻击抵制，未能实现。二来苏轼犯颜直谏，是为了忠于皇上，执政者不能因此而给以处罚。但是随着政治斗争的日益激化，苏轼终于无法在皇帝身边呆下去了。

熙宁三年八月五日，有个叫谢景温的御史，突然之间向皇上揭发苏轼兄弟护丧返回家乡期间，随船捎卖私盐。第二天朝廷就下旨向四川沿途的州县和借用的士卒、舵工讯问调查。苏轼兄弟护丧回乡时，随船确实携带了一些香料，运回四川用来弥补丧葬费用的不足，想不到成为政敌攻击的口实。苏轼自从与新党交恶，本来对政治上的打击是有思想准备的。刘攽四月份放到泰州做通判，苏轼曾作诗送行："君不见阮嗣宗臧否不挂口，莫夸舌在齿牙牢，是中惟可饮醇酒……"阮嗣宗是晋代阮籍的字，他在政治斗争残酷黑暗的时代生活，为了能免受祸乱袭身，从不谈论别人的是非。张仪是战国纵横家，凭辞令游说诸侯，博取富贵。有一次被人打得半死，醒来后问妻子："我的牙齿舌头还在吗？"妻子说："还在。"张仪说："这就够了。"这几句诗是讥讽王安石听不进不同意见，排斥异己，使大臣有意见而不敢言，也说明苏轼对因言辞获罪是有预见的。可是这个迂回到背后发动的攻击，却让他感到无法承受。他无法为自己辩解，只是要求外放。第二年四月，皇上御准，调苏轼前往杭州任通判。就这样苏轼兄弟第一次做京官的经历结束了。

第四章　首赴杭州

一、多事朝廷

熙宁四年七月，苏轼携全家离京往富有湖山之美的杭州上任。他在随后八九年内始终在杭州、青岛附近的密州以及江苏的苏州为官，无不政绩斐然。他这一时期创作甚多，所写的诗词很美，或感伤，或愤怒，或诙谐。他以天真快活的心情，几乎赤子般的狂放不羁，将心中之所感，尽情抒发出来。可是这种忧虑愤怒的诗歌触怒了权要，终于给他招惹了灾祸。

这时他弟弟苏辙在陈州（淮阳）充任教习，淡泊自甘。陈州位于京城东南七八十里，正在苏轼治下的范围之中，苏轼随后几年都常常利用机会到弟弟家盘桓小住，有时会住上七八十天。苏轼的大儿子已经十二岁，小儿子才一岁，苏轼弟弟则孩子很多，有三个儿子，七个女儿，他们长大后都是苏轼帮助婚配的。苏辙很穷，住的房子又矮又小，他自己身材高大，苏轼写了两句诗开玩笑说：

> 常时低头诵经史，忽然欠伸屋打头。

那位退隐的国家元老张方平，也和苏轼住在一座城里，大家常相聚饮酒。张方平饮酒甚豪，据说他的酒量是一百杯。据苏轼自己说，他自己的酒量则小得很，但是并不因自己酒量小而戒酒。欧阳修也是海量，但是张方平却胜过他，因为张方平开始喝酒时，他不向客人说他们要喝多少杯，而是要喝多少天。苏轼说："我并不羡慕你的饮酒量。我喝完一杯就醉，不是和你们一样得其所乐吗？"

兄弟二人那几个月和家人悠闲团聚，共度时光，二人还常到柳湖去划船，或是在城郊漫步谈论国家大事，苏辙也经常劝苏轼。苏轼的一个缺点就是老向客人表述自己的思想，写文章也是发表自己的见解。当时不是什么好年月，苏辙太了解哥哥了。后来，苏轼的监禁解除之后，苏辙用手捂住他的嘴，告诉他以后要三缄其口。兄弟二人，形貌各异，气质不同。苏辙高大，丰满的圆脸，两颊附近的松肉很多，而苏轼则结实健壮，骨肉匀整。由他的画像，我们不难判断，他大概是中等身材，脸大，颧骨高，前额高大，眼睛细长神采奕奕，下巴端正，胡须长而末端尖细。他的脸色红润，热情洋溢。

苏轼对苏辙说："我知道我一向说话不分场合。我一发现什么事情不对，就像在鸡蛋里挑骨头一样，非要唾弃不可。"

苏辙说："但是你要了解你说话的对象。有些人你可以推心置腹，有的则不行。"

苏轼叹了一口气说："这就是我之所短。也许我生来就太易信任人。不管我是跟谁说话，我都是直言快语的。"

他告诉苏辙，他送出《上神宗皇帝书》之后，他真怕有生命危险。同时有一个朋友，也为他担心。那个朋友的名字是晁端彦，和他同科及第。

苏轼说："但是我告诉晁端彦说，我曾殿试高中，多少高官显贵立刻把我看作朋友。皇帝也接受我的进谏。我不坦诚进谏，舍我其谁？我告诉晁端彦，我真正怕的是会因此而被政敌所杀害。他一言不发，面色极其严峻。于是我又对他说：'没关系。皇帝若想让我死，我死而无怨。但有一件，我不愿以身就戮而使你拍手称快。'我们两个都大笑起来。"

苏辙说："有一件事你留意过没有？你知道吗？一日空闲长似两日。所以人若一生七十年都在空闲中度过，他实际上等于活了一百四十年。这是求长生最容易的办法。"

兄弟二人在政治上虽然看法相似，立场也基本相同，但二人个性则完全不同。苏辙实际、沉稳、寡言、拘谨；而苏轼则轻快、开阔、天真、好辩、不顾后果。在朋友同僚的心目中，苏辙为人可靠，而苏轼则直言无忌，玩笑戏谑，使人敬畏。在亲朋密友之间，苏轼谈笑风生经常夹杂奇妙的双关语。不论何事，只要是事实，便信口道来，除此以外不知还有什么顾忌！

朝廷上现在平静了，不同寻常的平静。苏轼携全家离京之时，当年仁宗在位年间的大儒名臣都已清除干净。欧阳修正退隐于安徽富阳。苏家世交张方平则正在河南淮阳。

苏辙年前即被仁宗外放为淮阳州学教授。苏辙不像兄长苏轼那么任性倔强，但一直洁身自好，使名誉不受玷染，能照顾自己，免于迫害，所以挑选一个卑微平安的职位，与贤士大儒相往来。后来张方平迁居河南商丘辞官归隐，那地方又称"南都"，苏辙请调至商丘为官，次年，苏轼往返京城之时，总是路宿张家，向张方平请求指教，如对叔伯长辈。司马光与吕公著都在西都洛阳，过着退隐闲居的生活。吕公著病重将去，去世前，他奏呈给皇帝一个难题：

臣本无宿疾，遇值医者用术乖方，妄投汤剂，率情任意差之指下，祸

延四肢，浸成风痹。非祇惮风痹之苦，又将虞心腹之变。虽一身之微，固
不足恤。而九族之托，良以为忧。

　　贤能的老宰相富弼还不能平平静静地生活，他已经迁降为博州太守，当权者认
为他推行青苗贷款，办理不力。并且他还大胆呈上奏折称："此法行，则财聚于上，
人散于下。"这时王安石的心腹邓绾，现在忽然十分活跃起来，因为有机会可以溜
顺主子了。他向主子说可以指控富弼阻挠新政之罪，于是富弼宰相的职位被撤除，
调至另一县去任太守。但是王安石还不满足，对皇帝说富弼所犯之罪，情如尧舜时
之"四凶"，倘若只将他的宰相官爵撤除而已，何以警诫其他奸邪之辈？皇帝对王
安石所奏，不再理会，任由富弼去担任那一低微的职位。在赴任新职途中，富弼路
过南都，访问老友张方平。老相国感慨系之，他说："知人好难啊。"张方平说：
"你说的是王安石吗？我认为看透他并不难。当年有一次我和他共办乡试，他就把
一切老规矩都弄得乱七八糟。我只好把他调离当作我的部下。"老宰相感到难堪，
又启程赶路。在晚年，他经常仰望屋顶，默然叹息。
　　苏轼离京之前，京中曾发生一次动乱。前年冬天，保甲制便已实行，新兵在乡
村受军事训练，新兵疑心受训的用意，以为会调离家乡，会开至北方去和外族打
仗，于是临近京城的村子里发生了抗议示威。骚乱之发生亦有另外原因。当时官府
命令农人自备武器，其实也只是弓箭而已。受训新兵有父子相拥而泣者，亦有断腕
以躲避训练者。由于这次暴乱，王安石失去他最后的一个朋友韩维，因为韩维正是
那一县的太守，他奏明暴乱前后经过，呈请暂将军训推迟，至深冬举行，因那时农
忙已过，空闲较多。因此奏议，韩维的官职也被罢免了。
　　王安石失势，上天自有征兆，西岳华山在神宗熙宁六年山崩，皇帝甚为慌乱，
依照习俗，乃迁居另一宫殿，以示尊敬神灵，并下旨粗粝三餐。当年夏季到次年春
季，一直干旱不雨，皇帝忧心如焚，询问王安石，王安石回答说："旱涝乃是天灾，
在三皇五帝之世也曾发生。作为人类之力所能为者只是力行仁政而已。"皇帝说：
"我所担心的也是此事，恐怕我们所实行的不是仁政啊。我听见关于各类新法的怨
言甚多。宫里也人人都听说了，连皇后太后也知道了。"另一个阁员大臣冯京也在
场，他也说："我也听说了。"王安石回答说："为什么我没听人说？冯大人之所以
听说，是因为所有不满的人都聚集你的四周了。"
　　现在决定要成大事的渺小人物出台了。他就是郑侠，就是画难民图的皇宫门
吏。在呈给皇帝的难民图上，他画的是戴着镣铐的难民在砍树挣钱，用以偿还官家
的青苗贷款。郑侠还和图一同附上一篇短文：

　　窃闻南征北伐者，皆以其胜捷之势，山川之形，为图来献。料无一人
以天下之民质妻鬻子，折桑坏舍，流离逃散，皇皇不给之状，图以上闻

者。臣谨按安上门逐日所见，绘成一图。百不及一，但经圣览，亦可流涕。况乎千万里之外，有甚于此哉！陛下观臣之图，行臣之言，十日不雨，即乞斩臣宣德门外，以正欺君之罪。

郑侠上对

皇帝把这幅画卷带到寝宫，给皇后和后宫其他人看。先发言的是皇帝的祖母：

"我听说是因为有了免役税和青苗贷款，我觉得我们不应擅改祖制。"皇帝回答说："但是实行新法也是为民谋利，并无害民之意。"太后又说："我知道王安石胸怀奇才，但是已树敌太多，为了他自己的利益，你还是暂时中止他的职务吧。"

皇帝说："在满朝大臣之中，我发现只有王安石愿意身当大任。"

皇帝的御弟岐王这时正站在一旁。他说："我认为你应当听听祖母老人家刚才提的建议。"突然皇帝大怒说："好！好！我不会治国。你来接任。"岐王说："我没有那个意思。"

大家呆住，静了片刻。然后皇太后说："这些事端都是王安石闯的。你说怎么办呢？"

第二天早晨王安石被罢相，但吕惠卿和邓绾仍然在位。皇帝决定把商法、免役法、青苗法、土地登记、保甲法等八种新法，中止推行。天开始下雨，似乎老天爷高兴了。

但是王安石的最后时刻还未到。弹劾门吏郑侠还得需要技巧。第一次郑侠循正规献画时，宫廷的官吏拒不接受，说他官卑职小，无权给皇帝上奏章。郑侠乃到京师城外的官差站走后门，郑侠要在御史台受审，因为这是非法利用官差制度。

审问的结果怎么样，历史上并没有记载。但是次年正月，郑侠又将一画册呈献给皇帝。所画乃唐代贤臣奸佞图像，虽未指明系讽刺宋代当时权要，而前代奸佞之辈所做所为，却与当代奸人有其相似处，一目了然，含沙射影之意很见清楚。即使或有含混难解之处，画册上的故事也可以祛除心中的疑问。与这本画册同时进献的还有一个奏折，推荐一位贤才出任宰相，因为此时王安石已遭罢黜。现在当政的是吕惠卿，邓绾已经改向吕惠卿效忠。这两个小人狼狈为奸，将郑侠贬迁到偏远的广东去。

一位御史在郑侠离京之前前去看他，对他说："所有各御史对朝政都闭口不言，独君一人挺立不屈，作此死战，实在可敬！现在似乎全御史台监督朝政之重任，落到一宫廷门吏的肩上了。"那个御史于是把包好的奏议交给他，那都是弹劾御史台里当权小人的奏折，并且对他说："我把这些材料交托与你，务必妥为保管。"但吕惠卿那颇有效能的监察网，获得了这项消息，他派人在路上追到郑侠，搜查他的行李。按照两册奏议上所署批评朝政的大臣名字，吕惠卿、邓绾按部就班逐一予以监禁。吕惠卿想把郑侠判处死刑，但是皇帝阻止道："郑侠谋国而不谋身。忠诚勇敢，颇可嘉许，不可重罚。"所以仍准郑侠流放，未予阻挠。

有人在苏轼去世之后，获得苏轼一珍贵的手稿，其中有苏轼下列的名句："处贫贱易，处富贵难。安劳苦易，安闲散难。忍痛易，忍痒难。人能安闲散，耐富贵，忍痒，真有道之士也。"大部分改革派在未得势之前，能表现出最大的力量与团结；但在已经清除反对力量之后，则开始内部的争斗而分裂，终至崩溃。当时，吕惠卿、邓绾、曾布之流忙于帮助王安石清除异己分子，没有空闲争吵，但王安石一旦失势之后，他们大权在握，则内部失和了。王安石的儿子很恨吕惠卿，而吕惠卿很恨曾布。邓绾是吃里爬外的。王安石这个儿子，古怪任性，聪明外露，而又凶暴残忍，王氏集团许多恶行他是罪魁祸首。他现在也长大成人，也已经开始管理家中的钱财，他的叔伯不再能象往常那样乱用王安石的财富。这个权倾一时宰相的傲慢无理的儿子，以为凭恶劣行为便能够出人头地。据说，新政初期，一天，理学家程灏正在王安石家聚会。他的儿子出现了，赤足无鞋，头发散乱，手执女子的衣裳，一直走到父亲跟前，问他们正在谈什么事。王安石回答说："我正和程先生谈论新法，我们的新政总受到其他的大臣批评。"儿子一下子坐在大人的座位上，放肆地笑道："只要把韩琦和富弼的头砍下来就够了。"

王家不是和睦无争的一家人，因为这一家有两个叔叔，一直不支持王安石的变法，特别警告王安石提防吕惠卿那个小人。孔夫子说人应当"驱郑声，远佞人"。王安石有一天正和吕惠卿商讨政事，弟弟安国在外面吹笛子，王安石向外面弟弟喊道："不要吹了！"弟弟应声回敬道："远此小人如何？"

现在这一帮派很担忧他们的前途。但是吕惠卿并没彻底失望，而且相反看到自己得势之日已近，取王安石而代之的机会到了。世界上有些人能随意在人前做戏，吕惠卿和邓绾便是此等人。他俩去见皇帝，以一副极为感人的样子在皇帝面前痛哭。好像他们想到国家的前途就悲从中来。用他们动人的辞令，他们又把皇帝拖回了原来那条老路上，而吕惠卿也官升到了宰相之位。

争吵现在真正开始了。全国的市易务官吕嘉问这时遭到弹劾。有关市易务的滥权枉法的报告，自然传到皇帝耳朵里。皇帝问王安石，那时王安石还在京城。王安石回奏道："嘉问一向认真守法，自然政敌甚众，所以才受攻击。"皇帝说："但是从商税方面朝廷收到的钱的确很少，而且我很不喜欢官家卖水果、卖水、卖煤这等事，使朝廷不太体面。"王安石回奏道："陛下不必为这些小事操心。这是低级官员司管的事，皇帝您只要留心朝廷的大政方针就可以了。"皇帝回答道："可是即便如此，为什么朝廷上那么多人把这种措施称作暴政呢？"王安石回答道："请把那些人的名册交给臣。"

实际的内幕是，市易务官吕嘉问身居要职，开始公然蔑视条例司，羞辱了一个叫薛向的官员，而曾布却袒护着薛向，攻击吕嘉问，吕嘉问因而罢官。吕惠卿和曾布奉命彻查此一案件。吕和曾二人一向不和，二人的关系，正如斯大林与托洛斯基一样，吕惠卿在调查期间开始攻击曾布，曾布也开始攻击吕惠卿，结果曾布垮台。

这是纠纷的开始。吕惠卿而今成了朝廷唯一的魁首。他不但抓住郑侠案件的机会罢黜了王安石的弟弟王安国，又趁着无处不在的邓绾的帮助，想把王安石牵连在山东省实际上是由一个亲王发动的谋反案件中。王安石被控与叛贼串通，因为他与一个逆贼是朋友。还有另一个也曾名义上做过宰相的阁员，他与吕惠卿极不相容，他想使王安石官复原职，用以抑制吕惠卿。他除奏请皇帝罢黜吕惠卿，复用王安石之外，又送一密函与王安石，被控谋反之事极严重，王安石于七日之内，火速返京。

王安石与谋反一案确无联系，在神宗熙宁八年二月，又重任宰相。这使邓绾有几分尴尬，他只好立即背叛吕惠卿，又投奔到王安石这边来。为了得到王安石的重用，他决定出卖吕惠卿。邓绾背着王安石暗中和他的儿子勾结，控告吕惠卿勒索商人钱五百万缗。朝廷贬吕惠卿官，外放为太守。邓绾见吕惠卿如此轻易逃过，心有不甘，乃联合吕嘉问请求重新彻查，将吕惠卿关押在京师的御史台监狱中。

曾经权势炙手可热的小人，一一遭到罢黜，邓绾也不例外。邓绾依然精力旺盛，他亲眼看到吕惠卿垮台，又看出皇帝对王安石也日渐讨厌。他凭借耍阴谋的才能，洞烛先机，心想下一个独揽大权的人一定是王安石的儿子和女婿。他上一奏议，请皇帝将这两个人升迁重用。但是皇帝和王安石对邓绾的不断变节背信反复无常早已厌烦，不但未采纳其言，反将他斥退并罢官。

吕惠卿在御史台监狱候审时，向王安石发出了最后的一次攻击。原来他那些年保存了王安石的一些私人信件，就准备趁机敲诈。现在他把这些信都呈交给皇帝，控告王安石在皇帝背后图谋不轨，因为有几封信上有"无令上知此一帖"。皇帝对这些纷乱如麻的事早已厌倦，而今这些信上的字句，真让他气恼，对王安石头一次发了脾气。王安石痛责自己的儿子，不该背着他胡乱攻击吕惠卿。显然他儿子不知道吕惠卿手中藏有这些信，并且握有他父亲的把柄，非常懊悔自己鲁莽的行动，受父亲斥责之后又心中气闷，立刻病倒，不久背上生出了恶疮。王安石一向信佛，他请来和尚诵经念佛，请医生开药，但均无法救儿子性命。儿子的去世，是王安石一次沉重的打击。他对人生与政治的虚幻，大彻大悟了，他感觉厌倦，呈请辞官归隐。熙宁九年，皇帝准许，十月辞去职务，但仍保有若干最高爵位，王安石并非遭受罢黜，数年之后有人在金陵附近的乡间田野，看见他骑着毛驴，嘴里自言自语，不知道在说些什么。

二、赴杭之行

　　熙宁四年七月，苏轼离京赴杭州上任，先到了陈州，与苏辙会面。苏辙于熙宁三年被下放到河南府任推官。这时张方平正好自己要求外放，在陈州做知州，就把苏辙叫来做陈州州学教授。到陈州后，苏轼与苏辙一起到张方平家中拜访，在这位恩师和长辈面前，自然有说不完的话，免不了抚今追昔，感慨万千；也免不了议论时政，批评新法。在陈州苏轼逗留了两个多月，这才离去。陈州城西北面有一个柳湖，因岸边多柳树而得名。苏辙刚到陈州时，写了一首《柳湖感物》，诗中写柳树不须有根，随扦随活却长得又大又高。它的花随风飞舞，一心要凭借风力飞向最远最高的地方，最终却还是落在泥土中。即使它偶尔落在水中变成浮萍，也是随波而动，轻浮不定。而松树长于高山，扎根岩石，吸取寒露，根坚叶短。他用柳和松比喻两种不同的品格，表明自己刚正不阿的志向。苏轼逗留陈州时，曾与弟弟同游柳湖。他们参观了湖边的古迹，湖中有苏辙来后建造的一座小亭，游人在亭中小憩，看湖水荡漾、柳枝依依，原本是十分惬意的。不巧的是连年天旱，湖中干涸无水，使柳湖减色不少。苏辙难得和兄长来此一游，却偏偏湖中无水，真是遗憾。苏轼却不介意有无湖水，兴致盎然地观赏了柳湖景色，并作了《次韵子由柳湖感物》。苏轼说：过去杜甫飘泊到夔州，住在东屯苍山下。无聊孤独，就写诗嘲讽草木，戏谑獠蛮，似乎要与动物争喧。如今苏辙你被大家抛弃，形只影单，漂泊不定。只有柳湖的万株柳树，与你朝夕相伴。为什么你还这样毫不客气地讥讽它，弄得它生机萧条，枝叶不繁？柳树是不会生气，但世人会对你不满。人们都喜欢柳树娇柔的姿态，浓郁的绿荫，谁管它根如蛇盘，腹中空洞。早上看它艳阳下的浓绿苍翠，晚上看它在月光下疏影摇摆。春天风翻柳絮雪阵一般，秋月听鸟啄蠹虫声响林间。一年四季形态变换，暑往寒来风吹叶落意境凄凉。南山上的孤松被压在积雪下，冰冻中生存，又有谁会去夸赞它呢？苏轼以柳衬松，激励苏辙保持刚正不阿的品格。

　　苏轼兄弟在陈州还共同拜读了张方平的《读杜诗》，张方平感叹杜甫忧国忧民，却得不到朝廷的重用，漂泊不定，穷困不堪。他既是对朝廷不能用贤表示不满，也是希望苏轼兄弟像杜甫一样身处逆境，矢志不改。兄弟俩都有和诗。

　　苏辙的学生中，有一位名叫张耒，字文潜，聪明英俊，苏辙非常器重，把他介绍给苏轼。张耒后来在文学上颇有建树，成为"苏门四学士"之一。

　　苏轼逗留陈州时，正逢张方平得到皇帝的恩准，任南京留守。送张方平出发后，苏轼方才起身东下。苏辙一路陪伴护送，一直送到颍州。

　　苏轼兄弟在颍州拜会了退休闲居的欧阳修。欧阳修在颍州西湖为他们设宴洗尘，请他们欣赏自己收藏的文物。这是苏轼兄弟最后一次见到欧阳修，第二年闰七月，欧阳修死于颍州。北宋中期从宋仁宗天圣年间到宋哲宗元符年间，是宋朝文学发展的高峰期。在这一时期的前半段，文坛的领袖是欧阳修，后半段则是苏轼。颍州之会，也是两代文坛领袖最后一次会面。

苏轼在颍州与苏辙分手告别。这是第四次兄弟相别了。过去的分离，都没有这一次凄凉。送别饯行时，苏轼望着弟弟那朴实的面容，忽然想起了父亲。父亲那淡泊朴实的性格，更多地被苏辙承继了下来。两年前苏辙激流勇退，毫不贪恋京城的官位，这是自己和许多人都无法做到的。而自己可能是更多继承了父亲豪放不羁的特点，这次遭诬陷被贬，就像醉酒狂奔，迷迷糊糊地就摔到沟里一样。

苏轼又想起到达陈州后，两家的孩子拉着手欢蹦乱跳的情景，回想起亲人相聚时的欢乐幸福情景，眼前的分离就越发无法忍受。

苏辙眼中噙着泪水，望着渡口上鼓帆待发的航船，说："天气冷了，一路多多保重。"苏轼知道弟弟是在为自己经受挫折而伤心，也担心自己会再受攻击。他说："子由放心，好在只是外放，没有什么伤害。有了这次的教训，我以后自会谨慎小心的。"

颍州分别后，苏轼途经扬州，与孙洙、刘挚几位老朋友相遇。孙洙、刘挚也都是因反对王安石变法而外放的。唱和宴游一个多月后，苏轼渡江南下。

熙宁四年十一月三日，苏轼在镇江游览金山，作了著名的《游金山寺》。在诗中表达了苏轼在官场失意时对家乡故土的怀念之情。"我家江水初发源，宦游直送江入海。""我谢江神岂得已，有田不归如江水。"这首诗标志着苏轼的写景诗已形成了舒展开阔的独特风格，也预示着苏轼山水景物诗丰收期的到来。

最初宋神宗对于苏轼的外放御批按知州派遣，中书省不同意，打算任命做颍州通判。皇上再次御批，下诏派作杭州通判。苏轼被贬到杭州，可以说是"天意"。杭州是座历史文化名城，由人文与自然融合而成的独特的美，倾倒了无数的迁客骚人。苏轼有幸来到杭州，杭州有幸迎来了苏轼。在杭州山水历史文化的长卷中，于是又添上了多彩、绚丽的一笔。

苏轼刚到杭州时，心情是不大痛快的。政治上的挫折，使他愤愤不平、郁郁寡欢。离开了亲戚朋友，使他感到寂寞孤独。

> 眼看时事力难任，贪恋君恩退未能。
> 迟钝终须投劾去，使君何日换聋丞。

苏轼的情绪是消沉的。这时王安石新法措施正在大张旗鼓地加紧推行。苏轼身为地方官虽心中不满，但也不得不执行上司的命令。由于实行官卖食盐的新政，有很多老百姓私自贩盐，触犯法令。苏轼奉命审理违犯盐禁的犯人。当他坐在宽敞高大的厅堂中，听着犯人在刑讯拷打下发出的惨叫呻吟，不由得想起陈州州学那狭小的学堂。苏辙在那里诵史读经，倒可免受自己眼前这样的窝囊气。

> 兽在薮，鱼在湖，一入池槛归期无。
> 误随弓旌落尘土，坐使鞭箠环呻呼。
> 追胥连保罪及孥，百日愁叹一日娱。

这是苏轼在《李杞寺丞见和前篇，复用元韵答之》中所表达的思想感情。"一入池槛归期无"，是说自己误入官场，身不由己。"坐使鞭箠环呻呼"，是形容百姓在严刑拷打下的呻吟呼喊声，整天盘旋在耳边。"追胥连保罪及孥"，苏轼自己注解说："最近多次抓获盐贩，同保甲的人都受到诛连，全家流放。""百日愁叹一日娱"是形容自己心情一直都不好，只能从山水景物中找到暂时的快乐。"腊日不归对妻孥，宫阙留与闲人娱。"他玩水游山，问道访僧，为的是消除心头的烦闷。"盛衰哀乐两须臾，何用多忧心郁纡。溪山处处皆可庐，最爱灵隐飞来孤。"这是苏轼在《游灵隐寺，得来诗，复同前韵》之中描写的情形。青山秀水，也的确使他暂时地忘记了荣辱哀乐。他很快地体会到杭州西湖那使人陶醉，让人流连忘返的美。让他不由自主地全身心地投入山水的怀抱中，去观察它、描写它、感受它、歌颂它。

杭州昭庆寺前的看经楼，又称作望湖楼，濒临西湖。熙宁五年六月二十七日，苏轼登上望湖楼。一阵雷雨袭来，转眼又风吹云散，望着楼下如天的湖水，苏轼诗兴大发，于是写道：

> 黑云翻墨未遮山，白雨跳珠乱入船。
> 卷地风来忽吹散，望湖楼下水如天。
> 放生鱼鳖逐人来，无主荷花到处开。
> 水枕能令山俯仰，风船解与月徘徊。
> 未成小隐聊中隐，可得长闲胜暂闲。
> 我本无家更安往，故乡无此好湖山。

那突然而来的风，吹散的不仅是白雨黑云，也吹掉了苏轼心中的烦闷，使他体验到一种清新明净的快乐。荷花丛深处，小船悠悠，处此景中，就好像身处仙境。

苏轼去杭州赴任路过镇江山时，还曾"试登绝顶望乡园，江南江北青山多"。此时却有些乐不思蜀无忧无虑的意思了。西湖的夜景，也使苏轼陶醉，苏轼曾写《宿望湖楼再和》：

> 新月如佳人，出海初弄色。
> 娟娟到湖上，潋潋摇空碧。

又作《夜泛西湖五绝》，诗句如下：

新月生魄迹未安，才破五六渐盘桓。
今夜吐艳如半壁，游人得向三更看。
……………

菰蒲无边水茫茫，荷花夜开风露香。
渐见灯明出远寺，更待月黑看湖光。
……………

钱塘江海潮的情景同样使苏轼胸怀开阔，于是兴致所至，作《望海楼晚景五绝》。

其中有一首诗是这样写的：

……………
沙河灯火照山红，歌鼓喧呼笑语中。
为问少年心在否？角巾敧侧鬓如蓬。

诗人在欢快的人群中，觉得自己变得年轻了许多。

在苏轼的笔下，不仅湖光山色是秀美的，就是平常的自然景观，也变成了艺术的奇景，苏轼曾有这样的诗：

游人脚底一声雷，满座顽云拨不开。
天外黑风吹海立，浙东飞雨过江来。
十分潋滟金樽凸，千杖敲铿羯鼓催。
唤起谪仙泉洒面，倒倾鲛室泻琼瑰。

——《有美堂暴雨》

这是一首以比喻取胜的佳作，在杭州苏轼还作了一首以绝妙比喻而家喻户晓的千古绝唱，那就是他的《饮湖上，初晴后雨》一诗：

水光潋滟晴方好，山色空濛雨亦奇。
欲把西湖比西子，淡妆浓抹总相宜。

这首诗精辟而简洁，含义深远而明白如话，一览无余又回味无穷，广泛流传在百姓中间。从那以后，杭州西湖便有了"西子湖"的美名。

这时的苏轼，已经和杭州的山山水水融为一体。山水景物已经不仅仅是他借用来表情达意的客观事物，而且是他内心精神世界的一部分。在陈州的苏辙看到苏轼的诗篇，对兄长的流连山水、乐而忘返感到惊奇。他在《次韵子瞻游径山》诗中形容苏轼"去年渡江爱吴山，忽忘蜀道轻秦川。钱塘后到山最胜，下枕湖水相萦旋。""今秋复人径山寺，势压众岭皆摧颓。""或言此处犹未好，海上少人无烦煎。天台雁荡最深秀，水惊石瘦尤清便。青山独往无不可，论说好丑徒纷然。终当直去无远近，藤鞋竹杖聊穷年。"他猜想哥哥已完全被江南的山水吸引住了，越游越远，越游越有兴致，可能再也不想回家了。

三、红尘知己

宋朝是一个文化气息非常浓重的朝代，热爱文学，尊重知识，是这个时代的潮流。北宋中叶，尤其如此。一个在文学上有着较高造诣的人，总会受到大家的崇拜和喜爱，更何况像苏轼这样的旷世奇才。苏轼不仅有着非凡的文才，而且有着对生活的热爱、热烈而略显天真的性格、正直坦诚的人品、幽默诙谐的谈吐，这些一起构成了他卓越和独特的人格。这种人格的魅力，不论在什么地方，使他成为人们崇拜、追随的对象。

在杭州，苏轼任通判，通判是监察官，职务仅低于知州。苏轼刚到杭州时，知州是和州人沈立，后来沈立奉旨调走，福州人陈襄任知州。这两位上司都很敬重苏轼，经常反复唱和。同僚下属中，也有不少擅写诗文的。一次次的游玩山水，歌舞宴会，作诗唱词，多得让他几乎无法应付。参与唱和的还有当地的文人雅士，隐者名流。这时就连已80岁的老词人张先，也兴致勃勃地出山与苏轼往来。张先是钱塘人，他的"云破月来花弄影""娇柔懒起，帘压卷花影""柳径无人，堕风絮无影"是为世人赞叹不已的名句，人称"三影郎中"。这时苏轼也作了很多歌咏西湖景色的词。苏轼的到来，使杭州山水更加神采斐然。

吴山的有美堂，是当时杭州的胜景。嘉祐初年，龙图阁学士梅公仪曾到杭州担任太守，皇帝亲自赐诗给他。诗中说："地有吴山美，东南第一州。"上任后梅公仪便在吴山上修筑了有美堂，并且请欧阳修写了题记。由于皇帝御诗的关系，有美堂成了文人墨客们题诗最多的地方。苏轼到任后，让下属把有美堂的题诗全部抄写下来，亲自鉴定品评。评定结果是秀才贾收的诗被评为第一，贾收非常感激苏轼的赏识，终身奉苏轼为先生，并把自己的诗集命名为《怀苏集》。熙宁五年十二月，苏轼受上司派遣，前往湖州主持修筑堤堰。这是执行农田水利法的，苏轼没有什么兴趣。而对前往湖州，却很乐意。因为湖州太守孙觉，是他的老朋友。孙觉字莘老，高邮人，精通经学，同时也是一位诗人。熙宁二年，孙觉在京师知谏院，同修起居注，当时苏轼也在朝，但彼此没有很深交往。孙觉与王安石交友是在熙宁二年。宋神宗想让苏轼编起居注，王安石不同意，就推荐任命了孙觉。可是不久王、孙之间因为青苗法发生冲突，孙觉外放。苏轼到杭州后，两人诗文来往唱和，很快就成为好友。孙觉的女婿，就是"苏门四学士"中的黄庭坚，由于孙觉与苏轼的关系，黄成为苏轼的学生后来也成为立派开宗的文学大师了。

孙觉在欢迎苏轼的宴会上说："行酒不可无令，子瞻何不出一题目？"苏轼："今日饮酒，不许言及时政，若有违反，罚一大杯。"孙觉说："不错，这也正合我的意思。"心中却想："要你苏子瞻不谈时政，岂不是怪事？"苏轼席上赠诗给孙觉："嗟予与子久离群，耳冷心灰百不闻。若对青山谈世事，当须举白便浮君。"说不谈时政，正是谈了时政。

苏轼熙宁六年，巡查属县。先到富阳，再到新城。此行既可了解民情又能游览山水，心情是很好的。在新城巡行时，苏轼格外高兴。这里山清水秀，而县令晁端友为官清正，治县有方。正值春忙，到处都在忙着春耕，一副安居乐业的景象，宛如世外桃源一样。苏轼写了《新城道中二首》，一首写道：

> 东风知我欲山行，吹断檐间积雨声。
> 岭上晴云披絮帽，树头初日挂铜钲。
> 野桃含笑竹篱短，溪柳自摇沙水清。
> 西崦人家应最乐，煮芹烧笋饷春耕。

另一首则是这样的：

> 身世悠悠我此行，溪边委辔听溪声。
> 散材畏见搜林斧，疲马思闻卷旆钲。
> 细雨足时茶户喜，乱山深处长官清。
> 人间歧路知多少，试向桑田问耦耕。

这是两首带有浓重田园风味的山水诗。

新城知县晁端友有一个17岁的儿子，聪敏好学，刚刚懂事就能作文章。苏轼到新城后，晁公子曾经带着自己作的一篇《七述》赋来拜见。《七述》集中描写了杭州的山川风貌，苏轼本也想写一篇全面描写杭州的辞赋。看了这篇《七述》，他赞叹道："我可以搁笔了！"这位晁公子，就是后来的"苏门四学士"中的晁补之。

苏轼到杭州途经颍州时，欧阳修曾在席上告诉他："杭州僧人惠勤很是有才华，而且擅长作诗。我过去曾作《山中乐》三章赠给他。你公务之余，在山水之中找不到可以谈话的聊伴，可以去找惠勤。"苏轼初到杭州，无聊寂寞，没几天就去找惠勤了。杭州一带寺庙众多，有很多以诗文书画著称的诗僧艺僧。苏轼和许多名僧都有诗文往来唱和。苏洵、欧阳修、苏轼都不信仰佛教，可是都与僧众有较深的交往，也喜欢说禅谈佛。这是宋代文人学士的风气和潮流。杭州太守陈襄，字述古，也非常喜欢禅学，自认为对禅理十分熟知，而认为苏轼讲的禅理非常浅薄。苏轼对陈述古说："用饮食比方的话，您说的禅，就像是龙肉；而我讲的禅，是猪肉。猪和龙，的确是不一样的。但您整天说龙肉，却不如我吃猪肉实际，那是实实在在的美味而且真正能吃饱。"对于佛教，苏轼采取一种为我所用的态度，吸收佛教的某些思想，却并不虔诚地迷信它。当时与苏轼交往的僧人有惠勤、惠思、可久、清顺、惟肃、义诠等人。

苏轼和他的先人一样，生活上是比较检点严肃的，不沉溺耽恋声色。宋代文人学士地位尊贵，生活富足，追求奢侈繁华，耽于声色犬马的大有人在。有的人甚至把拈花惹草、倚翠偎红，当作是文人才子风流雅致的行为来宣扬。这些毛病，在苏轼兄弟身上是绝对没有的。但苏轼也不是那种道貌岸然、谨小慎微的迂夫子。当时官府的宴会庆典，都要征召歌妓来歌舞助兴，士大夫与歌妓的来往是比较多的。杭州又是一个歌妓云集的地方，苏轼自然也要和歌妓们有所交往。杭州的歌妓都非常敬佩苏轼的才学，以得到他题赠的诗词为荣。苏轼在杭州任通判期间，写了不少的赠妓诗词。到了宋代，诗已基本上不用，歌唱文人之间互相唱和吟咏的歌曲是词。歌妓们向苏轼索求歌词，也是为了自己演唱的需要。在杭州苏轼不仅受到士大夫们的崇拜，在妇女之中，也有着许多的崇拜者。在他的女性崇拜者中，有一位名叫朝云的歌妓，她也得到了苏轼的赏识，后来成为他的侍妾。

苏轼在宋神宗熙宁六年在杭州做通判时，已经三十八岁。杭州太守陈襄也是一位诗人。他比苏轼大几岁，但在文坛的声名，却远比不上苏轼。陈襄是一位善良、慷慨而谦虚的上司，他敬重苏轼之才气，每逢宴会，他都要和苏轼诗文唱和，以此方式，来向这位来自京师的著名诗人讨教。如何应付官场，苏轼则经验不足，陈襄常常保护豁达大度、胸无城府的苏轼。陈襄在生活上也像老大哥似的照顾着他。这年的元宵佳节，苏轼病了。到正月十八，苏轼才能下床。陈太守邀请苏轼去杭州城外踏青，这正合热爱山水、喜爱热闹的苏轼的心意，苏轼立即同意了。正月二十一日是他们约定去杭州城外踏青的日子。苏轼兴致勃勃，一早就起来梳洗。苏轼忽然发现自己两鬓已有几丝白发。这几丝白发，短而发亮，夹杂在黑发中间，隔外扎眼。苏轼心想："难怪历代大文人都哀叹人生苦短、人生如梦！那曹孟德诗中也说'对酒当歌，人生几何？譬如朝露，去日苦多！'"正是这天早晨这一发现，竟使苏轼成为中国古代文学史上诗中写及"人生如寄"最多的一位诗人，可见苏轼是生活意识多么强烈的文人！

这几根白发，使苏轼更觉得青春之珍贵、生命之短促，更使他那天怀着非同寻常的兴致去寻找春天。他笨拙地整理着帽子头巾，又叫儿子来帮忙。这时，王闰之非常利索地为他整理冠巾，一边整理一边说："这些事你喊儿子有什么用？本来都是侍妾服侍。早就要你收一房，以照看起居生活，你就是不听！"

王闰之对这方面埋怨已有不少年，苏轼早已习惯。在汴京时，他曾有两名侍妾侍奉他。离京来杭州时，他便遣散了侍妾，只带家眷和保姆任氏来到杭州。王闰之多次劝苏轼再买两个丫头，可是苏轼一直没有答应。杭州府里，仆役齐全，苏轼没有感到什么不方便，就把这事置之脑后了。苏轼爱听琵琶，有时，在杭州府乐妓中召一名弹琵琶的乐妓，来府中弹琵琶，弹完后即离去。外界不明就里的人，误传苏轼有弹琵琶的侍妾。王闰之身体健壮，性格豪爽，是一位贤妻良母，她心地善良，对待前妻王弗所生的苏迈，如同自己所生的儿子一般。她的直觉告诉她：丈夫与她的生活中，似乎总缺少些什么。既然大部分的官僚士大夫都有侍妾，以前自己的丈夫在京城也有侍妾，那么现在在杭州，也应该这样。所以她一直催促苏轼收两房小妾。她这样落落大方、毫无醋意地处理这件事，使苏轼非常感动，后来在诗中曾感叹："妻却差贤胜敬通。"汉朝的冯衍（字敬通）家有妒妻，小妾遭殃。苏轼觉得，自己的妻子贤慧而不妒，这一点上，自己胜过冯敬通。当我们仔细了解了苏轼的一生，特别是苏轼贬谪岭南后的生活，我们真要代苏轼感谢王闰之这位贤妻，因为在苏轼后半生的生活中起着重要作用的王朝云，就是在王闰之这样豁达大度的性格下，闯进苏轼的感情领域的。

苏轼乘上轿子，往杭州郊外行去。行过西湖，只见清晨的太阳照得湖上波光闪烁，偶而，朴棱朴棱跃出水面的鱼似乎在和阳光、湖水嬉戏。湖面上的雾气，正在散去。钱塘江畔一处梅园，万枝梅萼，都已绽开。山脚下树林中，无数鸟儿，正在林中欢闹，这大概是最早的一批春禽带来无限生机。远望池边，一片淡淡的绿色。苏轼已感受到钱塘江畔的柔柔春意。

陈太守早在净慈寺等着苏轼。净慈寺主持早已准备好厢房，泡好西湖出产的极品龙井茶，恭候杭州府的两位大人。杭州太守陈襄已四十出头，今日他作为邀请者，游兴更浓。"通判大人，今日我们是先游山还是先作诗？"陈襄问。"先品香茗，诗兴来了，再作诗；游山嘛，反正时间有的是！"苏轼答。太守问苏轼可有新作，苏轼说："正月初一，作了首古体，是送给张子野先生的。"

"我们在正月初九有美堂饮酒时，你的诗我好象已吟过。结尾是否是，小蛮知在否？试问嗫嚅翁，这两句？"陈襄本是诗人，又是苏轼的老友，所以非常熟悉苏轼的诗。"正是那首。"苏轼高兴地答道。"比得好！'小蛮知在否？试问嗫嚅翁'！比得好！当年白居易养杨枝、小蛮时，已是六十八岁，被人称为嗫嚅翁，去年请我们俩喝喜酒时，那位'云破月来花弄影'的张先生，已八十五岁了，那就更是嗫嚅翁！"陈襄笑着说。"张子野可称作有福之人！寿命高，小妾美，词写得也好！人生有这三大福分，也不在此一生了！我平生崇拜白居易这三样福分，可是张子野比白乐天寿命还高！""他那位八十五岁时买的小妾不仅长得美，曲子也唱得好！子野先生的好词她竟都能唱，可算是知己了！"

"人生得此知己，可不容易！"苏轼今日感触特别多，说完这一句，已在思索今日作的诗了。陈襄还在谈论，他却一句也没有听进去。陈襄看出来了，立刻吩咐净慈寺长老准备笔墨纸砚。小沙弥立即送上早已备好的文房四宝。

苏轼喝着龙井，已构思好诗，立即写下：《正月二十一日病后，述古邀往城外寻春》：

> 屋上山禽苦唤人，槛前冰沼忽生鳞。
> 老来厌伴红裙醉，病起空惊白发新。
> 卧听使君鸣鼓角，试呼稚子整冠巾。
> 曲栏幽树终寒窘，一看郊原浩荡春。

陈襄和了一首《和苏子瞻通判》：

> 郊原芳意动游人，湖上晴波见跃鳞。
> 闲逐牙旗千骑远，暗惊梅萼万枝新。
> 寻僧每指题诗壁，邀客仍将滤酒巾。
> 寄语文园何所苦，且来相伴一行春。

陈襄、苏轼互相吟诵着对方的诗，诗中韵味，又非清香的密云龙井味可比。陈襄指着诗说："恕述古愚鲁，先生这颔联，'老来厌伴红裙醉，病起空惊白发新'读来不妥。古人在进入知天命之年后，常自称老。如今通判大人不过三十多岁，诗中自称老，未免太早太早！大病初愈后惊讶白发，这也是人之常理。"

"是呀，你的颔联，既有气魄，又有创意。我这颔联，'病起空惊白发新'，倒是写实的，只是与太守的相比，显得沮丧一些。"

"子瞻兄，"陈襄压低了声音，"到今年年底，我的任期已满，你估计你的去向会怎样？按你这两年的政绩，很有可能拔升你为杭州太守吧？"

"太守，这是不可能的事。听说朝廷正派人搜集我的诗，想找借口攻击我呢！自古以来，言之者无罪，闻之者足戒，他们连这个规矩都不想遵守，哪会让我在杭州做太守？""那么，子瞻，我劝你乘我在杭州期间办好一件事，如何？""什么事？""张子野八十五岁犹能找到红颜知己，你才三十八岁，家无姬妾，难道就不能找个知己？凭我陈述古在，杭州府有的是美女姬妾，……"

"红粉中，岂能找到知音！"

"那么，由我作媒，为通判大人介绍一房也行！"陈襄的提议是诚恳的。

"太守大人，这可使不得！这种事，可遇却不可求，勉强说合凑对，双方都会难受。"苏轼回道。

"我和张子野、刁景纯两年前都劝你，在京城你把侍妾遣散后，应采取对策，你也同意我们的提议。可是，光阴似箭，一晃又两年过去了，你又看上了谁家姑娘呢？难道天堂般的苏杭一带，竟找不到一位红粉知己？"

"陈大人，找一位佳人知己，这得有缘份！只有等待命运的恩赐。"苏轼说道。

"我希望在我离任前，你能完成这件事。"陈襄仍坚持。

陈襄与苏轼在郊外玩了一天。他们找到了春天没有？他们在西湖的晨雾、树林中的鸟禽、漫山遍野的春色中，感受到了盎然春意。他们约定，三天以后，在西湖招待杭州府各县县令会饮，还有娱乐歌舞，那将又是快乐的一天。

县令会饮是杭州府一年一度的大事。各县常把本县的土特产带到宴席上，还把各县的出色的娱乐节目带来助兴。

对许多娱乐节目，苏轼都不感兴趣。河塘富春院的舞蹈却深深吸引了苏轼。演出的十二个小姑娘，一个个活泼可爱，清丽脱俗。原来这是富春院新买的一群丫环，都是贫穷人家的小姑娘。她们都只十一二岁。原来宋朝的妓院，特别是实力雄厚的青楼，都有自小训练、培养的能歌善舞、能通文墨的高级歌妓。只有在她们成年后才开始接待高级的富商巨贾、文士、官僚。在她们第一次接客前，至少要训练三四年。这只有那些经济实力很强的青楼才有这种能力。富春院正是杭州最繁华的河塘地区最大的青楼。河塘又称沙河塘、沙河，靠近西湖边，这里虽不是市中心，却是杭州青楼酒馆集中的地区。虽说市中心有瓦肆、茶楼、简陋的妓院，但这些都是贫穷人的娱乐消费场所；而沙河塘一带，却是高雅的青楼所在地。一到晚上，那里格外热闹，苏轼在诗中说"沙河灯火照山红"。确实，这里红墙碧瓦，灯火辉煌，歌乐不绝。

在十二个歌舞着的小姑娘中，苏轼特别欣赏其中一位。她身段苗条，脸庞姣俏，且有一种迷人的忧郁表情。她在这一群活泼可爱的青春孩子中，显得异常不同，因为她虽脸无笑容，却显得高贵脱俗。毫无疑问，十二个小姑娘中她是最迷人的一位。

会饮还在继续，演出也没有结束，苏轼来至后台，找到了富春院带队的老板。老板见是通判大人，十分热情，可是问及这位姑娘，老板却说：

"学习跳舞唱歌她是最聪明的孩子，可惜身世可怜，自幼丧父丧母，被亲戚卖给我们，卖者故隐其姓，只有小名唤作花儿。平时寡言少语，但学起歌舞，一学即会。"苏轼称赞了她舞跳得好，老板叫花儿："还不向通判大人叩头谢恩。"花儿给苏轼叩了头，就是不说话。苏轼叫老板要好好对待这个孤儿，老板连声称"是"。苏轼又去到宴会厅。苏轼跟陈襄讲起了这个孤儿。陈襄知道后就说："虽说她清清白白，尚未被人梳笼，但是她年龄太小了。你是找红粉知己，又不是慈善机构的长官。"苏轼说："如此气质高雅的女孩，不宜混在这青楼之中。"陈襄说："既有此美意，先生何不救她出污泥火坑呢！"苏轼点头称是。陈襄欲立即去找富春院老板，苏轼阻拦说："区区小事，不敢劳动太守！待我与家中商量一下，我亲自去办吧！"苏轼回家后，把花儿的事与王闰之说了。善良的王闰之十分同情这个孤儿，当天就去富春院交了赎银，赎出花儿，把花儿领到家中。苏轼对花儿说："今后你不再是富春院的人，而是我们苏家中的一员。你没有姓，就和女主人一样，姓王叫朝云。你来我们家，只要你把身体养好，读书认字。有空余时间，就帮季章做些事。"王闰之说："朝云，你跟着我，有什么事不知道都可问我。"王朝云看看苏轼，又看看王闰之，他俩脸上都和蔼慈祥，她那稚嫩的脸上露出了一丝笑意。

四、杭州生涯

神宗熙宁四年十一月二十八日，苏轼携带妻儿来杭州，太守所置公馆位于凤凰山顶，南望钱塘江，出海的大船出没于江面；北望西湖四周环山，山顶隐没于白云中，寺庙与富家别墅点缀于山坡之上；东望钱塘江湾，时见巨浪拍岸。杭州为一大都会，故除去太守一人外，另设二官辅佐之。苏轼之官邸在公馆的北面，可俯看西湖杭州城，就在凤凰山下，夹在西湖与钱塘江湾中间，自北而南，城外围以高墙，城内有河道，河道上架设桥梁相通。苏夫人清晨起身，打开窗户，可以看见下面西湖平静的水面，别墅、山巅、飘浮的白云，都映入水中，不觉心旷神怡。离中午还很早，湖面上早已游船遍布。夜晚，他们的住宅可以听见笙歌之声。城内因为有夜市数所，有些街道比其他地方显得更为明亮，直到次晨两三点始行收市。尤其对女人们来说，这里总有些令人着迷的商品，如绸缎、美食、刺绣、扇子。孩子们则会找到各式各样玩具、糖果或其他东西。宋朝时的糖果商贩都用特殊广告技巧招揽客人。有的用彩头，有的装成白胡子老汉，有的戴面具载歌载舞，有的卖棉花糖，有的卖糖吹的各种小动物，有的做"沙糖"，类似现在的枫糖。有一本书写杭州城的生活情况，成书于宋末、也就是在苏轼以后百年左右，在马可·波罗来中国之前约一百年，把当时的街道、沟渠、湖泊、粮食、娱乐，写得周详备至，读之令人神往。那书描绘当时杭州城的生活比马可·波罗写的更为详尽。马可·波罗谈到王公贵族的打猎，公主贵妇在西湖边梳洗，富商的游船往来于杭州、泉州之间，但他对糖果、糕饼、通俗的娱兴节目等名称，并不熟悉。吴自牧这本《梦粱录》上，像老好人般滔滔不绝地描写那些精美的各式美味小食，真会让读者入迷。

　　苏轼总是相信他前生曾生活在杭州。这种想法在他同代人的笔记里记载过，也曾记在他的诗句里。有一天他去游寿星院，他一进门，便觉得十分熟悉，他告诉陪伴的朋友走九十二级台阶便到达忏堂，结果证明他所言非虚。他还可以把寺院后面的建筑、庭院、山石、树木，向同行人描述。在苏轼的时代，大部分人都相信有前生，此等故事自然不稀奇。这里可讲一个关于张方平前生的故事。一天，张方平前去游寺庙，他告诉别人他记得上辈子曾在那个庙里当住持。他指着楼上说，记得自己曾在楼上抄写经卷，那本经书并没抄完。他同一个朋友到楼上一看，果然有一本经书尚未抄完，字体和张方平的字体一样。他拿起笔来又由前生停下的地方接着往下抄写。还有苏轼一个好朋友的故事。大诗人黄庭坚告诉人说他前生是一个女子，可是他一个胳肢窝有狐臭。那是他在四川涪州做太守的一天夜里，他梦见一个女人对他说："我是你的前世，现在埋在某处。棺木已经腐朽，左侧有一个大蚂蚁洞。把那个蚂蚁洞帮我移开。"黄庭坚遵命照办，胳肢窝的狐臭就好了。

　　在杭州任判官的苏轼，除去审问一些案件，并无重大任务。他很不喜欢这种情形，因为被捕者多为违反王安石新法的善良百姓，犯的那些律条都是他所反对的。可是他无权更改那些法律。如果读一读关于他在新年除夕审问因贩私盐而被捕的犯人而作的那首诗，就不难了解他在这一时期的心境。但是杭州湾附近产盐区的盐贩子，都不肯放弃他们原来的生计。当地贩卖私盐的整个情况，苏轼在给一位内阁官员的书信中说得十分清楚。在此可以先不管贩卖私盐一事，还是先看看苏轼这位诗人对待百姓的态度，因为他认为他自己和那些被他审问的阶下囚，并无不同。

　　苏轼有诗曰：

　　　　除日当早归，官事乃见留。
　　　　执笔对之泣，哀此系中囚。
　　　　小人营糇粮，堕网不知羞。
　　　　我亦恋薄禄，因循失归休。
　　　　不须论贤愚，均是为食谋。
　　　　谁能暂纵遣，闵默愧前修。

　　对苏辙他写的才是句句真诚：

　　　　平生所惭今不耻，坐对疲氓更鞭箠。
　　　　道逢阳虎呼与言，心知其非口诺唯。
　　　　居高忘下真何益，气节消缩今无几。

这些诗句累积起来，后来他被捕受审时，竟一度成了他反对新法的罪行。

但是，他仍能随时随地自得其乐。他出去游山玩水，自然风光之绝佳处，在杭州随处皆是。因为不但西湖、杭州城本身，就连杭州城四周 15 里之内，都成了苏轼时常游玩的去处。自杭州西湖出发，可以往各方向走去，或沿北岸到著名的灵隐寺和天竺顶；或由南岸出发到葛岭，在虎跑品尝名泉沏的香茗，然后顺着一条曲折的溪水归来。西湖和城郊，共有 36 个寺院，大都在山顶上，在这样的地方与佛僧闲话，可以消磨一个下午的时光。若去游览这些寺院，往往会消耗一整天，而且回到家中时已是暮霭沉沉、万家灯火了。穿过人群拥挤灯火通明的夜市，悠然半醉回到家中，苏轼头脑里的诗句，已经半记半忘了。

> 睡眼忽惊矍，繁灯闹河塘。
> 市人拍手笑，状如失林獐。
> 始悟山野姿，异趣难自强。
> 人生安为笑，吾策殊未良。

杭州是丰富多彩的，而西湖尤为引人入胜。在春秋两季，大部分杭州人都在湖滨玩赏。甚至冬季下雪的日子，还有寻乐的人乘船到湖上观赏雪景。尤其是重要的节日，比如三月初三、五月初五、中秋节、重阳节，湖上全是游人，必须前一天预先雇妥游船。因为一切东西，包括茶杯、茶托、汤勺、筷子，全由游船供给，游人无须自带食物。还有船夫捕鱼卖给游客放生，这样可以救生积德，按佛教典籍说，这是在天堂积存财宝。传说同一条鱼被捕三次，又被放三次，这条鱼就可从地狱中救三条人命了。

苏轼经常参加西湖上的聚会活动。湖上的游乐分为两种：一种是家庭同乐，一种是带着歌妓同朋友一道游湖。在西湖这个地方，家庭妇女是望妓而生戒心，而妓女则看到家庭妇女而有妒心。妓女们从心眼儿里盼望她们能跳出火坑，自己有家有儿女，就犹如那些家庭主妇一样。苏轼有时和妻子儿女一齐去游湖，有时与好喝酒的同僚同游。与家人在一起，他咏唱道：

> 船头斫鲜细缕缕，船尾炊玉香浮浮。

同官衙同事同游时，大家高高兴兴的时候，他又会写出这样清新愉快的诗句：

> 游舫已妆吴榜稳，舞衫初试越罗新。

他们一到湖畔，船夫便把他们围住，争揽顾客。苏轼他们总是挑一条小船，够坐四五人就可，有时人多，便需要一条可摆一张饭桌的，然后吩咐船娘预备饭菜，这种游船的船娘通常都是精于烹调的。这等住家船上都有雕刻精美的器具，船头有笕嘴。湖上也有贩卖食品的船。有些船夫卖瓜子、栗子、糖果、夹馅藕、烤鸡和其他食品。有的船夫专门卖茶。有的船上载着歌妓，按照习俗是靠近游客的船，表演特技、歌舞、射击、投掷等节目。

游船的四周，湖水清澈碧绿，约有十里之遥，往远处看，白云飘浮于山巅，使山峦半隐半现。白云飘忽出没，山峰的形状随之而改变；山峦供白云以休息，使之游倦而归栖。有时天阴下雪，阴云低垂，丘峰便隐而难见。阴云之后，游客可看到楼塔闪动，寺观隐现，远山轮廓，依稀可见。晴朗之日，水清见底，游鱼可数。苏轼在诗中描绘了船夫的黄头巾，衬托着翠绿的山光，给人以极为深刻的印象。他这样写道：

映山黄帽蟥头舫，夹道青烟鹊尾炉。

登岸之后，往山中走去，在寂静无人的树林里，可以听到鸟声缠绵此呼彼应。苏轼本来就性喜游玩，现在常常独自一人漫游于山中，在高山之顶，在人迹罕到的泉边岩石上，信笔题诗。有些寺庙他常去游玩，因而与庙中和尚成了至交。有一个老和尚，他年轻时在寿星院当和尚，常看见苏轼在夏天一人赤足走上山去。他向和尚借一个躺椅，搬到附近竹林下，选好地方。脱下袍子和小衣，在午后的时光，在躺椅上赤膊睡觉。小和尚不敢走近，由远处偷看。他看见，这位大诗人背上有七颗黑痣，形状恰似北斗七星。老和尚说，那就足以证明苏轼是天上星宿下凡，是在人间暂时驻足而已。

从文学掌故上看来，苏轼在杭州经常与和尚及歌妓有来往，而与和尚与歌妓关系之深则远超于平常人想象之上。苏轼认为，感官的享受与精神的生活，是一而二，二而一的，诗歌与人生哲学是并行而不悖的。因为他爱诗歌，他对人生热爱之强烈使他不能做和尚苦修；又由于他爱哲学，他的思想深刻，使他不会沉溺任何事物而不能自拔。他之不能忘情于诗歌、女人和酒，正如他不能忘情于青山绿水，同时，他的慧根之深，使他不会染上尖酸刻薄的纨绔习气。

如果想对这个年轻又喜欢玩乐的诗人的生活态度加以最好说明，那就要看他怎么样使一个修行极高的老僧和一个歌妓见面的故事了。大通禅师是一位持法甚严，道行甚高的老僧，据说谁要到他的修行处所去见他，必须先依法沐浴斋戒。女人当然不能进他的禅房。有一天，苏轼和一群人去逛庙，其中同行的就有一个歌妓。因为知道那位高僧的规矩，大家就停在外面。苏轼与此高僧相交甚厚，在一种孩子式的冲动之下，他想把那个歌妓带进去破坏老和尚的清规。他带着那个歌妓进去向老方丈跪拜之时，老方丈一见此年轻人如此荒唐，自然是心中不悦。苏轼辩解说，倘若老方丈肯把诵经时用来打木鱼的木槌借给歌妓一用，他就立刻写一首词谢罪。结果苏轼作了下面的小调给那个歌妓唱：

　　师唱谁家曲，宗风嗣阿谁。借君拍板与门槌。我也逢场作戏、莫相疑。
　　溪女方偷眼，山僧莫皱眉。却愁弥勒下生迟。不见阿婆三五、少年时。

这正是戏台上小丑的念白，甚至持法严厉的大通禅师也大笑起来。苏轼和那个歌妓走出禅房向别人吹嘘，说他俩学了"密宗佛课"。

苏轼做杭州通判时，有一次，他曾裁决一件与和尚有关的案子。灵隐寺有一个名叫了然的和尚。他常到勾栏院寻花问柳，迷上了一个名叫秀奴的妓女。最后钱财花尽，弄得衣衫不整，秀奴便不再见他。一夜，他喝得酩酊大醉之后，又去找秀奴。吃了闭门羹，他闯了进去，把秀奴打了一顿之后，又把她杀死。这个和尚乃因谋杀罪而受审。官员在检查他时发现他的一只胳膊上刺有一副对联："但愿同生极乐国，免如今世苦相思。"案子审理完毕，卷宗呈给苏轼。苏轼不禁把判决书写成下面的这个小调儿：

　　这个秃奴，修行忒煞。云山顶空持戒。一从迷恋玉楼人，鹑衣百结浑无奈。
　　毒手伤心，花容粉碎。色空空色今安在。臂间刺道苦相思，这回还了相思债。

和尚押赴刑场斩首示众。至于以上的这两首小调儿，因为是用当时的口头话写，大家自然口口相传，这位天才怪诗人的闲谈趣语又更丰富了。

在那许多名人逸事中，有一些是关于苏轼和他那位喜欢寻欢取乐的朋友佛印的故事。那时候，苏轼对佛学还没有认真钻研，直到他四十岁以后，在黄州时，才开始精研深究的。黄州的几个和尚成了他最要好的朋友，后来他在靖江、庐山、金陵，又交了些佛教朋友。那些和尚之中，至少有两个，惠勤和参寥是诗人学者，颇为人所尊敬。从许多随笔逸闻上看，佛印并不算重要。但是佛印是以潇洒风流出名的，而且在一般通俗故事里，佛印比参寥与苏轼的关系更加深厚。

本来佛印根本不打算出家做和尚，并且他出身于富有之家。他母亲曾三次出嫁，和三个丈夫各生过一个儿子，在当时年代可是不多见的。当皇帝下旨召见佛教徒，以示对佛教抱有好感时，苏轼就把佛印推荐上去，在皇帝驾前佛印力陈对佛教的虔诚信仰。皇帝发现，此人身材修长，面容不俗，说他如果肯出家为僧，就赐他一个度牒。佛印无奈之下，只好答应出家。在黄州时，他常在一队仆从侍奉之下，乘骡出游，与出家苦修的生活有天壤之别。

佛印富有机智捷才。在他和苏轼略带哲理味道的故事中，有一则是这样的：一天苏轼和佛印去游一座寺院。进了前殿，他俩看见两个面貌狰狞可怖的巨大金刚像，一般认为他们有伏怪降魔之能，放在门口当然是看守大门的。苏轼问："这两尊佛，哪一个重要？"佛印回答："当然是拳头大的那个。"他俩进了内殿看见观音大士，手持一串念珠。苏轼问："观音为什么还数手里那些念珠？"佛印回答："嗅，她也是像普通人一样祷告求佛呀。"苏轼又问："她向谁祷告？""向她自己啊。"佛印回答。苏轼又问："这是为什么？她是观音菩萨，为什么还向自己祷告？"

佛印说："你知道，求人难，求人不如求己呀！"

他俩又发现供桌上有一本佛经。苏轼看到这么一句：

> 咒诅诸毒药，愿借观音力，
> 存心害人者，自己遭毒毙。

苏轼说："这不对！佛说慈悲为怀，怎肯以害某甲之心去害某乙，若真如此，佛便不是佛了。"

他请准改正此文句，提笔做了如此修改：

> 咒诅诸毒药，愿借观音力。
> 害人与对方，两家都无事。

在苏轼与佛印富有机言锋语的对话中，大都是双关句，难以译成别国文字，下面就有一条。

"鸟"这个字有一个意思，在中国俗语中颇为不雅。苏轼想用这一字开佛印的玩笑。苏轼说："古时的诗人常将'僧'与'鸟'在诗中并举。比如说吧：'时闻啄木鸟，疑是叩门僧。'还有：'鸟宿池边树，僧敲月下门。'我钦佩古人以'僧'对'鸟'的聪明。"佛印说："这就是我为什么以'僧'的身分与你相对而坐，聊天对诗的原因了。"

五、文士佳人

在北宋年间的外地官场生活里，公务宴请和宾客互相往来，那是官场应酬的一部分。也没有什么大惊小怪的。他们在酒席间招待歌妓，为宾客们斟酒，为大家唱歌。她们之中不少人很有天赋，那些会读书写作擅长歌舞的，多为文人学士所罗致。因为当时女人不得参加男人的社交活动，男人又需求女人相陪伴，男人就向那些职业性的才女群中去寻求欢乐。那种调情挑逗有时却是天真无邪，也不过是戏谑而已。歌妓唱的都是谈情说爱的歌曲，或世故，或轻松，或系假义虚情，或系痴情苦恋，或暗示云雨之情，或明言鱼水之欢。高等歌妓也颇似现代的歌女艺人，芳心属谁，可以自由选择，有些竟有不寻常的成就。北宋便有过宋徽宗便服出宫，深夜去探访名妓李师师的传说。当时杭州的诗人则为歌妓公开写诗。即使是颇受众望的正人君子，为某名妓写诗相赠也是寻常事。在那个时代，不但欧阳修、韩琦曾留下写给妓女的诗，甚至严谨端肃的如范仲淹、司马光等先贤，也曾写有此类情诗。再甚至精忠爱国的民族英雄岳飞，在一次宴席上也曾写诗赠予歌妓。

只有那些严于律己的道学家，立身处世之道完全在一"敬"字，只有这等人才特别反对。他们有一套极为严格的道德规范，对淫秽之事特别敬而远之。苏轼的政敌道学家程颐，在哲宗皇帝才十二岁时，他就警告皇帝提防女人淫邪的诱惑。这位年轻皇帝非常厌恶这种警告，有一次，程颐的一个学生写了两句诗，论"梦魂出窍"，说的是在梦中去找女人，程颐大慌，喊道："一派胡言！"大儒朱熹也非常畏惧女人的诱惑，当时文士胡铨十年放逐，遇赦归来，也写了两句诗："君恩许归此一醉，傍有梨颊生微涡。"朱熹在感叹之余写出了一首七绝诗：

> 十年湖海一身轻，归对黎涡却有情。
> 世路无如人欲险，几人到此误平生。

可是正相反，苏轼对两性关系持较为幽默的看法。在他的《东坡志林》里，就记载他黄州时的言论，"昨天大家谈论到了有关调气养生的事情。我说：'大部分都不值一提，最难的是去除俗欲。'张公说：'苏子卿啮雪啖毡，蹈背出血，无一语少屈，可谓了生死之际矣。然不免与胡妇生子于穷海之上。而况洞房绮疏之下乎。乃知此事不易消除。'大家都大笑不已。我觉得他说得有道理，就记下来了。"

苏轼遇有酒筵歌妓，都高高兴兴地参与会面，绝不躲避。十之八九歌妓求诗之时，他毫不迟疑，提笔写在披肩上或团扇上。曾有这么几句词：

停杯且听琵琶语，细捻轻拢，醉脸春融，斜照江天一抹红。

苏轼常写有关女人歌妓的抒情诗，但从来不写像他朋友黄庭坚写的那种秾艳。

宋朝的歌妓使得一种文学新形式流行起来，那就是词。苏轼不但精通此道，而且把这种专供谈情说爱的词，变成表达胸怀感想的最好方式。他的名作《赤壁怀古》，发思古之幽情，成为千古绝唱。早于苏轼三百余年，李白、杜甫使绝句和律诗成为诗体之正宗，多少杰出的诗人争相模仿。但是律诗，每句五言或七言，中间两副对子，形式僵化已经落伍了。诗人都想有所创新，但是发现香草、白鹭、柳阴等的意象早已用滥，唐代诗人雄伟的气魄与强烈的感情也已不再有了。更可怕的是，甚至连诗的言辞都是陈旧比喻的无谓重复，一用那些比喻就令人生厌。唐诗的主题已经用俗，苏轼在一首咏雪诗的小序里曾言道，决不用"盐"这个字形容雪，"雪"这个字总是胜过"盐"。在文字上，有些作者总喜欢沿袭前人的诗句，也有许多博学的读者，一看便知道诗中思想与言辞的来源，不免粲然一笑。评注家的工作只限于寻出某些生僻词语的出处，以示博学自炫。结果，他们并不以阐述判断诗的含义为主要任务，而以指出某些词语之出处为满足。

把诗从衰微颓败困境解救出来，必得有待于一种新的诗体的活泼，比唐诗更接近口语，于是宋词应运而生。之后的元曲比宋词则又更近于生活口语。词只是依据乐谱填出的歌词。所以不叫作"写词"，而说"填词"。在词里，不像唐朝律诗绝句每行字数都有严格规定，行的长短有了变化，完全配合曲调的需求。

由于苏轼、秦少游、黄庭坚，及同时代其他词人如晏几道、周邦彦等的创作，词这种诗歌的新形式盛极一时。词这一体成了宋朝文学的正宗。苏轼在黄州时才开始填词，从在黄州的第二年，开始大量填词。但是词只是一种抒情诗。内容歌咏的总是"罗幕""香汗""乱发""暖玉""春夜""柳腰""削肩""纤指"等等。这种艳词与淫词从何时何处划分开，完全依赖于词人对素材处理的手法方式。纯爱和情欲在诗中之难划分，正如它们在现实人生中之难划分一样。无可避免的是，许多诗人都偏爱歌唱伤心断肠的凄凉，爱的痛苦，单恋的思念。他们歌咏的是闺中的怨女少妇，痴心地怀念难得一见的情郎，黯然自揽腰围，悄然与烛影相对。想来，女人的魅力大概全在她的娇弱无依无靠，她那朱颜憔悴，她那沉默无言，她的晶莹剔透的泪珠儿，她那睡眼缠绵的情思，她的长夜不寐，她的肝肠寸断，她的茶饭不下，她的精神不振，以及一切身心两方面的凄楚可怜——这一切，和贫穷痛苦一样，都使人见人怜。苏轼不但成为一代大词人，而宋词之得以脱离矫揉伤感、无病呻吟的滥调儿，要归功于苏轼，至少从他个人来说是做到了。

根据记载，苏轼并没有贪恋上哪个歌妓。他只是喜欢酒筵追逐，和女人十分随和而已。倒是有两个女人与他非常亲密。才女琴操听从了他的规劝，自己赎身之后，出家为尼。朝云成了他的侍妾，当时才十二岁。

现在流传有一份宋拓苏字帖，上面载有一个歌妓的一首诗，叫作《天际乌云帖》，是从第一句诗得名的。帖里说的是歌妓周韶的故事。周韶曾赴宴席佐酒，她常和书法家兼品茶名家蔡襄比赛喝茶，都曾获胜。苏轼经过杭州，太守陈襄邀宴，周韶也在座。宴席上，周韶请求免去妓籍，客人要求她作一首绝句。周韶提笔立成，将自己比作为笼中白鹦鹉"雪衣女"。诗云：

> 陇上巢空岁月惊，忍看回首自梳翎。
> 开笼若放雪衣女，长念观音般若经。

苏轼补充说当时周韶正在守丧，身着白衣。众人都受感动，周韶遂脱妓籍。

过如此的官场生活，自然需要做妻子的了解和信任。苏轼的妻子明白她嫁的是一个人人喜爱的诗人，也是个天纵奇才，她当然不会和丈夫去比才华和文学的荣誉。她早已打定主意，她所要做的就是做他的妻子，做他的贤妻。她当时已生了两个孩子。她有一个舒适的家，享有交际上的地位。她还比较年轻，刚刚廿四岁左右。丈夫才气逼人，胸怀开阔，喜爱追欢寻乐，是个非常渊博的学者！因此，钦佩苏轼的人太多了——有男的，也有女的！她也经常看见公馆南边那些女人，还有在望湖楼和有美堂那些宴会里所见到的。新到的太守陈襄，是个饱学之士，在他们来到之后一年来的，这位太守把对外界的应酬做得很周全，官妓自然全听他们招唤。另外还有鲁少卿等人，并不是丈夫真正的好朋友。歌妓们都有才艺，会唱曲子、会演奏乐器，她们之中还有的会作诗填词的。即便她自己不会填词做诗，但是她懂那些词句。那些诗词她也觉得熟悉，因为她常听见丈夫低声吟唱。她如果出口吟唱，那可羞死人！高贵的夫人通常不可以唱词。她丈夫去拜访那些赤足的高僧、辩才，还有那些年高德劭的长胡子的老前辈，她反倒觉得心里自在点儿。

用了好几年的工夫，苏夫人才摸清楚丈夫性格，那是多姿多彩的个性，既是达观乐天随遇而安，可是有时又激烈而顽固。到现在她倒了解丈夫一方面，就是不会受别人影响，而且你无法和他辩论。另一方面，如果他给歌妓题诗，那也没什么大不了的。他对那些职业性的女艺人，决不贪恋。而且她还听说他曾把一个名叫琴操的歌妓劝服去遁入空门出家为尼呢！琴操真有很高的慧根，诗与佛学一学即通。但苏轼不应当把白居易写歌妓悲惨生活的诗句念给琴操听。苏夫人办事圆通，她做得最聪明的就是信任他。

她是进士的女儿，能读能写。她为丈夫做眉州家乡菜，煮丈夫爱喝的姜茶。丈夫知道有成千成百卷的书要读，做妻子的也明白要管家事，要抚育孩子，要过日子。

她能忍受丈夫睡觉时那种雷鸣般的鼾声，尤其是喝得大醉之后。在床上躺着听着丈夫打鼾难以入睡，却又不能惊醒他。在他入睡之前，她要不厌其烦把被褥掖好。苏轼睡觉时有个习惯会翻来覆去把躯体四肢安放妥帖，直到把自己躺得恰当又自在又舒服才算完。他身上如若有地方发僵发痒，她要轻轻推，轻轻揉。这些完毕，这才算一切大定。他要睡了，他自言自语道："现在我已安卧。身上即使再有发痒之处，我也不再移动丝毫，而要以坚强的毅力精神克服之。这样，再过片刻，我浑身松弛安和直到足尖。睡意已至，吾入睡矣。"闭上眼，细听气血的运行，渐入梦乡。

苏轼承认，这与宗教有关系。心灵之自在确与身体之自在有关联。人若不能控制身心，便不能驾驭灵魂。这是苏轼一种重要的修持。苏轼曾把自己睡眠的方法向两个弟子讲解之后，他又说："你们两个试用我的办法，必识其趣，慎无以语人也。天下之理，戒然后能慧，盖慧性圆通，必从戒谨中入。未有天君不严而能圆通觉悟也。"

苏夫人后来还发现用细梳子梳头发和沐浴是这位诗人生活中非常重要的大事。因为在那一个时代，如果有人细心观察人的身体及其里面的功能，并注重草药及茶叶的研究的，大概再无别人，只有苏轼。

苏夫人头脑稳定而清醒，而诗人往往不能。丈夫经常急躁，灰心丧气，喜怒无常。有一次在一个春天的月夜，苏夫人打了一个比方说："我更加喜欢观赏春天的月亮。秋月使人悲，春月使人喜。"数年后，在密州，他们正过很苦的日子，苏轼对新的税法极为不满，孩子拉着他的衣服对他喋喋不休。

苏轼说："小孩子们真笨!"苏夫人说："你才傻。你整天闷坐，有什么好处？这样，我给你弄点儿酒喝吧。"

苏轼在一首诗里叙述这件事，他觉得这事很丢人，这时妻子洗杯子为他热酒。这当然使他很高兴，他觉得妻子比诗人刘伶的妻子贤惠，因为刘伶的妻子不准丈夫饮酒。

但是人们大都不知道在苏轼的心灵深处有一件事，苏轼的妻子肯定知道。那就是他初恋的堂妹，可惜的是我们没有办法知道她的名字。至于他妻子如何知道，大概是因为苏轼是无事不对人说的人，他一定告诉过他妻子。他对堂妹的深情后来隐言在两首诗里，读苏诗的人却都讳言隐饰此事。

苏轼并没有常年住在杭州，而是经常到杭州的附近的地方去。由神宗熙宁六年十一月到次年三月，他到过杭州四周的上海、嘉兴、靖江、常州，这些地方在宋朝时都属于浙江省。他的堂妹那时嫁给了柳仲远，住在靖江附近。他在堂妹家住过几个月，他虽然写了很多的旅游诗记述这次旅行，并且经常和堂妹的公公柳瑾一同游历写作，他却一次也没提到堂妹丈夫的名字，也没作过一首诗给他。他写过一首诗记述堂妹家一次家宴，还写过两首诗谈论书法，那是堂妹的两个儿子请他题字时写的。苏轼对柳瑾这个书法家和诗人颇为敬重，对堂妹的孩子也很照顾。但是到堂妹家的小住却对堂妹的丈夫一字不提，实在令人费解。

那次旅行写的两首诗，暗含有与堂妹的不一般关系。一首诗是他写给刁景纯的，主要内容记述起皇宫内的一株花。其中有这样的句子：

> 厌从年少追新赏，闲对宫花识旧香。

那时他并没有坐对宫花，因为他并不是正好置身皇宫之内。他提到"厌从年少"的伴侣时，虽然他是形容自己；而"花"照例是女子的象征，"旧香"大概指一段难忘的旧情。

在另一首诗里这个暗指更为清楚，那是赠与杭州太守陈襄的。题目中提到春归太迟，误了牡丹花开的时节。诚然不错，他回到杭州时，牡丹的花季已过，可能是暗示初恋情人已嫁，今已生儿育女，为明白这两个故事，要解释一下。在唐朝有一个少女杜秋娘，在十五岁时作了下面一首诗：

> 劝君莫惜金缕衣，劝君惜取少年时。
> 花开堪折直须折，莫待无花空折枝。

"空折枝"就表示误了求爱的时期。唐朝杜牧与杜秋娘同处一个时代，也写出了下面这样的一首诗：

> 自是寻春去较迟，不须惆怅怨芳时。
> 狂风落尽深红色，绿叶成阴子满枝。

自从杜牧作了这首诗，"绿叶成阴子满枝"就经常用来暗示少女已经成了母亲之意，因为汉语的"子"既代表"果子"，又代指"儿子"。

在那首诗里，苏轼的思想似乎并不连贯，并且特别用"金缕""成阴结子""空折枝"这样一些字眼儿。他的诗是这样的：

> 羞归应为负花期，已是成阴结子时，
> 与物寡情怜我老，遣春无恨赖君诗，
> 玉台不见朝酣酒，金缕犹歌空折枝，
> 从此年年定相见，欲师老圃问樊迟。

这样一首诗送给陈襄，或是赞赏牡丹，都不会意，仔细一看，内容与诗题都漠不相干，"成阴结子"与牡丹更无关系。更没有理由他要太守陈襄"怜我老"。"从此年年定相见"是分离时的话语，并且用于回来与同僚相见，而且苏轼心中肯定没有在陈太守附近安居务农的想法。如果说这首诗确实是写给陈太守的，那么用绿叶成阴求爱已迟的典故，必然是够奇怪的。诚然，在唐朝这类诗里，中间两联中的词性要同类相对，前后两联才实实在在用以表达作者的思想感情，中间两联有时只作点缀之用；不过唐律之上品仍然是整首诗有整体性的。苏轼写的诗里用几行无甚意义的句子充数儿，可少见得很。如果从另一角度分析，看作是他写给堂妹的，则这首诗在主题和思想上便很完整了。第一联说此次归来实感羞愧，因自己误了花时，也可以说误了堂妹的大好时期。第二联分明说她已儿女成行。第三联求她同情；又表示自己的寂寞孤独。第四联说因有她相伴，这年春天过得快活。第五和第六句分明表明他对求婚已迟感到歉意。第四联自不难解。这时苏轼写了一首诗，表示希望在常州安居下来，这样离堂妹家不远。后来他的确按照计划在常州买了房子田地，后来他就在常州去世的。

大多数敬爱苏轼的人会不同意这样的说法，认为苏轼不会暗恋堂妹。这是否在苏轼的品格上算个瑕疵，看法会因人而异。这事如果传到别人耳朵里，并且属实，那些道学家必会谴责苏轼的。不过自古至今，堂兄妹、表兄妹却是不断相恋的。可苏轼不能违背礼法娶自己的堂妹，因为她也姓苏。

六、诗文背后

苏轼是个性情中人，快乐时很难表现不快乐，不快乐时也难作快乐状。好多朋友和他通信，彼此作诗相唱和。这时刘絮和李常都在九江。孙觉在湖州，那里离杭州不远。他们都是反对王安石新政的一批朋友，现在都在江南各地为官。他们都对时局感到厌倦，因为当时王安石还没有失势，他们不像以前那么激烈，意见暂时放在心头。韩琦和欧阳修已死，富弼和范镇退隐山林，司马光潜心治学，张方平纵情饮酒，苏轼的弟弟苏辙则明哲保身，闭口不言时政。只有苏轼不够圆滑。他看见百姓陷于水深火热之中！应不应当不计后果，坦陈自己的意见？这是一个问题。也许苏轼从来没想过，所以他一边写令人心驰神往可惊可喜的田园诗，同时也写描绘乡间疾苦的诗。他若不是疯狂不顾利害，便是义愤填膺不能自已。他知道他的诗很快就会传到朝廷，但是他却毫不在乎。

苏轼写的这些诗，渐渐积累成卷，若认真检查某些词句是否可以证明他蔑视当政者的威信，倒也有趣。单独看，那些言辞只是偶一评论；但合起来看，则是坚强与抗争。他用简单的文字描写被征调的人民挖通运河以通盐船。他以官员之身监督工人，他亲眼看见黎明之时，工人闻号声而聚集开工，他用寥寥几个字表达："人如鸭与猪，投泥相溅惊。"在记述杭州西南的富阳之旅时，他写出了雨天放晴时清新可喜的诗句，开始是这样的：

> 东风知我欲山行，吹断檐间积雨声。
> 岭上晴云披絮帽，树头初日挂铜钲。

但是他还是对其他情形闭目不见，他在咏叹"春入深山处处花"时，也写农民的生活。农民正在吃竹笋，他们说竹笋好吃，但是没有咸味，因为"尔来三月食无盐"，原因是朝廷的盐法扼杀了盐业。如果他放手写去，他就无法节制，他会写出农民的儿子私用农民的贷款，停留在城内把钱挥霍殆尽，回家时两手空空，只学到一口京腔而已，因为官家很精明，在放款办事处附近就开设了酒馆、妓院等娱乐场所。

熙宁五年春，苏轼从杭州到新城、富阳巡查时，途中因深感"盐法太苛"，写下了著名的《山村五绝》之三，诗中写道："老翁七十自腰镰，惭愧春山笋蕨甜，岂是闻韶解忘味，迩来三月食无盐。"这首诗曾经是被王安石的追捧者指为"讥盐法太苛"致使苏轼受到审讯的罪证。苏轼当时看到七十多岁的老农民，腰里面带着镰刀，到深山中去刨取蕨菜和野笋充饥，说明百姓是处于饥饿状态的。他又听说农民已经有好久没有盐吃了，不禁想到春秋时候的孔子，因为欣赏《韶》乐，"三月不知肉味"，难道这些老农民也是因为欣赏什么音乐而"忘了盐味"吗？这当然是在讽刺"盐法太苛"。

为什么"盐法太苛"会使农民这么久无盐可吃？杭州附近用小灶小锅，煮海水取盐的百姓不是很多吗？原因就在于当时政府垄断盐业，进行专卖提高盐价，百姓吃不起高价盐，又不允许自己取盐，只好少吃盐甚至不吃盐。根据《宋史》第一八一卷《食货志》记载，自从宋朝平灭各个地方势力以来，全国的售盐利润全部归政府所有，严禁私自贩运，违者重罚。到宋仁宗时，范祥、包拯都不赞成盐业官办，曾经在一些地区实行部分私营。在部分私营时期，商税还有所增加，对百姓的骚扰也有所减少。后来，王安石竭力支持官办，而且大幅度提高盐价以增加政府收入，造成"盐价既增，民不肯买"以致无盐可食的情形。

实际上盐业公营，并不是王安石发明的，而是封建社会初期已经有过的政策。封建经济是一种自给自足的小农经济，封建统治阶级的剥削对象是附着在土地上的农民。但中国自秦始皇以来，就是一个中央集权的封建大国，从中央到地方，官僚机构庞大，不事生产的剥削者很多，奢侈享受和经常出现的战争，都需要大量的钱财，仅靠取之于土地是明显不足的。于是转而掠夺工商业，美其名曰"崇本抑末""重农轻商"，盐业官办只是其中的一种措施。汉武帝时的桑弘羊，为了替汉武帝增加财政收入，倡导官办盐铁，虽然暂时有益于当时的封建王朝，但却阻止了商品经济的发展，是违反历史潮流的政策。王安石变法以后，在"抑兼并"的借口下，强力实行"市易法"，变本加厉垄断盐业，提高盐价，以致农民"三月食无盐"，苏轼诗中对"盐法太苛"持意见，完全是符合老百姓利益的。

苏轼在熙宁四年十二月一日游览杭州孤山时，和大理寺丞李杞唱和的一首七言古诗。"兽在薮，鱼在湖，一人池槛归期无。"据《乌台诗案》记载，当时的文字狱制造者，指控苏轼这句诗的用意，是"讥讽朝廷新法行后，公事鞭箠之多也"。《乌台诗案》说苏轼"讥讽朝廷盐法收坐同保，妻子移乡，盐法太急"是符合事实的。

据《宋史》第一八一卷《食货志》记载，当时"盐价既增，民不肯买。乃课民买官盐，随贫富作业为多少之差。买卖私盐，听人告，重给奖，以犯人家财给之。买官盐，食不尽，留经宿者，同私盐法。于是民间骚怨"。两浙提刑使卢秉到杭州"提举盐事"，依照王安石的保甲法，把煮盐的灶户编组，将三灶至十灶的火炉编为一甲，并严格规定销售盐的地点并要求互相监察。同时，严厉拘捕盗盐私贩盐的人，并不刺配但要杖责，连同家人远迁五百里。据苏轼《上文侍中书》中说，当时杭州地区因贩盐判重罪的人，每年达一万七千多人。在《宋史》中也有类似记载。查北宋末年的杭州人口，才二十多万，因买卖私盐而犯罪的人，每年竟达一万七千人，用刑之"滥"，可窥一斑。

苏轼的官职是杭州通判，有职责参加审问囚犯的工作。他在会审时，看到无辜百姓遭受"鞭箠之苦"，听到"呻呼"的声音环绕左右，最后还被判全家流放边远之地，甚至"连保"同罪，他怎么能不难受呢？不过他自己没有勇气弃官还乡，又不能和王安石斗争到底，只好向李杞发点牢骚，消解些烦闷，表达了对百姓的同情，也流露了自己弃官还乡的内心冲突。这种内心冲突，蕴藏着封建社会那些善良官吏对百姓的"良心"，而那些欲"立功"不顾百姓死活的"新法"拥护者，是没有这点"良心"的。因而苏轼讥盐法也属常理。

看苏轼还有《戏子由》这样一首七言古诗，诗云：

宛丘先生长如丘，宛丘学舍小如舟。
常时低头诵经史，忽然欠伸屋打头。
斜风吹帷两江面，先生不愧旁人羞。
……
眼前勃蹊何足道，处置六凿须天游。
读书万卷不读律，致君尧舜知无术。
劝衣冠盖闹如云，送老斋盐甘似蜜。
门前万事不挂眼，头虽长低气不屈。
馀杭别驾无功劳，画堂五丈容旆旄。
重楼跨空雨声远，屋多人少风骚骚。

平生所惭今不耻，望对疲氓更鞭篚。

道逢阳虎呼与言，心知其非口诺唯。

名高志下知何益，气节消缩今无几。

…………

这是熙宁四年（1071）冬末苏轼在杭州写给弟弟的一首长诗，苏辙也因为不赞同王安石新法而受到打击，在陈州当教授，苏轼戏称之为"宛丘先生"。前曾述及苏轼离京路经陈州时，看到苏辙住房矮小，像一只小船，抬起头来就会碰到屋顶，雨天还把脸都淋湿了，苏辙的生活是清贫的。苏轼安慰他说：你的生活虽然清苦一点，却不用做违心的事，吃点咸菜饭也像蜜那样甘甜；自己住在高大的府堂里面，表面虽然阔气，而内心却是痛苦的。

《山村五绝》之四中，苏轼写道：

杖藜裹饭去匆匆，过眼青钱转手空。

赢得儿童语音好，一年强半在城中。

据《乌台诗案》记载，当时的制造文字狱的小人，抨击苏轼"在这首诗中说百姓在贷到青苗款后，立刻就到城市中胡乱花费掉。而且说农村中的农民一年之中要交夏秋税款及其他钱款，现在又增加了青苗钱、助役钱，因此使得农家子弟在城市中别的没有学到，只学会那些流俗的语言，这是在讽刺朝廷新法青苗助役措施不当"。可见苏轼此诗是为反对"新法"而作，诗中虽然只从侧面指出青苗法和免役法不过使儿童因为领钱、还息、缴税而在城中来去频繁，学得城中人"语音"，而对农事造成荒废，对百姓生活毫无好处，并未说到青苗法和免役法，对百姓生产造成严重危害。苏轼关于"新法"的反对态度，已经表现出来了。

苏轼早在宋神宗熙宁四年就在《上神宗帝书》中，指出青苗法制订得不好，认为由官家发放青苗贷款，必然造成"摊派"，建议宋神宗"收回成命"。由于王安石的反对，苏轼的建议没有得到采纳，大量史料都表明青苗法是有害无利的。

看到放债有利可图，王安石就制定青苗法，由官府代替地主商人发放高利贷，并把发放青苗钱收息多少作为地方官吏的考核政绩条例之一，地方官只好按户摊派，给老百姓加上一笔额外的负担，这比地主商人的剥削就更厉害了。

最初有人问王安石说，青苗钱的利息很高，如果发放青苗钱是为了百姓利益，最好不收利息，让农民只还本钱就够了。王安石解释说："发放青苗钱，有官吏之俸，辇运之费，水旱之逋，鼠誉之耗……则无二分之息可乎！"王安石所说的"二分之息"，做法是每年发放两次，比如"春贷十千，半年之内便令纳利二千；秋再放十千，至岁终又令纳利二千"，这样算起来，农民向官府领取贷款十千，上半年还息二千，下半年还息二千，合起来总共年息高达百分之四十。而且实行不久，又将利息二分改为三分，年息竟达百分之六十。这和商人地主发放的高利贷还有什么分别呢？

王安石说发放青苗钱的动机是为了"抑兼并"，也就是制止地主商人对农民的高利贷剥削。事实上不仅是官府代替了地主商人的剥削，而且还是间接帮助地主商人对农民进行剥削。因为青苗钱的发放，不仅是家家强迫摊派，而且是按"户等"强迫摊派的。当时有规定："一等户给五千，等而下之，至五等犹给一千"，强迫穷家富家都承担利息，而且"贫富相兼，十人为保，以富者为保首"，一户交不出利息，还不起本钱，就同保连坐，"施以严惩"。后来实行保甲法，"又因保甲正、长，给教青苗，使给甲付官，不遗一人"。保甲长都是地主，他们把自己摊到的利息，转嫁给贫民、下户，当时王岩叟曾经指出农民拿不出这样多的利钱来还，身受刑罚，无可奈何。"不免复哀求于富家大族，增息而取之，名为抑兼并，乃所以助兼并也。"

苏轼出狱后，前往黄州时，还曾写过一首题为《朱陈嫁娶图》的七绝诗，诗中写道：

> 我是朱陈旧使君，劝农曾入杏花村。
> 而今风物那堪画，县吏催租夜打门。

全部"新法"的最终目的，都是为了向百姓要钱。苏轼为反对向百姓要钱而受到打击，但他批评"新法"的，反对"新法"，出狱后也没有改变。历史上有人把苏轼说成是"两面派"，那是毫无根据的。

往北他还游到太湖地区，他遇到好友孙觉。这位书画名家，在朋友的名家书法集上题了一首诗，在诗里他写的也是：

> 嗟余与子久离群，耳冷心灰百不闻。

苏轼也会写快乐的诗歌，比如写给杭州钱塘江潮时的"弄潮儿"。每年到八月中秋，各地人们都从老远赶到钱塘江岸边观赏潮水从海上奔腾而来，不停高涨，涌入狭窄的钱塘江口。在高潮来到之前，当地经常举行水上特技表演。在水上表演的艺人名叫"打浪儿"，似乎那些深识水性的人。乘小舟出海，船上用红绿等色的旗帜装饰。当时有一首通俗的曲子叙述说，雪白的浪花吞没了"打浪儿"的红色旗子，也唱出了海潮遮蔽住半个越山的景观。早晨醒来苏东坡写了一首诗感慨道：

> 众人事纷扰，志士独悄悄。

何异琵琶弦，常遭腰鼓闹。
三杯忘万虑，醒后还皎皎。
…………
忧来不自寐，起视天汉渺。
阑干玉绳低，耿耿太白晓。

他在日后引起是非的一首诗里挖苦讥讽了当权派，把他们比作夜枭。那时他正游历岭南。根据记载，在后来审问苏轼时，岭南的一个太守草拟了一篇奏议，请求简化免役税的征收。这位太守曾经带着奏议经过杭州到京都，后来南返，在杭州他告诉苏轼说："我是被夜枭赶回来的。"

苏轼问他："你这话是什么意思？"那位太守说他曾带着奏折到京城，将呈文递交一个税吏，税吏命武装侍卫送他出城。苏轼要看那篇奏议，发现所提的是一个很好的简化征税办法。苏轼又问："你说夜枭是什么意思？"

太守回答说："这是一个很简单的寓言。说的是一天，一只燕子和一只蝙蝠争吵起来。燕子认为太阳升起来是一天的开始，而蝙蝠则认为日落是一天的开始。两鸟相持不下，他们去请教凤凰。在路上，他俩遇见一只鸟，那只鸟儿向他们说：'近来大家没有看见凤凰。有的鸟说他请假不在，有的说他正在睡大觉。现在夜枭正在代替他的职位办事，你们去问他也没有用。'"苏轼写的那首诗表现出消沉失望的心绪，大有退隐的意思，诗是这样的：

年来战纷华，渐觉夫子胜。
欲求五亩宅，洒扫乐清净。
学道恨日浅，问禅惭听莹。
聊为山水行，遂此麋鹿性。
独游吾未果，觅伴谁复听。
吾宗古遗直，穷达付前定。
餔糟醉方熟，洒面呼不醒。
奈何效燕蝠，属欲争晨暝。

这些诗后来都被反对派搜集去仔细研究。内容并没有煽动叛乱，也没有公开诽谤或抨击，没有公然反对当局。但是这些诗却如蚊叮虫咬，令人觉得刺痛、不宁；这种言语若是过多，也会扰人通宵。再加上苏轼的一位好朋友驸马王诜将这些诗刊印出来，可就更使人烦恼。两句巧妙的诗，比长篇大论的奏折更显得有力量。而苏轼当时是家喻户晓，当政者对苏轼的议论声不能再置之脑后了。

第五章 中年苦乐

一、密州上任

苏轼从熙宁四年任杭州通判，一直到熙宁七年，已任满三年。由于苏辙这时已被调往齐州做"掌书记"，苏轼便请旨调往山东。熙宁七年五月，朝廷下令任命苏轼为密州知州（今山东诸城）。苏轼九月离开杭州，一路上寻亲访友，在十一月到达密州。苏轼作词云：

> 灯火钱塘三五夜。明月如霜，照见人如画。帐底吹笙香吐麝。更无一点尘随马。
> 寂寞山城人老也。击鼓吹箫，却入农桑社。火冷灯稀霜露下。昏昏雪意云垂野。

从句中来看同是元宵节，杭州与密州竟大大的不同。

从繁华热闹的杭州来到萧条寂寞的小城密州，乘坐的不再是安稳的舟船，而是颠簸的车马；居住的不再是画栋雕梁的大房子，而是简陋的庭院；眼前没有妩媚秀丽的湖山，而是粗犷广袤的北方田野。苏轼的生活环境发生了很大的变化，这不能不引起他的情绪波动。由于不适应北方的气候，他刚到密州就病倒了。又恰逢天降大雪，苏轼在难以忍受的寒冷中，体验到北方冬天的萧飒。这一年他刚 39 岁，却已有"老病"之感伤。他在《除夜病中赠段屯田》一诗中有这样的诗句：

> 龙钟三十九，劳生已强半。
> 岁暮日斜时，还为昔人叹。
> 今年一线在，那复堪把玩。
> 欲起强持酒，故交云雨散。
> 惟有病相寻，空斋为老伴。

　　苏轼到密州时的诗作中，经常称老言病。"城中病守无所为""老去同君两憔悴""老病自嗟诗力退""百年三万日，老病常居丰""亦如老病客，遇节尝感叹"，这样的词句屡见不鲜。"老病"如此之多，悲伤的心情也就可想而知了。

　　在密州做太守尚未满一年，也就是苏轼四十岁那一年，他忽然听说临淮太守赵成伯前来密州做他的副手，苏轼十分高兴。苏轼返乡为父亲守丧期间，赵成伯正在眉州担任县令，他为官清正廉洁，深得百姓爱戴。熙宁四年，苏轼赴杭州任通判前，去朝廷辞行，恰巧又遇到赵成伯。原来赵成伯前往临淮任太守，也去宫中谒见皇帝辞行。那天，苏轼与赵成伯在殿门外握手交谈，十分投机。苏轼去杭州途中，途经临淮，特地去拜会赵成伯。赵成伯于先春亭设酒宴为苏轼洗尘。两人酒逢知己，更是倾心。苏轼为人处事从不设防，可谓通体透明，与人交谈，从来就是亲疏不分，总是沥胆披肝，无话不谈。而赵成伯为人简易豁达，表里一致，苏轼对这种性格的人最是放心。那天，两人都大醉于先春亭。

　　虽说赵成伯来密州，从正职降为副职，但他深知苏轼的为人，也十分高兴。密州经苏轼几个月的管理，社会已趋稳定，群盗出没、遍地饿莩、到处弃婴的情形已经消失。他当苏轼的通判，真正感到十分高兴。

　　赵成伯好酒，酒量比苏轼大得多。孔北海的名句"座上客常满，樽中酒不空"，几乎成了他的座右铭。一天，苏轼得知赵成伯家中添了一位歌妓，且是四川同乡，成伯请苏轼等同僚及朋友去聚会，苏轼就准备去热闹一番。

　　苏轼在来宾席上就座，赴宴的有文安国、乔禹功等，都是和苏轼、赵成伯常在一起饮酒作诗的朋友。苏轼先与乔禹功、文安国狡狯地眨了一下眼说："乔兄、文兄，你们可晓得，尚书郎中家中新添丽人，丽人还是川妹子，我既然是丽人之同乡，今天我可要多喝美酒了！"尚书郎中指赵成伯，因为他是以尚书郎中的职衔来密州任通判的。

　　文安国也说："今天可是双喜临门了！一是尚书郎中做新郎，二是太守开了酒戒。"

　　乔禹功说："太守从前喝酒，总是浅尝辄止，从不狂饮！"

　　赵成伯说："那么今天我们就请苏大人干一杯吧！"

　　苏轼说："我酒量小，只以把盏为乐，各位都知道。不过，今天我得提个条件：若是新丽人来开樽斟酒，我一定会干杯！"文安国、乔禹功这时则和苏轼结成统一战线，不断喝彩。这就给赵成伯将了一军：今天非得要新人出场。赵成伯犹犹豫豫，要亲自给苏轼等人斟满酒。苏轼按着酒杯，不让他斟酒："岂有让吏部尚书郎中、密州通判斟酒的道理！苏某不敢！你不要越俎代庖！"然后，苏轼又凑近赵成伯耳边问："新人贵姓？"赵成伯笑着回答："姓杨。"苏轼立即说道："那请杨姑娘给大家斟酒。"赵成伯斟酒，头一关就不能通过，于是就坐下，吟诵自己的诗，赞美密州的春雪，字里行间，也有获得新人的喜悦。他吟诵结束，苏轼说："我给诸位讲一段故事。陶谷学士买得党太尉家的艺妓。这位姑娘可是兰心蕙质，聪慧无比。一天下了大雪，陶谷去取雪水，烹龙井茶。他就问美人：'党太尉还懂得以雪水烹龙井茶？'美人回答：'党太尉是粗人，哪有这种雅兴！他只晓得在销金暖帐中，浅斟低唱，吃羊羔儿酒。'我想取一个两者兼得：我们既要浅斟低唱吃羊羔儿酒，又要用雪水烹龙井茶。好在密州今年春天的雪很美。这样，鱼与熊掌，两者兼美了！"苏轼说了半天，还是要让杨姑娘出来斟酒。而且如今又多了一个项目：酒后喝雪水龙井茶。文、乔等人听了开怀大笑。赵成伯离席，打发人去室外取雪，以便烹而煮茶。龙井茶是贡茶，密州没有，就用密州最好的云雾茶代替。等成伯坐上酒席时，苏轼已成诗一首："《赵成伯家有丽人，仆岙乡人，不肯开樽，徒吟春雪美句，次韵一笑》：

> 绣帘朱户未曾开，谁见梅花落镜台？
> 试问高吟三十韵，何如低唱两三杯！
> 莫言衰鬓卿相映，须得纤腰与共回。
> 知道文君隔青琐，梁园赋客肯言才。

这首联说的是赵成伯金屋藏娇，也就是紧闭绣帘朱户，不让杨姑娘出席。颔联说的是赵成伯刚才吟诵春雪美，诗韵虽好，哪如叫杨姑娘出席，与各位斟上三杯，与诸公唱一曲呢！这颈联、尾联，就罪过罪过了！老夫根据赵兄的诗体，聊作答复。我将杨姑娘比作卓文君，我这位司马相如，可要义取妇人了！聊博一笑，还请主人开罪！

赵成伯明白，今天不让新人出来，这席酒就吃不下去了。于是，他掀开"绣帘"，进了内房，请出了杨姑娘。这位四川姑娘杨氏，大约二十岁左右，体态优美、风韵多姿。今夜淡抹脂粉，唇膏深红，浅浅画眉，颇有富家贵妇的风韵。赵成伯一一作了介绍，然后杨姑娘先给苏轼斟酒。

"苏某谢过杨姐！"苏轼点头微笑。

"杨姐"是苏轼对杨姑娘的尊称。杨氏见太守大人如此彬彬有礼，也落落大方，与成伯及客人一一斟满酒。这样，这一席酒宴才算正式开始。

密州和杭州相比，真是天壤之别。密州州府之中没有官妓，就是很突出的一点。苏轼在杭州的几年，官府大小酒席，都有官妓。到刁景纯、张先等朋友家做客，则都有家妓。江南富华之地，美女陪酒，已成风尚。不过今天虽在密州，似乎又回到了杭州。酒席在热烈友好的气氛下进行，这样的环境和气氛，往往是苏轼作诗状态最好的时候。杨姐再次斟酒时，苏轼说："这样的美人，斟上这样的美酒，苏某得送诗一首给杨姐：

坐来真个好相宜，深注唇儿浅画眉。

须信杨家佳丽种，洛川自有浴妃池。

"刚才未见杨姐，把你比成卓文君。现在见了杨姐，一派富贵之态，颇有杨玉环之风韵。哈哈，成伯不成了唐明皇吗？这首诗，可把上一首诗的罪过抵消？"

"大人言重了！"赵太伯说，"苏大人之诗才，如今天下谁人不知？以不才之见，当今文坛，自然以大人为执牛耳者！赵某被苏大人写进诗里，定能托福名扬四方！"赵成伯叫杨姐也谢过苏轼，又说：

"子瞻兄，密州通判厅已建成使用，吾厅室未有壁记，实在是一大遗憾！我们将来，不管有多长寿命，都将被历史淹没，默默无闻。惟有兄台的诗文，定将传之千秋万代，故我再次请大人为密州通判厅作一篇题名记。"

"今日我们来喝喜酒，赵兄，你怎么说这样的丧气话！"苏轼说。

"子瞻兄这话就不对了！想那李白、杜甫，留一言而使人不朽！李白有'桃花潭水深千尺，不及汪伦送我情'，于是汪伦传名矣！杜甫有'黄四娘家花满溪，千朵万朵压枝低'，于是黄四娘传名矣！那汪伦、黄四娘之名流千古，不都是托李白、杜甫之诗吗？当今天下，能作诗者多如牛毛，连我也算一个！然而，真正能传世不朽者，当推兄台之诗为首也！"

"听说朝廷有人专门在搜罗我的诗，想以诗定罪呢！贤弟却反其道而行之！"苏轼说。

"汉唐以来，还没有听说以诗论罪的呢！每个人自有评判，我相信我的判断！"赵成伯说，"你别打岔，我请求大人作密州通判厅题名记，你可答应否？"

"行，一言为定！不过，今天晚上还是纵情喝酒。"苏轼一言承诺，竟隔了三年，到他作徐州太守时，才写《密州通判厅题名记》。

熙宁八年正月二十日的夜晚，苏轼做了一个奇怪的梦，梦见自己回到了离开多年的家乡，还见到了已去世10年的妻子王弗。醒来后，他将梦中的情景，写成了一首小词，这就是《江城子·乙卯正月二十日夜记梦》：

十年生死两茫茫，不思量，自难忘。千里孤坟，无处话凄凉。纵使相逢应不识，尘满面，鬓如霜。

夜来幽梦忽还乡。小轩窗，正梳妆。相顾无言，惟有泪千行。料得年年肠断处，明月夜，短松冈。

这凄凉的梦境，正是苏轼此时心情的写照。好在这样意志消沉的状态，并没有持续很久。

二、治理之才

在密州任知州，与在杭州做通判不同，苏轼是独当一面，负责全盘政务。密州又被称作"山东第二州"，责任重大，苏轼心中是清楚的。当时全国各地连续几年发生灾害，密州的灾情也十分严重。夏季发生蝗灾，庄稼歉收。秋天又连续无雨，麦子种不下去，田野里到处是一片荒凉的景象，粮仓里是空空如也。老百姓忍饥挨饿，往往等不到庄稼完全成熟，就收来充饥了。就是家境比较富裕的百姓，储存的粮食也不够吃一年的。贫苦百姓无法活命，以至于卖儿卖女，官府也财政拮据。对种种情况，苏轼非常着急。更让他不安的是，迫于饥寒，"盗贼"也大量出现了。上任不久，苏轼就向朝廷上了《论河北京东盗贼状》，力主一方面严厉有效地镇压铤而走险的为盗者，一方面大力展开救灾活动，减轻贫苦百姓的痛苦。

上任后，苏轼加紧督捕盗匪，逮捕了为首的几十个人，整顿了地方治安。同时向朝廷上报灾情，要求减免各项赋税。建议开放盐禁，使受灾地区百姓能借海盐之利，生产自救。当时朝廷盐法正严加执行，这个建议没有被采纳。对于穷苦百姓因缺粮饥饿而卖儿卖女的事，苏轼非常关心。他亲自外出捡民间弃儿，指派给心地善良、家境小康的人家抚养，由官府发给赡养口粮。

熙宁八年的春季，天气过早转暖，又是天旱无雨。这时蝗虫孳生，眼看得蝗灾又要发生。在杭州时苏轼曾见到过蝗灾的情景，蝗虫铺天盖地而来，横行霸道，庄稼一扫而光，农民只有掩面哭泣。苏轼担心再起蝗灾，号召农民火烧蝗，控掘蝗子。让农民们用挖出的蝗虫卵来官府换取奖励的粮食，结果共收到了8000多斛的虫卵。可是蝗旱相补，旱情不除，不仅蝗虫难灭，庄稼仍要歉收。苏轼从当地老人家那里得知，密州境内有座常山，自古以来，到那里祈神降雨，总是很灵验，所以人们起名叫常山。于是于这年四月苏轼前往常山祭奠山神祈祷求雨。苏轼在祭文中说：天帝把百姓托给河川山岳，天子把百姓托付给守卫疆土的大臣。官员如神灵，职责是一样的。如果虐害百姓，荒废职责，罪责应该分担。现在我们这里的老百姓，遭受旱灾，逃荒饥死，剩下的人也是命如一发。而去年的飞蝗散布成灾，遗种遍布田野，若让它变化飞腾，那么麦苗桑树都要遭灾。百姓将一无所获。我做地方官的将因罪受罚，神灵你也将无人祭祀。因此我战战兢兢，十分害怕，非常恭敬地从四月初就开始素食斋戒，直到闰四月的辛丑日。如果能及时降雨润泽大地，蝗虫不再孳生，我将会带官员百姓，亲自带着礼品祭牲来答谢神灵您。啊！我们州的山神，不就是您吗？父老们说，神灵您有求必应，经常降福于民间，所以名为常山。您怎么可以不答应我呢？这不是愧对常山之名吗？如果您说收获的好坏，在于上天，不是我专管的。那么我也可以说百姓的生活在于朝廷，我又主管什么？那么谁该负这个责任呢？天帝和天子爱民之心是一样的，凡是我可以向朝廷请求的，我都已经尽力上达；那么神灵您可以向上天禀告的，也应无所不为。

说来也真奇怪，苏轼从常山回来的路上，就风起云涌，已经有了下雨的意思。到了晚上，那救命的雨水便渐渐沥沥地落了下来。

到密州后，苏轼生活是艰苦的，大灾之后，即使是太守，饮食也不丰富，有时也要吃些野菜。春季青黄不接的时候，餐桌上更是简单。他经常和通判刘廷式沿着城墙寻找野菊和枸杞，用它们的嫩苗佐餐充饥。唐代陆龟蒙隐居苏州时，以杞菊为食，而不羡慕富人大鱼大肉的生活。为了表达自己安贫乐道的志趣，他写了一首《杞菊赋》。苏轼作了一篇《后杞菊赋》，以表达自己对待贫困的乐观态度。

经过一段时间的整顿治理，生产得到恢复，社会秩序逐渐安定，老百姓的生活状况也有好转。苏轼也渐渐适应了这里的环境和生活，越来越喜欢这里朴实的民风。而老百姓对于密州这位父母官的政绩，也给予了极大肯定。苏轼的心情也越加开朗欢快了，觉得身体也健壮了。刚到密州时，两鬓新生的白发，曾使得他发出了许多的感慨。而随着时间的流逝，他也已经习惯了这种生理上的变化。有时照照镜子看，竟然发现密州清淡的饮食，反倒使他脸上丰满了许多。也许是杞菊的滋养作用，白发竟也渐渐转黑了。

熙宁八年十月的一天，苏轼再次率僚属前往常山祭神。仪式结束后，与随行人员会宴。回城路上，苏轼带领护送的士兵，在山下围猎。密州人早已知晓苏轼的文名，来到密州后又政绩不俗。听说苏太守祭山会猎，城中万人空巷，纷纷出城前来瞧热闹。看到周围有如墙堵一般的百姓，苏轼兴奋异常。乘着酒兴，亲自纵马射箭。早在凤翔任签判时，苏轼就学习过射箭，还常常与朋友出外围猎。密州人一向豪放勇武，看到大文豪居然也善骑射，人群中发出阵阵的喝彩声和掌声。苏轼满怀豪情，当即赋《江城子·密州出猎》词一首：

　　老夫聊发少年狂，左牵黄，右擎苍，锦帽貂裘，千骑卷平冈。为报倾城随太守，亲射虎，看孙郎。
　　酒酣胸胆尚开张，鬓微霜，又何妨！持节云中，何日遣冯唐？会挽雕弓如满月，西北望，射天狼。

词中有关冯唐的典故是这样的：冯唐是西汉时人，汉文帝时，云中郡太守魏尚英勇抗击匈奴的入侵，因上报的杀敌数目与实际小有出入，被逮捕入狱。于是冯唐向汉文帝进言，认为不应以细微错误惩罚有功的将领。汉文帝便派冯唐赦免并重新任用魏尚。苏轼词中用这个典故，是希望自己也能像魏尚一样得到朝廷的重用。词中提到的"天狼"当然是指侵扰宋朝的辽国和西夏。这是一首抒发杀敌报国壮志的好词。

填好这首词后，苏轼还当场指挥战士们齐声歌唱。密州的壮士嘹亮的歌声，回荡在原野山川上空，场面非常壮观。宋词原本以婉转缠绵、曲折含蓄为特点，主要表现男女爱情和流连风光的内容，大部分是由歌妓来唱。可是从苏轼的《江城子·密州出猎》开始，宋代词坛上出现了一个内容雄浑、风格豪放健朗的流派。

苏轼希望得到皇帝的重用，可是他也明白，自己与皇帝及执政大臣政见不同，很难在朝廷容身。如果就此沉沦，优游岁月，又实在不甘心。随着时间的流逝，这种用与舍、行与藏的思想冲突，就越来越强烈了。

三、苦中之乐

随着时间的流逝，越来越强烈的还有对亲人们的挂念。苏辙在济南府掌书记，主要工作是起草文书。同时，也要处理府中日常事务。济南知府起初是李师中，后来是李常，都是苏轼兄弟的好友。李常字公择，建昌人，和孙觉同是黄庭坚的舅父，与苏轼兄弟早有诗文往来唱和。苏辙从州学教授到掌书记，地位提高了一些，上级又是知交，处境不算太差，但毕竟只是为人下属，官小事烦，不能尽情施展才能，心情就难免郁闷。苏辙熙宁八年有一首《次韵韩宗弼太祝送游泰山》，写出了他当时的心境，诗中写道：

> 羡君官局最优游，笑我区区学问囚。
> 今日登临成独往，终年勤苦粗相酬。
> 泰深绿野初开绣，云解青山半脱衰。
> 回首红尘读书处，煮茶留客小亭幽。

太祝这职位是掌管礼仪和祭祀的闲职，不像掌书记还要做审讯犯人之类的事情。因此苏辙非常羡慕韩宗弼。这首诗寄到密州后，苏轼和诗说：

> 偶作郊原十日游，未应回首厌笼囚。
> 但教尘土驱驰足，终把云山烂漫酬。
> 闻道逢春思濯锦，便须到处觅菟裘。
> 恨君不上东封顶，夜看金轮出九幽。

诗中大意是讲正因为辛勤奔走往来如梭，才有机会饱赏美景。人们生活中的乐事，正蕴藏在勤苦劳作之中。与其流连读书品茶的小屋，不如登上山顶纵观泰山日出的壮丽景色。

济南与密州虽然不是很远，兄弟俩却不能相见，咫尺天涯，倍增思念。只能与过去一样，用诗歌来互相鼓励，互相劝慰。

到熙宁九年中秋，苏轼到密州转眼已经有两年。这天夜晚苏轼欢饮达旦，大醉。醉中望月，思绪万千，他忆起自己的事业和人生际遇，又想起弟弟苏辙。在那象征美满团圆的中秋月下，怎么会有这么多的失意与痛苦？转念又思，不正是人生的种种悲欢离合才构成了这使人留恋的世界？明月良宵，思绪万千，他写下了流传千古的中秋绝唱《水调歌头》：

　　明月几时有？把酒问青天。不知天上宫阙，今夕是何年。我欲乘风归去，又恐琼楼玉宇，高处不胜寒。起舞弄清影，何似在人间！
　　转朱阁，低绮户，照无眠。不应有恨，何事长向别时圆？人有悲欢离合，月有阴晴圆缺，此事古难全。但愿人长久，千里共婵娟。

直到现在这首词依然被人们吟咏，甚至有人将其演绎成了现代流行歌曲。

熙宁九年立春那天，四十一岁的苏轼处于病中。这是一场说不清的病。三十九岁那年初来密州，即发现自己已有白发，已现老态。"龙钟三十九，劳生已强半"。这是他给朋友的诗句，道出了他对青春逝去的恐惧。密州很穷，州府之中一向萧条冷落。苏轼爱热闹，常邀请朋友到家中宴饮取乐。今天是立春，早晨起来把一头蓬松稀疏而零乱的头发梳好，觉得精神为之振奋不少。苏轼期望促使大地回春的阳气能给自己带来年青人般的活力，于是决定邀请僚属中几位最会饮酒也最好饮酒的朋友赵成伯、文安国、乔禹功来饮酒娱乐。

夕阳西下时，三位朋友结伴而来。赵成伯是苏轼的副手，他还挂着尚书郎中的官衔，大家都尊敬地称呼他"郎中"。庐江文勋，字安国，书画俱佳，工篆书，擅长画扇。他和禹功都是在州府中作小官。

家仆上好了酒菜，点亮了蜡烛。苏轼先说："今天立春，我也觉得精神大好。去年，我多病早衰，常卧床不起，辜负光阴，已有一年。今日各位若不强打精神，那么又将辜负这早春风光了！我素不善饮，今日又是大病初起，我想请成伯主会，吾当杖策倚几于席间，观诸位醉笑，以被闷祛病。"成伯说："今日太守有此雅兴，作东宴请我们，为了不扫主人兴致，某权当暂时主会，以同欢乐！"

"我们满堂高兴，若太守向隅独坐，我们也高兴不起来。"文安国说。

"安国这语就不对了！我停在这里，上席而坐，只要看诸公酒中欢乐，我就快乐，怎么会向隅独坐呢！"说着，苏轼叫仆人拿来一把茶壶说，"我的酒在此！"说完神秘地一笑。

成伯揭开壶盖，只见壶里泡着枸杞、白菊，知道是苏轼平时饮用的杞菊茶。苏轼初来密州，正是枸杞成熟的秋季。他熟知药理，见密州遍地有枸杞，便带领僚属，采集枸杞，竟至今没用完。成伯说："汴京派出的京东提刑行部巡察密州时，了解到百姓都给苏太守唱赞歌。百姓说，他们怎么会相信苏使君亲自采枸杞为食呢！好吧，太守就以杞菊茶代酒，诸位，我们先饮一杯！"这次奇特的酒会便开始了。

安国、成伯、禹功，一杯接着一杯，开怀畅饮，谈笑风生！苏轼只是偶尔啜一口杞菊茶。他见众人欢笑，也随着高兴，病已好了大半。就说："密州去年蝗灾严重，京城中有些得势的小人，一定以为这里盗贼横行、狼藉遍野呢！赵郎中去年率领捕蝗队立下大功，我敬贤弟一杯！"

"不敢不敢！太守见百姓只敢祭蝗虫，不敢捕杀蝗虫，建议我们组织捕蝗，使君一句句地念着《诗经》中的名句'去其螟螣，及其蟊贼'。有使君这样胆识，密州百姓才从飞蝗嘴中夺回了粮食。这一杯该敬太守才是！"

成伯又告诉大家：京都提刑行部官员还去看了密州的弃婴院。苏太守刚到密州之时收养的那些弃婴，现在都三岁了，牙牙学语，长得很可爱。从那以后，密州再也捡不到弃婴了。他们本来想找一些纰漏，可以治使君之罪，不料却失望至极！

已换了两根蜡烛。成伯、禹功、安国酒兴已过，酒也已喝足，诗也写成，苏轼喝了一碗黄耆粥作晚餐，这场宴会算作收场。苏轼在酒宴席上，诗兴很浓，作了两首诗，其中一首是这样的：

孤灯照影夜漫漫，拈得花枝不忍看。
白发敧簪羞彩胜，黄耆煮粥荐春盘。
东方烹狗阳初动，南陌争牛卧作团。
老子从来兴不浅，向隅谁有满堂欢。

第六章 功罪之间

一、徐州治河

在熙宁九年年底，苏轼又调离了密州，改派到山西省西南端的河中府任职。次年正月，他又路经济南入京，当时苏辙及其家人正居住在济南。但苏辙不在，因为政局正在开始变化，此时，王安石、吕惠卿、曾布、邓绾，已先后失势，王安石复相后，又再度罢相。没有人知道下一步会出现怎样的局面。

到京郊后，苏轼先是接到朝廷不准进入京城的诏令，接着又接到改任徐州知州的诏命。苏轼兄弟两人在范镇东园住了两个多月，也就是在这里给苏轼长子苏迈办了婚事。

四月，兄弟二人一同前往南都，拜见南都留守张方平。王安石新政改革开始后，宋王朝对西夏的侵扰采取了强硬的政策。熙宁六年，宋军取得了夺取熙河的重大胜利，在洮河、大夏河流域拓地 2000 里。这里，朝廷正乘熙河大捷之利，对西夏采取攻势作战。张方平与苏轼兄弟讨论国家时事，一致认为穷兵黩武一定会祸国殃民。张方平便请苏轼代为起草了《谏用兵书》。

苏轼在苏辙的陪同下，见过张方平后，于四月二十一日到达徐州。苏辙这次在徐州住了一百多天，这才离去。兄弟两人一同游玩了徐州的百步洪、戏马台、燕子楼、台头寺等名胜。他们见到了徐州名士颜复，颜复字长道，颜渊的后代。他的父亲就是凫绎先生颜太初，也是苏洵的朋友，苏轼兄弟小时候就拜读过他的诗文。颜复把自己整理编辑的《凫绎先生诗集》拿给苏轼兄弟看，苏轼为这个诗集写了前序。

百步洪位于徐州城东二里，泗水河中，这里有一段落差极大的河道，河水急遽下落，被河底的乱石激起，形成几里长的激涛。苏轼兄弟与颜复在百步洪观涛赋诗，并且在河边一同建亭种柳。

熙宁九年的八月十五中秋节，苏轼兄弟两人七年来第一次在一起赏月过节。苏辙填了一首《水调歌头》：

离别一何久，七度过中秋。去年东武今夕，明月不胜愁。岂意彭城山下，同泛清河古汴，船上载《凉州》。鼓吹助清赏，鸿雁起汀洲。　　坐中客，翠羽帔，紫绮裘。素娥无赖，西去曾不为人留。今夜清尊对客，明夜孤帆水驿，依旧照离忧。但恐同王粲，相对永登楼。

东武是密州的另外一种称呼，"去年东武今夕"指的是哥哥去年在密州赋中秋词"明月几时有"的情景。苏轼和词序文中形容说苏辙这首词"其语过悲"。苏辙在词的结句说"但恐同王粲，相对永登楼"。王粲是汉末"建安七子"之一，当时天下大乱，于是他到荆州依附刘表，他怀念北方的家乡，感慨怀才不遇，于是写下了《登楼赋》。苏辙的话显然是过于悲凉，可是如果作为预言，这两句话却是十分准确的。

苏辙离开的那天，苏轼送他出徐州东门。兄弟二人一起登上东城，眺望远方，山川如画。苏辙说："这里应该建一座亭台。"苏轼点了点头，心中暗想：是的，这里应该有一座亭台，可以用来俯瞰山川，也可以用来纪念我们兄弟的离合悲欢。他们在徐州修建楼亭的愿望，很快就实现了。

苏辙刚离开不久，徐州就发生了特大的水灾。这一年七月十七日黄河在澶州的曹村等处大规模泛滥。澶州以下黄河改道，大水冲入巨野，夺占淮水、泗水河道。得知决堤消息后，苏轼立刻组织百姓抗灾，堆积土石，修筑堤坝，准备器具，预防洪水的到来。八月二十一日，洪水渐渐汇集到徐州城下，水深竟二丈多，高过城中地面一丈都多，城墙一旦崩塌，那么后果不堪设想。城中的有钱有势之人看形势危急，纷纷想要离城逃命。苏轼认为，如果富人逃走，民心必定动摇，一旦全城人弃城而去，徐州就保不住了。于是他立即下令，封锁出路，将企图逃走的人赶回城去。并分配官员，组织民夫，分头加固堤防，堵截洪水。

这时工程繁重，劳力缺乏。紧急之下，苏轼想到城中武卫营中驻扎的禁军。宋王朝的军队分为禁军与厢兵两类，禁军是中央军，由枢密院指挥管理，地方官吏无权调动，苏轼来到禁军营中，对将士们说："洪水就要淹没城市，情况已经非常危急，就是禁军也应当为此尽力！"领兵的军官说："太守都不避洪水，我们这些当小兵的，当然要听你的。"苏轼的人格感召力又一次发挥了作用。禁军士兵在军官的率领下，扛锹持畚，出营抗灾。在徐州城东城戏马台和城墙之间，士兵们修起一条长长的堤坝。

这时暴雨连降，水势越来越猛，徐州城下的积水继续上涨，眼看逐渐接近了城头。苏轼住在城墙上临时搭成的小棚里，指挥军民抗洪。这时城外一片汪洋大水，老弱百姓被水冲走，青壮年都逃到山丘、树木上，没有食物，有些人已经饿死。苏轼派水手船工，用船载运粮食，前去营救，使许多饥民得以活命。

两个月过去了，洪水仍然丝毫不退。苏轼站在徐州城头，望着城外的洪水，看着官吏军民疲惫的神情，心急如焚。他想起史书上记载西汉元光年间，黄河在瓠子河决口，20年未能恢复故道。如果此番和那时一样，将如何是好？这时有位和尚应召前来献计，建议开凿清冷口，将积水导进黄河故道。苏轼采纳他的意见，于是水势开始消减。到十月十三，黄河决口处的澶州刮了一整天的大风，风停之后，人们发现黄河水已重新归入原来的河道，消息传来，苏轼非常高兴，紧张的心情终于轻松下来。他填了一首《河复》，让人们在道路上歌唱，以庆祝抗灾的胜利。

老百姓欢天喜地，感谢上苍使全城得免于水祸。但是苏轼对临时搭建起来的堤坝感到不妥，于是附以详细数字说明，修折呈奏朝廷，请求拨款，重建石头城墙，以防患于未然。在空等好久之后，苏轼修正了原定的计划，在奏章中建议改用坚实的木材加固堤防，不再用石头。皇帝对他的成就特颁圣旨嘉奖，在次年二月，朝廷拨给苏轼工程款三万贯，一千八百石米粮，七千二百名员工，在城东南修筑了一条木坝。由于苏轼喜爱建筑，在外围城墙上，他兴工建筑了一座楼，一百尺高，称之为黄楼。后来黄楼这一名词成了苏轼在徐州所作诗歌总集的名称。

黄楼之所以如此命名，是因为苏轼对古老中国的物质论和宇宙观的信念而起。根据中国的物质论和宇宙观，宇宙中万物皆由金木水火土五行所构成。五行中每一行都代表一种性质，这些性质都具有一种物质的意义，不但用以指代物质的宇宙，也用以指代生命的功能与人的个性行为。生命离不开五行的互相作用，比如相生相克。每一行都有其颜色作为代表，正好象征那种元素的性质。黄代表土，黑代表水，黄土因具有吸水力量，所以可以克水。黄楼之命名即含有防水之意。

神宗元丰元年（1078年）九月初九，举行盛大的黄楼落成典礼，苏轼感到由衷的高兴。老百姓得免于水灾，建堤建楼费了半年工夫。黄楼属于全城的百姓，对将来防洪有重要意义和作用。落成仪式举行时，全城百姓齐集，前来参加。看到黄楼耸立于东门之上，高一百尺，下面立有五十五尺高的旗竿。楼的形状犹如一个宽阔的佛塔。大家一同登楼，观赏四周的景色。那天清早，偏偏浓雾弥漫。他们往窗外望时，只传来下面来往船只桨橹摇动辗轧作响的声音，大家觉得犹如置身于海船之上。不久，日出雾散，可以看见远处渔舟错落排列，在高低错落的山峰之下，有六七座庙宇罗列其间。老年人觉得寒冷，苏轼请他们先喝几杯烧酒。往近处看，在南面，看见一个高台，以往用作赛马之地，今已建成一座寺院。由那座庙起，一道一里长的新堤防，沿着东城墙向北伸展。他们可以听到远处陆洪和波涛澎湃的声响，与近处下面的鸭鹅之声相错杂。最后，摆设酒宴，款待来宾，有庞大的乐队奏乐。

苏轼作了一篇文章记此盛事，刻于石上，以传久远。那块石碑，也经历不俗。后来苏轼遭朝廷贬谪流放，所有带苏轼名字的石碑都奉旨毁坏。当时徐州太守只好把这块石碑扔在附近的护城河里。约十年之后，老百姓已经忘记了禁令，而官府也在搜集苏轼的墨迹手稿，当时另一位太守将此石碑打捞上来，在夜里暗中把那碑文拓了几千份。此事过后，突然那个太守向诸同僚宣布道："为什么你们大家竟会忘记禁止苏轼的碑文法令还没有取消，这个碑文应当毁坏。"自然在石碑毁坏之后，那石碑的拓本的价钱立刻高涨，那位名叫苗仲先的太守，发了一大笔财。

此时的苏轼名气甚大，受人欢迎，不仅是因为治河有功，也因为他十分关心犯人的福利和健康，这是当时为太守者所绝无仅有的。他亲自视察监狱，并派出医生为囚犯治病。当时有一条法律，凡太守刑讯犯人致死者，太守受罚，但是苏轼也同时指出，犯人因病而死或照顾不善而死，则无人过问。因此犯人的家属对苏轼感恩戴德。

二、盛名远播

有些小事情，很容易做，只要人想到就可以去做，但是只有苏轼肯去做。举例说，他发现很多逃兵沦落为盗贼，因为有一条荒谬的法令，凡是低级士兵因公出差，官府不发予旅费，这等于是逼良为盗。于是他自己改革这项陈规。他只需要每年节省下几百缗钱，那就可以够用。他严禁军中士兵饮酒赌博。在《上皇帝书》中他形容当地军队"熟练技艺为诸郡之冠，陛下遣使按阅所具见也"。

苏轼名气与日剧增，以中土鸿儒之首而家喻户晓。欧阳修去世之后，文坛盟主之名即落到苏轼头上。文人儒士皆以"夫子"呼之。他以前曾遇到"苏门四学士"之中的两个，在淮扬和张耒相识，在杭州附近又结识晁补之。另外那两人是秦观和黄庭坚，秦黄二人后来都成为宋代有名的诗人、词人，而今却请求列在苏轼的门下。五短身材的李常，春天时曾去拜访苏轼，多次谈到秦观，并拿秦观的词给苏轼看。由于李常的介绍，秦观那年夏天就去拜见过苏轼。秦观这位潇洒风流的词人，据野史说曾娶过苏轼的小妹。秦观尚未应科举考试，还未取得功名，但是年轻，文采又好，有不少的女友。后来秦观去世时，曾有一歌妓为爱他寻了短见。他的词清新柔媚，如春日里的黄鹂。秦观拜见苏轼时说："生不愿封万户侯，但愿一识苏徐州。"他把苏轼比作"天上麒麟"，又对苏轼说："不将俗物碍天真，北斗以南能几人？"

黄庭坚与秦观又不相同，日后成了"江西诗派"的鼻祖，他沉默少言，有学者风度。他没去拜访苏轼，但是作了两首诗，以万分谦虚的语气毛遂自荐，将苏轼比之为高山的青松，将自己则比为深谷里的小草，希望将来能和青松比高。苏轼以前曾读过黄庭坚的诗，他说黄庭坚的诗内容朴实而深厚，思想高旷，"数百年来未之见也"。他在回黄庭坚的信说："今者辱书，执礼以恭，如见所畏者，何哉？轼方以此求交于足下，而惧其不可得。"苏门四学士中，黄庭坚年最长，在当时人们常常以"苏黄"并称。苏轼去世后，黄庭坚遂成为当时最伟大的诗人，有人也把他和苏轼相提并论的。不过黄庭坚终身是以苏门弟子自居的。黄庭坚后来还是由苏轼最亲密的朋友引荐认识的，因为黄庭坚是李常的外甥、孙觉的女婿。

另一个人后来在京城中审问苏轼的诗集案件时也深受牵连，九月间来看苏轼。他就是王巩，为人又是另一种类型。他是宰相之孙，出游之时，因为他不肯饮酒肆所卖的酒，总带一整车家酿美酒相随。他随身有三个爱妾：英英、盼盼、卿卿，也一齐来到徐州。苏轼对他的爱妾们开玩笑，在他那《百步洪涛》前的序言中，描写王巩携带梨涡美女下险滩，自己则身披羽氅立身于黄楼高处，俯视他们下到水中，自己望之若神仙，恍如李太白再世。

十月，诗僧道潜前来拜访。道潜字参廖。苏轼在杭州任通判时，曾见过道潜。但道潜那时在佛教界地位还不高，诗名也不大，还没有引起注意。道潜和秦观一向熟络，秦观来到徐州之后，向苏轼推荐介绍了道潜的诗歌，道潜有"风蒲猎猎弄轻柔，欲立蜻蜓不自由。五月临平山下路，藕花无数满汀洲"的著名诗句，受到人们的格外喜爱。苏轼与道潜唱和交谈后，也十分喜欢他的诗文和性格。苏轼说："怪不得秦少游要和他交往，这个人简直是太可爱了！"又给当时正在洋州做知州的文与可去信称赞道潜的诗句绝妙清新。而且通晓佛学禅理，见了让人肃然起敬。苏辙则认为道潜的诗类似唐代的储光羲，在宋代诗僧中无人可比。道潜是和尚，但却是个性情中人，他是苏轼最忠诚的追随者之一。

在南都做签判的苏辙，通过哥哥寄来的书信诗作，得知了徐州城里名贤聚集，群儒聚会的情形。秦观、道潜也与他建立了联系。这年的八月十五，苏辙看着月亮想起哥哥，想象着哥哥与朋友们宴饮赋诗：

> 使君携客登燕子，月色着人冷如水。
> 筵前不设鼓与钟，处处笛声相应起。
> 浮云卷尽流金丸，戏马台西山郁蟠。
> 杯中渌酒一时尽，衣上白露三更寒。

这是苏辙《中秋见月寄子瞻》诗中的句子，雅致清幽的情景令人神往。只是官场如牢笼，行动不自由："飞鹤投笼不能出，曾是彭城坐中客。"也只能望着中秋的明月，回想往日同游的快乐景象。

苏轼于元丰二年（1079年）三月由徐州又调任湖州知州，在上任途中他先到商丘和苏辙告别。由于在徐州苏轼为百姓做了不少好事实事，出发时徐州人热烈欢送，父老乡亲依依不舍。苏轼对徐州、对徐州百姓是有感情的，离别也使他感到痛苦。就像他在《罢徐州，往南京，马上走笔寄子由五首》其一中写的心境：

吾生如寄耳，宁独为此别。

别离随处有，悲恼缘爱结。

离别本身无所谓苦恼悲伤，只是因为有情感，才使人难分难舍。他极力摆脱感情的牵绊，踏上南行的征程。到了商丘，又是一番离合悲欢。

苏辙忆起前年在徐州的百日之旅，也感到十分留恋那里的山川百姓。去年的黄楼聚会，盛况空前，自己却未能参与，而今后也再没有同游彭城的机会了。苏轼乘船南下，苏辙的心也飞向那青山绿水的江南。苏辙还没有到过江南。只是从哥哥的诗篇中，领略那里的人情山水。此时他的心境，又是怀恋，又是向往。他恨不得丢开官场，与苏轼一起南下。"轻舟舍我南，吴越多清流"，"南游得如愿，梦想雪溪春"。可是苏辙万没想到，没过多久，一场灾难，也把他送到了江南。

三、乌台诗案

元丰二年（1079年）七月，御史中丞李定突然向皇帝上书："湖州知州苏轼，原来没有什么学问，偶然考中高等。最初大放诽谤朝政的言辞，陛下还是置之不理。可是苏轼始终没有悔过，天天都可以听到荒谬狂妄的言语。苏轼是读过史书和周礼的，并非不知道事奏君王的礼节，诽谤皇上会受到惩罚的，可是他竟胆敢放纵自己心中的怨愤，公然指责诋毁皇上。当初苏轼应对策试时，就已经有改革旧政更新法令的意思。等到陛下改革政事，他怨恨皇上不重用自己，便诽谤所有的革新法令，认为都不好。伤风败俗，没有比这更严重的，望陛下圣裁，执行法典。"

一位御史舒也加上一折说："苏轼最近所上谢表，颇有讽刺时政的言论，在民间中争相传诵。陛下发放青苗钱给百姓做生产的本钱，他就说：'赢得儿童语音好，一年强半在城中。'陛下兴水利，他就说：'东海若知明主意，应教斥卤变桑田。'陛下重视盐禁，他就说：'岂是闻《韶》解忘味，迩来三月食无盐。'陛下用是否通晓法律考试官吏，他又说："读书万卷不读律，致君尧舜知无术。'其他遇物就事，随口所说，没有一句不是诋毁皇上和改革的。小则雕版付印，大则刻石竖碑，传播远近，自以为能。"并且缴上苏轼刊行的三卷诗稿。御史何正言也称苏轼"玩弄朝廷，妄自尊大"。

苏轼批评朝政反对变法，宋神宗是已经知道的，他原来并没有打算给以惩罚。这时见负责监察官吏的御史大臣们纷纷弹劾，罪名又如此严重，便附和众议，下诏命谏议大夫张璪、御史中丞李定进行审理。又按照李定的请求，将苏轼罢去知州的职务，派官员快速缉拿归案。这就是历史上极为著名的"乌台诗案"。

其时苏轼的一个好朋友王诜，刊印了苏轼的诗集手稿，听说这个消息后，立刻派人去给南部的苏辙送信，苏辙又立刻派人去告诉苏轼。这可以说是送信使者之间的大比拼。朝廷使者偕同他的儿子和两个御史台的兵丁火速出发。但是他儿子忽然在靖江生病，因此耽误了半天的行程，结果苏辙派的信使先到达。

完全可以想象得到这个消息到达的时候，苏轼心情是怎样的。他刚到达湖州没多久，也很中意这个新职位。他经常和长子苏迈去山林间漫游，伴游的还有苏辙的女婿，和女婿的弟弟。在苏轼记游飞英寺的诗里，他说自己"莫作使君看，外似中已非"。他最要好的知交画竹名家文与可已在二月去世，他整整哭了三天。在朝廷的差役正兼程前去逮捕他时，他正再度观赏他搜集的名画，那是七月七日，苏轼正拿出画来到院子里去晾。他的眼光正好落到文与可送他的一幅绝妙的竹子，不觉流下泪来。那天他写的那一篇笔记特别表现他的幻想奇思，描述他和文与可的友情。其中写到文与可画竹子"初不自贵重"，后来就从四面八方来了许多人求他画，以致他感到厌烦。

孔平仲是苏轼的朋友，根据他的记载，当然他也是听湖州祖通判所言，苏轼遭逮捕时，那位通判恰好在场——苏轼已经先得到苏辙送给他的消息。可他不知道控告的罪名之轻重。钦差一到，苏轼就正式请假，由祖通判行使太守的职务。

朝廷官差到时，苏轼身穿官袍，足登高靴，立在庭院中，手执笏板。御史台的两个兵丁分给两旁，头缠黑巾，身穿白衣，眼睛里闪动凶光。太守官衙内的人乱作一团，不知道会有什么事发生。起初苏轼不敢出来，和通判商量，通判说躲避朝廷专使也无济于事，最好还是依礼迎接他们。但应该以何种身份出去呢？因为苏轼心想自己既然被弹劾，就不应当穿着官服出来。祖通判认为他还没正式被控，就应当以正式官阶出现。于是苏轼穿上官服官靴，手执笏板，立于庭中，这时就有了上面的场景。苏轼面向官差而站，祖通判与官衙僚属则头戴小帽，并排立在苏轼身后。两个士兵手执御史台的公文，紧握一个包裹，似乎其中藏有武器。官差默不作声，面目狰狞，气氛紧张万分。苏轼首先搭话。

"臣知道屡次开罪朝廷，必属死罪无疑。臣死不足惜，但请容臣回去与家人别过。"

官差皇甫遵淡淡说道："并不那么严重。"

这时通判迈一步向前道："想来一定有公文。"

皇甫遵问："你是何人？"通判回禀自己的身份。士兵乃正式递交公文予通判。打开一看，原来只是一个例行公文，免去苏轼的太守官位传唤进京而已。官差要苏轼立刻启程。

官差答应让苏轼出发前，与家人道别。根据苏轼在笔记上记载，他到家时，全家正在大哭。苏轼笑着向他们说出下面一个故事，劝慰他们。

在宋真宗时代，皇帝要在山林之间访求真正的贤士。有人推荐杨朴出来。杨朴实在不愿意入世为官，但是仍然在护卫之下启程前往京师，谒见皇帝。

皇帝问道："我听说你很会作诗？"

杨朴回答说："臣不会。"他想掩饰自己的才华，他是抵死不愿做官的。

皇帝又说："家人朋友们送你时，一直没有赠给你几首诗？"

杨朴回答说："朋友没有。不过拙荆却作了一首。"

皇帝又问："那是什么诗，可以讲给我听吗？"

于是杨朴就将临别时太太作的诗背诵出来：

> 更休落魄贪酒杯，且莫猖狂爱咏诗。
> 今日捉将官里去，这回断送老头皮。

苏夫人听了这首诗，不由得破涕为笑。这故事记载在苏轼的笔记里，但不知道是不是他当时现编的用以哄家人。

在押送返京的路上，苏轼曾打算投湖自尽，免得进京后遭受御史狱吏的侮辱，可是又怕自己死后弟弟苏辙也不愿独自偷生，而官差又日夜监守，便打消了这个想法。到京城后，在御史台监狱里他又有过绝食的想法，并且将平时吃的青金丸积攒藏匿起来，准备一旦被判死刑，便自行了断，以免受刑戮之苦。当时的情形，也的确大有非杀不可之势。

苏轼刚到御史台监狱，御史台的官员就问："有没有丹书铁券？"那意思是问，如果没有皇帝发的免死诏书，这样恐怕就死定了。李定、何正臣连夜审问，逼迫苏轼承认诽谤朝廷、反对变法、指斥皇帝的罪行。说来也巧，开封府尹苏颂当时也遭人诬陷，被关押在御史台监狱中，和关押苏轼的牢房只一墙之隔。苏颂字子容，嘉祐年间曾在京城拜访苏洵，与他认本家，也是苏轼兄弟的知交。他听到隔壁通宵不断斥责辱骂的声音，实在听不下去。

原本苏轼想到达御史台后把罪责一人承担下来，尽量不要牵连别人。可实际上这根本没办法做到，因为苏轼的诗文都是公开传诵的，李定等人早就掌握。他只能把情况如实交代。对于自己所写的那些批评反对新法的诗歌，他都把情况如实交代。他承认自己对新法的不满，可是坚决否认自己有诋毁皇上的意思，事实上苏轼也确实不可能对皇上有所埋怨。

苏轼被押解进京时，长子苏迈一路随行照顾。到御史台后，苏迈每天到牢中送饭。苏轼与儿子约定，如果得到皇上决定处决自己的消息，就做一条鱼送来，平常只送其他蔬菜和肉。一个月过去了，苏轼这一天接过狱卒转递进来的饭菜，发现送来的竟是一条鱼，顿时呆若木鸡。

生命就这样结束了吗？这么轻易，这么简单。那远大的志向，那超人的才华，那充满创造力的生命，那对人间生活无限留恋的情怀，在强大威严的皇权面前，竟是如此微不足道，无可奈何！他不由得想起了苏辙，弟弟将在痛苦的怀念中度过余生；他想起了妻子儿女，她们将在凄凄惨惨中过着苦难的日子。他作了两首诗，留给苏辙。

四、牢狱之灾

与此同时，苏轼入狱后，听说湖州、杭州百姓斋戒念经一个月，为他祈求上苍解灾难，因此苏轼要苏辙把自己葬在"浙江西"。

御史台监狱中，有一个叫作梁成的狱卒，待苏轼很好，每天晚上都给他送热水洗脚。苏轼写好这两首诗，交给梁成，托他日后交给弟弟苏辙。梁成说："大人必定不会有事。"苏轼说："如能不死，自然天从人愿；如免不了一死，诗不能送交弟弟手中，将死不瞑目。"梁成便收下了。后来才知道，原来是一场误会。苏迈在京城住了一个多月，粮食不够了，就到陈留县去购买，委托一位朋友代为送饭，临走忘了告诉朋友不要送鱼。可是偏偏这位朋友那天就做了一条鱼送去，让苏轼虚惊一场。

苏轼的案子，在朝野内外引起了极大的震动。有不少人在积极设法营救。

苏辙给皇帝上书，请求用自己的官职，抵消兄长的罪过。他说苏轼先前因不赞成新法改革，曾作诗讥讽，别人上呈给皇上后，皇上并没有追究。苏轼非常感动，后来就没有再写了，但过去已经写的那些，已经传播开来。现在下了狱，想要洗心革面，改过自新，却也没有机会了。

这时张方平已退隐在家。万分担忧之中，也上书皇上为苏轼辩解，他说苏轼是"天下之奇才"，因为感戴陛下的重用提拔，竭尽忠言，流于轻率。望陛下用如天地四季一样广阔的胸怀，包容万物，原谅苏轼的小过。

张方平将奏折写好后，交给州府，州府害怕牵连，不敢替他转呈。张方平便叫儿子张恕拿着到京城上奏。当时风声正紧，张恕徘徊犹疑，终究没敢向皇上呈递。后来案子了结了，苏轼看到张方平的奏章，吓得直吐舌头："多亏了没有上呈皇上，否则非激怒皇上不可！"苏轼认为，自己得罪朝廷，正是因为恃才傲物，与朝廷作对，惹得皇上和执政大臣们恼火，张方平却说什么"天下奇才"，那无异于火上浇油！

湖州、杭州的老百姓在为苏轼祈祷，深居后宫的皇太后也听到了这件事，这时皇太后正在重病中。她对前来看望的宋神宗说："我记得仁宗皇帝在制科考试中选拔了苏轼兄弟，高兴地说：'我为子孙找到了两个宰相。现在我听说苏轼因作诗押在狱中，该不会是仇人恶意中伤他吧？连写诗歌都要入狱，这也过于严酷了。"

宰相吴充是文坛领袖欧阳修的女婿，在新旧党斗争之间算是个中间派。有一天，他问宋神宗："你觉得魏武帝怎么样？"神宗说："哪里值得一谈！"吴充说："陛下以尧舜为楷模，当然应该鄙薄魏武。然而魏武如此疑心病重，还能容忍祢衡，陛下为什么不能包容一个苏轼呢？"

在为苏轼说情的人当中，也有不少主张改革变法的人。其中包括变法的倡导者王安石和章惇。这时王安石已罢相，隐居在金陵。他也上书给宋神宗说："哪里有太平盛世杀才子的呢？"

自从王安石推行改革以来，章惇始终是变法改革的积极参与者，这时已经是参知政事。苏轼与章惇政见虽不同，但他们从青年时代就结下的友谊却一直保持了下来，经常有诗文往来。章惇对宋神宗说："仁宗皇帝得到苏轼，当作是一件大的珍宝，现在您却把他投入监狱，恐怕以后世人会认为皇上爱听阿谀奉承的话，不喜欢直言不讳的人了。"

八月二十日开始审讯，那时苏轼已是四十四岁，审讯之中叙述世系、籍贯、科举考中的年月，再叙历任的官职。又把由他推荐为官的人列出姓名，因为大臣为国家举荐人才担任公职之贤与不贤，与其本人之品行大有关系，自然甚属重要。据说，自他为官始，曾有两次小过记录。一次是他任职凤翔为通判时，因与上司不和而未出席秋季官方仪典，被罚红铜八斤。另一次是在杭州任内，因部属挪用公款，他没有呈报，也被罚红铜八斤。此外，没有其他不良记录。

苏轼最初承认他游杭州附近村庄时所作的那首诗，对农民食无盐、青苗贷款的弊端，曾出怨言，以及弹劾他的表章中的其他一些情形。他想不起曾写过其他与时政有关联的诗文。有好几天内，他否认给朋友写过讽刺诗，一直坚称无罪。至于什么应视为诽谤朝廷，什么不应视为诽谤朝廷，很难判断。还有，何者构成"诽谤"，也是难断。但是在八月二十三日，他决定服罪。他承认曾写讽刺诗讥刺时政，且与朋友以此等诗互相往来唱和。不过他"并未隐瞒"，至于内容如何，解释却有不同而已。在审讯期间，他奉命在这样一道供词上签字："入馆多年，未甚擢进，兼朝廷用人多是少年，所见与轼不同，以此撰作诗赋文字讥讽。意图众人传看，以轼所言为当。"苏轼的友人当中，有三十九人受到株连，在审问时有一百多首诗被查阅，而且每一首都由作者自行解释始末。

苏轼在对奏章内大部分指控上，都坦率承认在诗中批评新政措施，诗中自然有愤怒的感叹和失望的话语，足以表明自己对当权派的严苛批评，罪有应得。

在给朋友驸马王诜的一首诗里，有这么一句是"坐使鞭箠环呻呼"。又讲"岁荒无术归亡逋"。苏轼也提到"虎难摩"，是为政不仁的象征。他在给朋友李常的诗里确是说在密州"洒涕循城拾弃孩"。那些男尸、女尸、婴尸都遍布于路途，当时确是"为郡鲜欢"。至于他给朋友孙觉的诗里，前已提及有一行说二人相约不谈时政，是真在一次宴席上约定，谁谈政治，罚酒一杯。在给曾巩的一首诗里，他说讨厌那些"聒耳如蜩蝉"的小政客。在他给张方平的诗里，他把朝廷比为"荒林蜩蚻乱"和"废沼蛙蝈淫"，又形容自己"遂欲掩两耳"。在给范镇的诗里，他直称"小人"，在一首诗里，他将当权者暗比作"夜枭"。在写杭州观潮时，苏轼说"东海若知明主意，应教斥卤变桑田"。

他在一个好友刘恕罢官出京时，也赠了两首诗给他，把那两首诗仔细研究一下，也很有意思。其中一首是这样写的：

> 敢向清时怨不容，直嗟吾道与君东。
> 坐谈足使淮南惧，归向方知冀北空。
> 独鹤不须惊夜旦，群乌未可辨雌雄。
> 庐山自古不到处，得与幽人子细穷。

苏轼承认他很钦佩这位友人，因此以孔子的不怨不容这种精神来譬喻他。第二句是东汉大经学家派弟子东行的典故。第三句说西汉萧何以智勇在朝多次平定淮南王的作乱于无形之中。第四句指良马出于冀北，又进而说韩愈《马说》中的伯乐经过冀北地区，而冀北骏马遂空一事，也暗指满朝上下已无真才贤士。第五句指鹤立鸡群，也就是以贤士与小人之比，隐含之义即在朝之碌碌无为者，皆鸡鸭之辈，于是午夜长鸣非鹤莫属。第六句更易令对手致怒，因为《诗经》上有两句诗"俱曰予圣，谁知乌之雌雄？"这等于说朝廷上只剩下一群乌鸦，难辨好坏。

他写给那位朋友的第二首讽刺诗则是这样：

> 仁义大捷径，诗书一旅亭。
> 相夸绶若若，犹诵麦青青。
> 腐鼠何劳吓，高鸿本自冥。
> 颠狂不用唤，酒尽渐须醒。

这首诗的前三行说的是虚伪做作的读书人奢谈仁义，实际上把这作为求取富贵功名的阶梯，因此，他对官场荣耀表示鄙视之意。"麦青青"一典，按苏轼的意思，是从《庄子》的论述中演变而来，那些人一生迷恋官爵，甚至埋葬时口中含有珍珠，但是他们的坟墓早晚会变为青青的麦田。第四行含有另一个《庄子》上的典故。楚王想以高位请庄子去做官。庄子谢绝，并且讲给楚王的使者一个故事：有一只专爱吃腐肉的鸱（猫头鹰），找到了一只腐坏的老鼠，正在一棵大树上大享其美味。这时一只鹓鶵碰巧从旁经过。乌鸦以为仙鹤来抢他的美味，就发出尖锐的叫声想把鹓鶵吓走，但是鹓鶵却高飞到白云中去了。这个故事表明苏轼对小人的争权谋利不屑一顾。

新政集团在如何对待苏轼诗案上，分列成了两派：其中一派一定要置苏轼于死地而后快；另一派反对这样做；甚至根本不赞成逮捕追究。

宰相王珪一次上朝向皇上呈递奏本时，忽然说："苏轼对皇上有不尽臣道的意思！"神宗脸色一变说："苏轼固然有罪过，然而他对我不至于如此，你是如何知晓的？"王珪回奏："苏轼的《桧诗》中有：'根到九泉无曲处，岁寒惟有蛰龙知'的句子。陛下是在天飞龙，苏轼认为陛下不重用自己，就去寻找地下蛰龙的器重，这不是不尽臣道是什么？"宋神宗说："诗人的词话，怎么能这样评断？他吟咏的是桧树，和我有什么关系？"说得王珪无话可讲。章惇在一旁说："龙不仅指皇帝，大臣也有很多称作龙。"皇上接着说："自古称龙的多了，比如汉代有荀氏八龙，孔明是卧龙，难道他们都是皇帝吗？"事后，章惇对人说："要陷害别人，有这样明目张胆的吗？"

决定苏轼命运的关键，还是在于皇帝。宋神宗要革新变法，苏轼总是反对。不仅反对，还要写成文字，造成影响。皇上对苏轼确实很恼火，因此同意收审，给予惩戒。至于将他处死，宋神宗从来就没有想过。只是御史台将罪名定得很严重，举措十分严厉，造成了非杀不可的气氛。随着皇上不杀苏轼的态度逐渐明朗，情势也就缓和了。

舍人院的王安礼是王安石的弟弟，为人朴实厚道，他非常担心苏轼的安危，就利用单独侍奉皇上的机会，对皇上讲："自古以来大度英明的君王，不会因文字贬谪人。苏轼本是凭借才学为陛下尽力办事，如今诉诸刑讯，后世百姓恐怕要说您容不得直言，希望陛下不要把这个案子追查到底了。"宋神宗说："我本来就不打算过于追究，只是想让大臣们讲出自己的意见罢了，很快就会放了他。"又说，"回去后，不要把刚才的话传出去。苏轼树敌太多，我怕那些小人为了苏轼而伤害你。"王安礼听皇上如此说，也就放下心来。回舍人院的路上，他遇见了谏官张璪，这也是一位担心苏轼杀头的。张璪一见王安礼，就气呼呼地说："你真要营救苏轼吗？那么皇上为什么要催着办案了结呢？"王安礼看他蒙在鼓里的样子，心中觉得好笑，也没搭理他。

有的原本一心一意要置苏轼于死地的人随着形势的转变，也动摇了。御史中丞李定是最早弹劾苏轼的，又负责调查审问这个诗案，穷追紧逼，一心要定苏轼死罪。可是到了最后，他也不想演这个反面角色了。有一次大臣们在崇政殿外等候上朝，李定忽然对众人说："苏轼真是奇才！"大家不知他葫芦里卖的什么药，不敢接话。李定又说："就连30年前所作的诗句文章，也引证经典，随问随答，居然没有一个字说错的，的确是天下奇才啊！"

在狱中，苏轼也发现宫里的内侍，经常出现在狱中，狱卒们也对他特别客气起来。有时晚上宫里也来人探望他。他心中明白，获释之日可能不远了。

大概在十月初，审问终结，有关卷宗上呈给皇帝。株连的人非常多，尤其是在审问时牵扯到驸马王诜，因为他曾经和苏轼交换过各类赠品礼物。皇帝下令凡与苏轼唱和过诗文的人，必须把手里的诗文呈上备查。太后一向是支持苏轼，这时染病而逝。她临终时曾反复对皇帝说："我记得苏轼兄弟二人中进士时，先帝非常开心，曾对家人说，那天他为子孙物色到两个宰相之才。如今我听说苏轼因为文字正受审问，这都是小人跟他作对的缘故。他们没法子在他的政绩上挑毛病，现在想借他的诗治他的罪。这样折磨他不也太无味了吗？我恐怕是不行了，你千万别冤屈好人。否则老天爷是不容的。"这些话实际上等于遗言。

御史们在十月十三日又将案子做了个摘要，呈送给皇帝御览。由于太后丧葬，案子拖延了些时日。苏轼仍旧生死未卜，据说这时发生了一件神秘的事情。后来，苏轼告诉朋友说："审问结束之后，一天晚上，暮鼓已经敲过，我正要睡觉，忽然一个人走进我的屋子。他一句话也没说，往地上扔了一个小箱子做枕头，躺下就睡了。我以为他也是个囚犯，没有去管他，我自己躺下也睡了。大约四更时分，我觉得有人推我的头，那个人对我说：'恭喜！恭喜！'我翻过身子问他什么意思。他说：'别发愁，安心睡。'说完拿起小箱子又神秘地离开了。

第七章　黄州之贬

一、云散诗涌

元丰二年十二月二十九日。朝廷下诏苏轼由直史馆贬职为检校水部员外郎、黄州团练副使，安置到黄州居住。这使李定大失所望，朝廷官员只是发出圣谕，将苏轼贬往黄州，官位降低，充团练副使，但没有准许不得擅离该地区，而没有定他死罪，并且无权签署公文。

在受到株连的人之中，有三个人受的处罚较重。驸马王诜因为泄露机密给苏轼，并经常与他交换礼物诗文，尤为严重的是身为皇亲，竟不能将此等毁谤朝廷的诗文早日交出，被削掉一切官爵。第二个就是王巩，其实他并没有从苏轼手里得到什么诽谤讽刺的片言只语，显然他是无辜受牵连，也许是为了私人仇恨的原因，御史们要对付他。随后几年，苏轼时常提起王巩因他受累的事，心存内疚。王巩的生活奢侈，如今流放到遥远的西北去，日子可是够他消受的。

第三个是苏辙。他曾奏请朝廷赦免兄长，自己愿交还一切官位为兄长赎罪。从证据上看，苏辙并不曾被控收藏苏轼的有严重诽谤讽刺朝政的诗词，但是因为家族关系，他遭到降职的处分，调到高安，任筠州酒监。那里离苏轼被拘留的黄州约有一百六十里。其他人，张方平与其他有干系的官员均都各罚红铜三十斤，司马光、范镇和苏轼的十八个朋友，都各罚红铜二十斤。

同年除夕，苏轼被释放出狱。在监中他共度过四个月又二十天。出了东城街北面的监狱大门，他站了一会儿，闻了闻外面的空气，感觉到微风吹到脸上的欣喜，在喜鹊的啼叫声中，看到行人在街上策马驰驱。

他似乎好了伤疤忘了疼，当天他又作了两首诗。一首诗里说：

却对酒杯疑似梦，试拈诗笔已如神。

另一首诗是：

平生文字为吾累，此去声名不厌低。

塞上纵归他日马，城东不斗少年鸡。

　　他又诗情如泉涌了，这两首诗里至少有两句，由那些御史仔细斟酌起来，他又犯了对皇帝大不敬之罪。塞翁失马还罢了，因为以失马表示并非厄运临头，重新得到也并不就是好运，换句话说，人总不知道什么是好运，什么是厄运。但是"少年鸡"则指的是贾昌。贾昌年老时曾坦陈在少年时他曾因斗鸡博得唐天子的宠幸，成为宫廷的弄臣和伶人。这一点又可引申为指责朝廷当政那批小人，是宫廷中的弄臣和优伶，这不是诽谤又是什么？

　　苏轼出狱之时，狱卒梁成拿出以前他托交弟弟苏辙的两首诗："这诗还给大人。"苏轼把脸伏在案上，不忍再读。

　　"乌台诗案"是北宋时期一大文字狱。新政集团利用苏轼诗案，使反对变法的旧党受到重创，有利于改革变法的继续进行。但同时诗案也强化了文化专制，加剧了北宋政治上朋党相争、相互陷害的风气。对苏轼来说，"乌台诗案"使他的生活进入了一个新的境界，带来了他文学创作的辉煌。他出狱后依狱中给苏辙的两诗原韵，又赋诗两首，有："却对酒杯疑是梦，试拈诗笔已如神"的句子，足以表明艺术境界已今非昔比的了。经过一场风波，苏轼的诗艺竟大大提高了。苏辙后来说，在黄州之前，他与苏轼的文章还可以一比高下，可自从苏轼贬谪黄州后，闭门潜心钻研，文章为之一新，有如江河洪水涌来一般，自己已经望尘莫及了。这话自然是谦虚之词，不过也确实表明了"乌台诗案"、贬谪黄州是苏轼文学创作上的一个转折点。

　　元丰三年（1080 年）正月一日，苏轼就离开京城赶往贬所赴任，苏辙从南都前往陈州相迎。在陈州停留了一段时间，兄弟俩一同凭吊了文同，文同在元丰二年初，赴任途中死于陈州，在此停丧。正月十四，苏轼、苏辙和文同的儿子、苏辙的女婿文逸民饮酒分别，各自上路。

二、贬谪生活

　　从现在起，苏轼被情势所迫，要做"山野农夫"了，因气质和对自然的爱好所促使，变成一个隐士。如果把一个人由时间和传统所赋予他的那些虚假装饰剥除净尽，内心世界的本真便呈现于你之前了。苏轼如果回到民众之中，那他就如鱼得水了。苏轼最可爱的时候，是在他自谋生计的时候。中国人从心里就赞美头戴斗笠，手扶犁把，出没山林田间的村夫野老——倘若他也能作好诗，击牛角而吟诵，那也是幸福无比的。他偶尔喝醉，甚至时常会喝醉而月夜漫步。这时他成了自然中伟大的顽童——因而他回归童真。

元丰三年正月初一，苏轼已和长子苏迈离开京都，启程前往幽居之地黄州，苏迈当时已经二十一岁。苏轼是走最近的陆路，他把家眷留下由苏辙照顾，随后再去。清贫的苏辙要带着自己的一大家人，三男、七女、两个女婿，再加上哥哥的家眷，前往高安，那任所在离九江南部数百里的地方。酒监的职位并不像人们想象的那么好，只相当于官办的一个酒馆经理而已。苏辙坐船走了几个月到了九江，把家眷留在那里等候他，自己又带着哥哥的家眷，其中有朝云，还有两个孩子，沿长江逆行往苏轼的任所去。苏轼二月初一到的黄州，家属则是五月二十九到的。

黄州是长江边上一个贫穷的小镇，在汉口下游大约六十里的地方。在等待家眷的时候，苏轼暂时居住在定惠院，这个小寺庙座落在林木茂密的山坡上，离江边还有一段路。他和僧人一同吃饭，午饭与晚饭后，他总是在一棵山楂树下散步，不久，身边便有了不少的朋友。徐太守热情相待，常以酒宴相邀。长江对面，武昌的朱太守也常送好酒菜给他。苏轼在雨天睡到很迟才起床，接近黄昏时，会出去散步很久，在起伏不平的东山麓漫游，在私人庭园、庙宇、树荫遮蔽的溪流深处，寻幽探胜。在其他的日子，有时朋友会来访，则一同到长江两岸逐流而行。那一带丘陵起伏树木茂盛，山野风光如画。

苏轼刚进入黄州地界后，大约距岐亭25里的地方，突然发现前面有大队人马相迎，近前一看，原来是当年在凤翔结识的挚友陈季常。让苏轼感到开心的不仅是他乡遇故知——这位当年侠义勇武、志气不凡的陈四公子，现在已是蛰居光州、黄州之间的一名隐士了。陈季常放弃了官场的前途和贵公子的奢侈生活，跑到岐亭山中，庵居素食，与世隔绝。这次听说苏轼贬官路过，便前来探望故人。听了苏轼的遭遇，陈季常先是沉默不语，后又仰面一笑。他邀请苏轼到家中留宿，看到陈季常家中简朴的生活和闲雅的气氛，苏轼钦羡不已。

五月，弟弟苏辙护送苏轼的家眷来到黄州。苏轼入狱后，家人都移居南都，由苏辙照顾。苏辙由陈州回南都后，就带着两家大小上路了。临别前，向张方平辞别。看到事情弄到如此地步，老人哭了。张方平一生坚强，还从未在别人面前掉过泪。他作了一首诗送给苏辙：

> 可怜萍梗飘浮客，自叹匏瓜老病身。
> 从此空斋挂尘榻，不知重扫待何人？

大意就是感慨人生漂泊不定，世事无常，而自己又已老病缠身。苏辙到黄州之后，将这首诗给苏轼看，苏轼立即把它珍藏起来。

张方平作为政治家，思想是保守的。庆历年间他曾经反对过范仲淹的新政，熙宁年间又反对王安石变法改革，他对苏轼兄弟的政治观点，起了很大的影响。不过张方平识才爱才，对苏氏父子大力提携，热情关照，可以说如果没有他，苏氏家族就不可能闻名天下。"乌台诗案"中，张方平已经罢官退休，女婿王巩也遭到贬谪，皇帝对他已不再照顾。在自身处境岌岌可危的时候，毅然上书搭救苏轼，爱护人才，不计得失，不遗余力，实在是难能可贵。这也是苏轼兄弟对张方平极为尊敬的缘故。

再说苏辙这次由南都到黄州，一路上大费周折，带着两家大小，又缺少路费盘缠，他这时已是"债如山积"，停停走走，用了四个月，才来到黄州。

家眷到来后，苏轼便移居到临江亭，这是个破旧的驿馆，他俸禄微薄，一大家子生计都难以维持。元丰四年二月老朋友马正卿向州府申请到城东的营房废地数十亩，让他耕种。苏轼与家人仆人清除断壁残垣，焚烧棘刺蓬蒿，开荒播种，累得精疲力尽。第二年，他又在东坡建了房子，因为房子是冬天建的，就命名为雪堂。苏轼书了一块"东坡雪堂"的匾额挂在堂上。他还在雪堂周围种植桑竹果树，开辟了菜园，喂养了家禽。苏轼为了耕种东坡，家中还养了一头耕牛。经过一番整治，东坡已初具规模。苏轼站在雪堂前，呼吸着雨后新鲜的空气，观赏东坡的景色。雪堂的西边有泉水叮咚作响，南面是四望亭与苍翠的群山，北面的山坡上小溪流淌。他想：这不就是陶渊明的许多诗中描写的景象吗？看来我要和陶渊明一样，归隐田园，躬耕而生了。从此以后苏轼便有了"东坡居士"的称号。

苏轼贬谪黄州，名义上是团练副使，实际上只是闲职，并无权力职责，等于流放在此。当地官员对他倒是很敬重的，并不当戴罪之人看待。太守徐君猷、通判孟亨之，都很尊敬他，常与他在一起宴游。这时一些旧时的朋友不敢与他来往了，但有不少新人前来拜访他，或者来信叙意，元丰三年老友李常从舒州来探望，沧州进士李端叔不断来信赞扬苏轼的诗文，第二年杭州的朋友们派专使致信问候，这些都给了他精神上的莫大的支持和安慰。

在黄州，交往较多的人中有陈季常。苏轼到黄州不久，陈季常就来看望。他前后来过七次，而苏轼也去过岐亭三次。陈季常隐居山中，黄州人并不认识他。苏轼到黄州后，陈季常名声大噪。每次他来黄州时，当地名流都争相邀请，以一睹大隐士的风采。

岐亭路遇时，在家中陈季常杀鹅宰鸭招待老朋友，苏轼去岐亭访问陈季常，常事先寄诗一首，劝季常不要杀生。因为苏轼从"乌台诗狱"起，就不忍杀生了。苏轼本来就与僧人有很深的交游，到黄州后，更多的研究佛教思想，曾经手抄《金刚经》，和高僧佛印交往。不过正统的儒家思想，始终是他的主要思想。

陈季常自称"龙丘居士"，钦佩汉代隐士龙丘苌，他又好养生，喜谈禅，自认为于禅学颇有心得。陈季常的妻子很厉害，陈季常很怕她。苏轼开玩笑地说：

谁似龙丘居士贤，谈空说有夜不眠。

忽闻河东狮吼声，柱杖落手心茫然。

　　陈季常妻子姓柳，柳姓祖居河东郡。佛教经典中有"狮子吼"的故事，苏轼用这两个典故，戏笑陈季常的惧内，也嘲笑他的谈禅论佛，这就是"河东狮吼"的来历。

　　和苏轼来往密切的，还有黄州人古耕道、潘丙和郭遘。潘丙是黄州进士，很有才华，潘家靠近东坡，苏轼得有东坡，也是靠了他的帮助。潘家在对岸江边，开有一处酒馆，苏轼常乘小舟前去小饮。潘丙的侄子潘大临跟随苏轼学习，后来在文学上取得了不小的成就。古耕道为人憨直，无特长，但懂得音乐，心地善良。郭遘是当地的药商，急公好义。黄州地方有一陋习，就是如果家中孩子超过两男一女，再生下的孩子就扔进水里淹死，尤其是女孩，这一来是因为生活贫穷难以抚养，二来是重男轻女思想所致。这种恶习造成了当地男多女少两性比例失衡。苏轼发现这一现象后，一面给当地长官写信，建议官府下令严禁溺女，一面按照在密州时的办法创立育婴院，筹集钱米，养育弃婴，由郭遘掌管财务。

　　这三个人都算不上名流雅士，但他们都敬重苏轼，从苏轼到黄州后，他们就朝夕相伴，给了苏轼很大的帮助。苏轼开垦东坡时，这三人也去助耕。

三、东坡先生

　　苏轼在元丰三年真正开始务农了。他起初在东坡的那片田地里工作，自称"东坡居士"。他过去曾经想弃官为农，没想到在这种情形之下被迫变成了农夫。他在"东坡八首"前面的小序中说："余至黄州二年，日以困匮，故人马正卿哀余乏食，为郡中请故营地数十亩，使得躬耕其中。地既久荒为茨棘瓦砾之场，而岁又大旱，垦辟之劳，筋力殆尽。释耒而叹，乃作是诗。自悯其勤，庶几来岁之入以忘其劳焉。"这段话是以表明他在这段时间内的生活经历。

　　东坡农田实际上占地约十亩，在黄州城东，坐落在半山坡上。房子位于顶上，共三间，俯视可见茅亭，亭下就是有名的雪堂。雪堂前面有五间房，是到黄州后二年的二月雪中竣工的。雪堂的墙壁是苏轼自己粉刷的，上面还画着图画，画的是雪中寒林和垂钓渔翁。后来他就在此地宴请宾客。宋朝大山水画家米芾，那时才二十岁，就是在雪堂认识苏轼的，并与苏轼论画。宋朝诗人陆游曾在孝宗乾道六年（1170年）十月到达东坡，那是苏轼去世后约七十年。他曾描述雪堂正中间挂着苏轼一张像。像上所画东坡身披紫袍，手持藤杖，头戴黑帽，倚石而坐。

东坡雪堂的台阶下，有一座小桥，横跨一小水沟而过，如果不是下雨，沟内常是干涸的。雪堂之东，有高大柳树一株，为东坡当年所手植。再往东，有一口小水井，里面有冷泉，颇清冽。除此之外并无其他可取之处，往东的低处，有麦田、稻田、一片菜圃桑林，为一片长地，还辟有一大片果园。苏轼在其他地方种有茶树，那是在邻近友人处移植来的。

在农舍后面是远景亭，位于一小山丘之上，一览无遗。他西边的邻居姓古，有一大片竹园，竹茎环抱约六寸，枝叶茂密，人行其中，不见天日。苏轼就在此竹荫之中，消磨夏日，并寻找干燥而平滑的竹箨，供夫人做鞋的衬里之用。

虽然有了东坡，但土地贫瘠又经常有水旱害虫等灾害，家里仍免不了入不敷出。苏轼想起在杭州时秀才贾收家境贫寒，为了节约开支，贾收按收入计划每月每天费用，只可少用，不准超支。当时人们都笑话这样太"吝"，今天看来，这个"吝"字，正是穷人艰难度日的诀窍。

客人到来，自然要酒菜招待，为了节约开支，苏轼规定待客菜肴，不得超过三样。好在来往客人，多是与他一样的贫士，无人笑他吝啬。司马光治家节俭，在历史上是有名的，曾写了一篇《崇俭说》教育子女。他规定家中待客，菜肴不过五种。而苏轼比他还要节俭。这些故事，常常被后人作为教育子女节俭的范例。

苏轼去得比较多的地方除了岐亭还有武昌。黄州这个地方没有名山大川，可是长江对岸的武昌，山水极佳，西有西山，东有寒溪。黄州在江北，过江便过了州界，作为贬谪之人，按说是不可以的。好在黄州的官员们对他特别照顾，随他来去，不加理会。

武昌西山中，松柏参天，石路屈曲。山中有一座废亭，苏轼经常来此游览，并和朋友一同重建此亭，命名为"九曲亭"。从此西山逐渐成为一个风景名胜。他曾经打算在这里买田造屋，但又想到自己的身分，便作罢了。

武昌境内的刘郎洑，是延伸在江上的小滩，那里也是苏轼经常去游玩的地方。相传三国时孙刘结亲，孙权在这里迎候新郎官儿刘备，于是得名。刘郎洑对面是伍洲，相传春秋时伍子胥被楚王迫害，逃亡吴国。在这里差点被楚王的士兵擒获，幸有渔夫搭救，方才脱险。江边还有解剑亭，那是伍子胥解剑酬谢渔夫的地方。四川人王齐万住在刘郎洑，苏轼常去他家停留。有时去武昌被风雨阻挡，便在王家留宿，一住就是几天。每次小住，王齐万都设酒杀鸡来招待。

武昌黄州一带的长江中，有许多渔民，他们没有土地房屋，吃住都在船上，过着漂泊不定的生活，当地百姓称他们是"鱼蛮子"。张芸叟曾作过一首《鱼蛮子》，诗中说渔民住在长江上，无人管辖，没有赋役，简直是世外桃源神仙般的日子。苏轼也写了一首《鱼蛮子》，可是他对渔民生活的看法，却不同于张芸叟。苏轼告诉人们，鱼蛮子并不像文人雅士们想象的那样逍遥自由。他们住在三尺小船里，生下的孩子都长不大，成为戚施、侏儒，戚施、侏儒都是矮小畸型的人。他们并不是天天能吃到鲜鱼水产，而是连盐都没有，与水獭一类动物的饮食差不多。至于说没有赋税，其实早在汉代，就已把舟车同样计税了，今天的渔民，怕是逃不过官府征税的。诗中的桑大夫，原指汉代桑弘羊。他实行盐铁官营，广征利税。苏轼兄弟一向把王安石新法比作桑弘羊的做法，这里显然又是有所指的。

在黄州期间，苏轼心有余悸，不敢多写诗文，作诗也不能无所顾忌，可他毕竟是一个关心时事的人，路见不平，不能不说。而且这时他的生活、地位都改变了，他对社会和百姓生活有了更深入的认识。除了《鱼蛮子》，同样的诗作还有《陈季常所蓄朱陈村嫁娶图》：

> 我是朱陈旧使君，劝农曾入杏花村。
> 如今风物那堪画，县吏催租夜打门。

这首诗也讽刺了王安石新法的广利税。

苏轼还去过黄州东南的沙湖，在那里他还托人买了一块田地，然后又去了蕲水。在那里他写了《定风波·沙湖道中遇雨》《浣溪沙·游蕲水清泉寺》《西江月·春夜行蕲水山中，过酒家饮》等词曲。这些都是意境美妙、风格健朗的名篇。其中《定风波》描写的是去沙湖途中遇雨，同行的人因为没带雨具都狼狈不堪，被淋得像落汤鸡，苏轼却从其中体会到人生的要义。

苏轼被贬到黄州，全国震惊。最关注他的人，除了弟弟苏辙以及王安国、黄庭坚等门生弟子外，四川老乡的反应也非常强烈。当年，苏轼、苏辙同时考中进士时，家乡父老都引以为豪。如今，苏轼被贬，父老乡亲可不嫌弃他。一批批老朋友，从四川出发，沿长江来到黄州，探望苏轼。元丰四年春天，苏轼正在东坡雪堂中看书，仆人忽报有客。东坡放下书，来到园中，忽见园中井边站着一位衣衫不整的道士。

"四川绵竹武都山道士杨世昌，拜会乡贤苏大人！"

"免礼免礼！"东坡扶起杨道士，引进草堂。"道从故乡来，应知故乡事！"

"四川的老乡都挂念大人，常想念你呢！他们有家有室，脱不开身。我呢，四海为家，无所牵挂，带着乡亲的嘱托，特地来看望你。"

苏轼见他衣服破烂不堪，裤子上全是泥水痕迹，明白他一路风尘仆仆，受尽辛苦。一问，才知杨道士为了来探望自己，身无分文，一路上，以算命相面谋生。他从庐山来到黄州，找到东坡雪堂，这一段路程，既没有住宿，也没有像样地吃过一顿饭。苏轼从竹筒中取出钱，命仆人打酒买菜，招待杨道士。

杨道士问到东坡先生的生活，苏轼说："现在，每月只有四千五百文了。每月初一，把四千五百文分成三十分，挂在梁上。每天，我用画叉取下一份，用作一天的花费。多余的钱，就放在竹筒里，准备来了客人才使用。"

"先生在这里不会待很久!"杨道士说,"要不了多长时间,先生就会走南闯北,大富大贵,贵不可言。只是先生一生难得安宁。《易经》系辞说:一阴一阳之谓道。先生或出或隐,都要因时而不同。"

杨道士喝了黄州的酒,觉得不合口味,就给东坡提议:"我看你园中有许多蜂箱,你有蜂蜜,不如我为你酿制蜜酒。"

"我来到黄州已有三年了。东坡雪堂耕读经年,又在园中聊以忘老。今年,又养了蜜蜂,所获蜂蜜,也足够我用了!道长多才多艺,还会造酒,这太好了,正合我意。只是以蜜造酒,我还没有经验。听朋友说,黄州有人以蜜酿酒,结果饮者皆病。请问杨道长,你有何妙法?"

"蜜酒若酿不得法,蜂蜜腐坏,酒不成功,饮者当然要病了。我在道观中学得酿蜜酒法,可教给先生。把四斤蜂蜜炼熟,这样蜜不会变质腐败,入沸水搅拌成一斗。然后放进上等酒曲二两。另外备南方白米酒,饼子米曲一两半,捣碎,以绢丝袋盛装,置于器中,蜜封好。炎热夏天,冷下;春秋稍凉,温下;天冷,即热下。一两日后,酒瓮中即沸,又数日沸声止,待酒清即可饮。开始全带蜜味,澄清半月,即成佳酿。瓮中方沸时再炼蜜半斤,冷时加入,尤妙!"

"这里买不到南方白米酒,怎么办?"苏轼问。

"这也无妨,你园中的井水很清,酿酒可全用你井中之水,可用一斗米,加二两半曲,以此比率自己酿造。酿出酒,再加入一两曲。三天后,尝到辣味,再放入一斗米饭。再加入面曲、米曲各半两。三天后再放入曲粉。酒曲投放多少是关键,这全凭酿者的个人感觉,根据你观察到的颜色,闻到的味道来决定。这样酿出的酒,颜色金黄,清澈晶莹,醇厚可口,真似道家所说的琼浆玉液。"

于是苏轼、杨道士就酿起了蜜酒。苏轼因此高兴地写了《蜜酒歌》:

真珠为浆玉为醴,六月田夫汗流沘。
不如春瓮自生香,蜂为耕耘花作米。
一日小沸鱼吐沫,二日眩转清光活。
三日开瓮香满城,快泻银瓶不须拨。
百钱一斗浓无声,甘露微浊醍醐清。
君不见南园采花蜂似雨,天教酿酒醉先生。
先生年来穷到骨,问人乞米何曾得。
世间万事真悠悠,蜜蜂大胜监河侯。

苏轼的蜜酒,在黄州立刻成为缙绅士大夫最喜爱饮的酒。苏轼的朋友陈季常、马正卿、杨元素等都异口同声称赞他的蜜酒。苏轼的两个侄儿来探望他,东坡以蜜酒、蒸鹅招待。东坡高兴地介绍说:"这蜜酒真奇妙,夏不变酸,冬不变甜,四季如一!"

杨道士好似苏轼的家庭一员，一直住在东坡雪堂之中。后来，杨道士还陪苏轼两游赤壁，喝的都是蜜酒。妙不可言的蜜酒，更引出千古绝唱——前后《赤壁赋》。

现在苏轼过的是神仙一样的生活。黄州也许是有点狭窄的小镇，但是无限的悠闲，秀丽的风景，激发人美好的想象，对月夜的倾心，对美酒的迷恋，合而为一，从而使诗人的日子舒服美满了。在已无缺衣少食的烦心之后，他开始享受每一个日子带给他的快乐。他有一群朋友，像他一样，可以把时间自由运用，而且还有一方面像他，身上银钱不多，身边空闲不少。在那些人之中，有一个奇怪无比的李岿，若不是苏轼笔记载了他的喜好，后代便对他一无所知了。午饭之后，朋友正下围棋之时，李岿便到躺椅上一躺，立刻睡着。已经对弈几盘之后，李岿翻个身问："我刚睡了一回合，你们战了几回合了?"苏轼在他的笔记里说，李岿用一个黑子在四脚棋盘上独自作战。"有时自有输赢，着了并无一物。"这样的生活真是睡梦丰足。

苏轼在农舍雪堂和城中临皋亭两个地方住，每天两处往来，所走的是不算很长的一段脏泥路，却变成了文学史上最出名的一段路。在过了城镇中那一段山坡之后，就到了叫黄泥坂的路，它一直通向起伏的丘陵。那个地方往四周一望，似乎全都是黄色，只有林木苍翠，竹林碧绿而已。苏轼现今就住在这里，每天横过黄泥坂，而后到达黄岗的东坡。他已经脱去了文人的长袍，摘去了雅士的方巾，改穿农民的短褂子，好使人们不能识他他士大夫的身份。他每天往返走这段路。在耕作之暇，他到城里去，喝得小有醉意，在草地上躺下便睡，直到暮色沉沉时好心肠的农民把他叫醒。有一天，他喝醉之后，写出了一首可以叫作"流浪汉狂想曲"的诗，他称之为《黄泥坂词》。

不过次年出现了一个很严重的谣言。苏轼胳膊上曾经患有风湿。后来右眼视力也受了影响，有几个月他闭门不出，谁也没见到他。当时，散文大家曾巩在另一地方去世。于是，又一个谣言传开，说苏轼也在同一天去世，二人一同去玉楼赴召，同返天庭了。皇帝听说，向一位大臣询问这一情况，那大臣是苏轼的亲戚。他回奏说也曾听到这样的消息，但不知是否确实。那时皇帝正要吃午饭，却无心思吃，叹了口气说："难得再有此等人才。"于是离桌而去。这消息也传到范镇耳朵里，他哭得十分伤心，就想派家人送去丧礼。随后一想，应当派人到黄州打听明白确实才好。一打听才发现传闻失实，原因都在于苏轼数月闭门不出而无人见他。苏轼给范镇的回信里感叹："平生所得毁誉，大都如此，不足为怪。"

当苏轼完全放松下来而精神自在安然之时，他所写的随笔杂记，就具有一种醇甜的自然美。他开始写很多漫谈偶记，既没有道德目的，又乏使命感，但却成了最为人喜爱的优美作品。他写了一篇文字，描写自己的贫穷，又描写说他门生的贫穷。他说：马梦得和我同年出生，比我小八天，在这一年生的没有富贵的人之中，我俩人算是首屈一指了，可在我们两个人之中，梦得又是第一。另有一篇随笔，是有关两个乞丐的故事，故事中讲两个乞丐聊天谈及彼此的志向。其中一个说："我这辈子什么也不要，就只要能吃好睡足就行了。如果有朝一日发达，一定要实现此一志愿。"另一个则说："我的志向与你不同，我就是要不断地吃，根本不睡。"

　　幸福不管在什么情况之下都是一种神秘的东西。但是凭苏轼的作品而研究其内在的本质，借此以探寻他那幸福的秘密，便不是难事了。苏轼这位天纵奇才，所给予这个世界的甚多，而所取自这个世界的较少，不管身在何处，他总是把稍纵即逝的诗的感觉，赋予不朽的艺术形式，并使之长留人间，在这方面丰富了我们每个人的生活。他现在所过的流浪汉式的生活，不再是一种惩罚，一种流放。享受这种生活，四篇传世之作也在此完成。一首词《赤壁怀古》，也以"大江东去"著称；两篇月夜泛舟的《前后赤壁赋》；一篇《承天寺夜游》。夜游赤壁是用赋体写的，也可以叫作描写性的散文诗，有固定的节奏与不甚严格的韵律。苏轼完全是运用语调和气氛。寥寥数百字，就把人类在宇宙中之清晰道出，同时把人在这个尘世生活里可享受大自然丰厚的美感展示无遗。即便只凭文字巧妙的运用，诗人已经形成了一种情调，不管以前已然读过十遍百遍，在朝暮读诵和咏叹之中，进入一种旷古的大境界中，人生在宇宙中，穿行出没，如舟行赤壁之下，在水月空蒙之际，吹箫引歌，归隐到山水的深处，就像《前赤壁赋》中几个微不足道的小人物，行止于月光水色中，浮一太白。由那一刹那起，读者就迷失在那种特有的氛围中。

　　七月十六仲夏之夜，苏轼正和同乡道人杨世昌享受夜景，清风在江面上缓缓拂过，水面平静无波。苏轼与朋友慢慢喝酒吟诗。不久，一轮明月出现于东山之上，徘徊于北斗星与天牛星之间。白雾笼罩江面，波光与雾气相接。二人坐在小船中，漂浮于白茫茫的江面之上，只觉得人如天上坐，船似云中行，任其漂流，随意而行。二人开始唱歌，手拍船舷：

> 桂棹兮兰桨，击空明兮溯流光，
> 渺渺兮余怀，望美人兮天一方。

　　苏轼的朋友善吹箫，和着箫声，苏轼也哼了起来，箫声奇悲，如怨如哀，如泣如诉，袅袅余音，细若游丝，最后消失于空蒙之中。另一条船上的女子竟闻之而泣，水中的游鱼也为之感动。

　　苏轼也被箫声所感动，问朋友为什么箫声如此之凄凉。朋友告诉他："你还记得在赤壁发生的往事吧？千余年以前，一场水战在此爆发，决定了魏蜀吴三国的命运。你难道不知曹操的帆樯如林，自江陵顺流而下的景象吗？曹操也是位诗人，你不记得曹操夜间作的'月明星稀，乌鹊南飞'的诗句。"朋友说。"这些英勇勇士，现在还活着吗？今天晚上，你我无拘无束，驾一叶之扁舟，杯酒在手，享此一时之乐。我们不也是宇宙中的一颗灰尘，沧海中的一粒飞沫。在瞬息之间，人生即化为虚幻，还不如江河奔流之无尽，时光之无穷。我真愿飞仙而畅游于太虚之中，飞到月宫而长生不返。我知道这些只是幻想，从无实现之望，所以不觉箫声吹来，便如此之悲了。"

苏轼安慰朋友说："你看江水明月！大江不断流去，可是水还依然在此。月亮或圆或缺，但是毕竟依然如故。你如果看宇宙之中发生的变化，当然没有经久不变的，何曾有刹那间的停留？可是你若从宇宙中不变化的方面看，万物和我们人都是长久不朽的。你又何需羡慕这江水呢？再者，宇宙之中，物各有主，把不属于我们的据为己有，又有何用？只有江上的清风，山林间的明月，是供人享受的。凭我们的血肉之躯和生命，耳听到风声，眼看到美景——这些无限的风光，取之不尽，用之不竭，上天无私，一切供人享受，分文不费，分文不取。"

有了这一番话，朋友也展颜欢笑。二人洗净杯盘，继续吃喝。后来，来不及收拾桌子，便躺下睡去，不知东方已经露出了曙光。

三个月以后，苏轼又作了一篇《后赤壁赋》，还是明月之夜，苏轼和两个朋友自雪堂漫步走向临皋亭。路上经过黄泥坂。地上白霜，树无青叶，明月在天，人影在地。几个朋友十分高兴，开始吟唱，一人一节。不久，一个人说："月白风清，如何度此良宵，方为不虚？如今好友相聚，竟没有酒菜，岂非美中不足？"其中一人说："今天傍晚，我捕到几条鱼，巨口细鳞，好象松江的鲈鱼，可是哪儿去找酒呢？"苏轼决定回去央求妻子给他们点儿酒。他们简直喜出望外，因为妻子说家里还有几坛子酒，收藏了很久，随时可以拿来喝。几个朋友于是提着酒和鱼，又来到赤壁之下泛舟夜游去了。江水落了很多，许多巨大的岩石现在露出水面，而赤壁更是显得巍然高耸。不过几个月的工夫，风景已大为不同，几乎不能辨识了。在美妙夜色的魅力下，苏轼要朋友和他一起登到赤壁之上，但是朋友不肯，苏轼一个人爬上去。他把衣服塞起来，在灌木荆棘之中，寻路上去，他一直爬到最高处，他知道那里住着两只苍鹰。他站在巨大的岩石上，向深夜大声吼啸，四周山谷有声相应答，他一时忘记了自己置身何处，忽然不知何故，竟悲从中来，感到不能在那儿停留太久。他下去，又回到舟中，解开舟缆，任凭小舟顺流漂荡。

时近半夜，四周一片寂静。两个孤零零的仙鹤，自东方飞来，伸展着雪白的翅膀，仿佛仙人的白衣飘动。两只鹤长鸣几声，在船头上掠过，一直往西飞去，苏轼心里想着，不知会有何事发生。不久大家一同回家去。苏轼上床就寝，做了一个梦。梦里看见两个道士，身披羽衣，状若仙人。那两个人认得苏轼，问他赤壁之游是否很开心。苏轼请问姓名，二人并不答。苏轼说："我明白了。今天晚上我看见你们俩从我头上飞过去了！"两个道士微微一笑。苏轼便从梦中醒来。他开窗向外望，一无所见，外面街道上只有一片宁静而已。

由上面的情形可以看出，他是暗指有另外一种境界，一个道家的神仙境界，两只仙鹤自然是沿用已久的道家象征。他表示自己不知身置何处，便引起读者迷离感慨之感，根据中国人的观点，现在的人生，只是在人间一时的存在，自己或许不知道，但是前生很可能是神仙，下一辈子也会再度是神仙。

苏轼大约和写这两篇赋同时又写了一篇短短的月下游记。一天夜里他无法入睡，就起来在承天寺月下散步，承天寺离临皋亭很近。那游记所记只是刹那间一点飘零之感罢了。

四、朝云绚丽

大约也就是在这个时候，苏轼收朝云为妾。苏轼的妻子在杭州赎出朝云时，他仅仅十二岁。按照宋朝时的名称，我们可以说她是苏轼的妾。在古代中国妻子的丫鬟可以转而为丈夫的妾是极平常的事。这样一个妾，无论在什么方面，都不失为太太的助手。因为妻子要侍奉丈夫，比如准备洗澡水，妾就比一个普通丫鬟方便得多，不必在丈夫面前有所顾忌了。朝云现在已经长大，天资极佳，佩服苏轼的人都很欣赏她。在苏家把她买进门时，有些人作诗送给她，就好像她已经是个富有才艺的杭州歌妓一般。但仔细考证，则实际并非如此。从苏轼自己写的文字看来，朝云是来到苏家后才开始学习读书写字的。敬重苏轼的人都对朝云有好感，朝云是当之无愧的，因为晚年苏轼贬谪流放在外，始终随侍左右的就是朝云。

这时朝云已经十六岁了，长成婷婷玉立的妙龄少女了。她身材窈窕，脸庞清秀，一对眼睛尤其迷人。但她的眼神里总是带着一种淡淡的忧伤，她似乎天生就有一种伤感的气质，眼神里放出一种异彩，给人神秘莫测的感觉。自从苏轼救她离开火坑，她像苏轼家中的丫鬟，成为这一家庭的成员。开始，她基本上什么家务杂事都不用做。苏轼只要她认字、读书、习练歌舞。苏轼亲自教她识字书法，有时先亲自一笔一画地写，有时还手把手地教。几年来，从杭州到密州，再到徐州，从未中断过。来徐州后，有一位来自泗水滨的女尼，还教朝云读《金刚经》。老尼惊奇地发现，朝云的悟性非常高，理解力强，学得极快。每逢苏轼写字，朝云寸步不离侍奉在身边，苏轼也总是教她写毛笔字。慢慢地，朝云已能用毛笔写正楷字了。更使苏轼高兴的是，朝云天生具备音乐歌舞的才能。苏轼把外面流行的曲调，拿来教她唱。苏轼还将自己填的词，叫朝云学着唱。朝云最适合演唱那些带有悲伤情调的歌曲。一次，苏轼要她唱自己作的《蝶恋花》，那词是：

记得画堂初会遇，好梦惊回，望断高唐路。燕子双飞来又去，纱窗几度春光暮。

那日绣帘相见处，低眼伴行，笑整香云缕。敛尽春山羞不语，人前深意难轻诉。

朝云看完这首词，秀丽的脸庞顿时羞得通红："老爷您这首词，不就是描写那次密州画堂初会吗？"

"我总是跟你讲，不要叫我老爷！"

"那么叫什么呢？"

"叫先生吧！"

"那么，先生，"朝云提到"先生"，总有些怯生生的感觉。她觉得，是这位恩人老爷把自己从青楼救出来，喊老爷才相配，所以喊"先生"总不习惯。朝云清清楚楚地记得，夫人告诉她，她应侍寝老爷了，在模模糊糊之中，朝云有一种激动兴奋，但还有一种不安的预感。那天，苏轼走进内室，过了屏风，只见朝云满脸通红，眉宇间显出一种异样的神韵。朝云见了苏轼，娇柔地依偎在他怀里。苏轼抚摸着她的脸，她的眼泪扑簌簌地落下来。苏轼替她擦干眼泪，朝云忽然问："老爷，你不会把我当姑娘嫁给人家吧？"

"你怎么想起这个问题？"苏轼莫名其妙。

"任妈妈说，我长得太慢，要把我嫁出去！"

"傻孩子，任妈妈是想激你多吃点东西，让你发育得更好些，她是骗你的。"苏轼看着朝云还真是个孩子，心里更疼惜她。

"老爷，您叫任妈妈别再把我当小孩，我肯定听她的话，她也不能再吓唬我！"

"我想，只要你长得快些，她就不会吓唬你了。"

这时，屏风外传来了保姆的脚步声，苏轼叫任保姆进来。这时，朝云迅速擦干净眼泪，整理着头发。苏轼告诉保姆：朝云侍寝的日期往后推，让任氏和朝云一起睡。"只是今后不要吓唬她要把她嫁出去！这孩子胆小，她会吓坏的。"任妈妈答应了，朝云诡秘地笑了，跟着保姆离开了。

朝云已初晓人事，苏轼因此更是精心地教她认字、读书、写字、讲诗、讲曲子词。有时，朝云替保姆给老爷泡茶、递送洗脸毛巾等物，苏轼都尊重她，从来不把她当作丫鬟。苏轼想：我要按照我的设想，把她塑造成我心中的人。

有时候，苏轼想：我给她取了女神的名字，为什么不能把她塑造成人间的女神呢？苏轼来到徐州的第二个年头，也就是朝云满十六岁时，才正式收朝云为妾。

一天晚上，朝云纠缠着苏轼，要他教作诗，苏轼想了想就说："我给你讲一首我的诗，你得唱一首我的曲子词。"朝云爽快地答应了。苏轼说："我最近作了一首《堂后白牡丹》。"随即吟道：

城西千叶岂不好？笑舞春风醉脸丹。

何似后堂冰玉洁，游蜂非意不相干。

诗的大意是说这大好春光，牡丹盛开。徐州城西，千朵牡丹，竞相开放。这些牡丹在春风中笑啊舞啊，一朵朵都醉得满面通红。这些牡丹漂亮极了，观赏的人络绎不绝。可是这些牡丹跟我们府里后堂的白牡丹相比，那就差得远了！后堂的白牡丹玉洁冰清，多么可贵！只因白牡丹养在我们府里，所以外面的粉蝶游蜂，连看一眼的福气都没有。”

“先生，我们后堂花园中全是树林，哪里来的白牡丹？”

“你不就是我的玉洁冰清的白牡丹吗？”苏轼说着，抚摸着她的粉脸，“这样的白牡丹，城西牡丹园中哪一朵能来比美！”

朝云笑了！比城西牡丹园中笑舞春风的牡丹笑得更开心。朝云又提出个条件，要苏轼写下这首诗，“我要好好地收藏，跟你的画像放在一起。”

“什么画像？”

“就是苏州画家何充给你画的那幅像。夫人已经交给我，让我保管了。”

“那次我不想叫何秀才画的，他说仰慕我的才气，一定要画。我记得题诗中说：黄冠野服山家容，意欲置我山岩中。这样的画像，你也喜欢？”“您一向喜爱道家，喜欢自然，我就喜爱先生从不讲空话，保持自然本色。”苏轼给她写了那首诗，朝云恭恭敬敬地收起来。

这时烛光有些暗淡，朝云剪了些烛芯，苏轼取出了他最近填的一首词给朝云看。

朝云明白，先生常将她比作《高唐赋》中的神女朝云，而将自己比为楚襄王。“化作行云，却返巫阳”，正是说的朝云。苏轼说：“‘乍谐云雨，便学鸳鸯’说的是你对我多情温柔，雨意云情十分和谐，给了我莫大的幸福！”朝云脸红说：“羞死我了！”

“朝云，你别看我现在是黄州团练副使，我这一生，自己感觉坎坎坷坷，非常不顺利。人的一生是十分短暂的，古人讲人生如寄，就是说人来到这个尘世上，只是暂时寄托，好像暂时在旅店住宿几天，过几天就会走的。所以，我的诗词里，‘人生如寄’特别多。今年我已四十二岁了，日见衰老。前两天送给朋友的诗里，我说：‘我生四十二，衰发不满梳’。我的生活中有了你，才增添了许多朝气！我正要好好谢你呢！”

“我能拥有先生的爱，才有一种安全感。是先生把我救出青楼，是先生抚育我长大，是先生改变了我的人生。我这一辈子，只有奉献先生，才能报答恩德之万一。”

“朝云，正是你有这种报恩的想法，才觉着有一种不安全感，不平等的感觉。

所以，我在《雨中花慢》这首曲子里，写你的双眉总紧锁着一种令人伤感的哀愁！叫我好为你忧伤。"

"先生，您一天到晚批评朝政，又在不少诗中说要退隐山林，不再做官，妾身也经常为您担心呢！"

"朝云，我的所作所为，让你担心；你的所作所为，又令我忧心，这怎么行呢？你年纪轻轻的，可不要学这样老人腔调。唐朝杜秋娘的《金缕曲》，你忘了没有？来唱一曲吧！"

于是朝云就唱：

> 劝君莫惜金缕衣，劝君惜取少年时。
> 花开堪折直须折，莫待无花空折枝。

滚滚红尘，茫茫人海，苏轼与朝云两颗心已经紧紧交融。

到了元丰四年上巳节前夕，苏轼收到一个请帖，黄州太守徐君猷主持上巳节曲水宴，邀请苏轼携带侍妾前往参加。苏轼心中一阵欢喜，决定前去参加。他把此事告知朝云说：

"太守徐君猷和通判孟亨之，上次邀请我赴一个酒宴。实际上，这两位大人都不善饮酒，不过是借酒宴之名，听歌女唱曲，欣赏歌舞而已。承蒙他们两人厚爱，不把我当作有罪之人，也算是这两位大人礼贤下士的好度量。那一次酒会上，就决定了今年上巳节的曲水宴，主人既有邀请，客人就应听从主人的主意，我们就一起去凑凑热闹吧！徐太守是个很易交往的人。"

"先生你去就行了，我又何必去呢？"朝云确实不习惯在大庭广众前抛头露面。

"你不用害怕，徐太守有三位侍妾，一位叫胜之，一位叫妩卿，一位叫庆姬，都能歌善舞。我就只有你这一位，怎么能不带去呢？"

"先生又在取笑我了，那三位美人长相如何？"

"我看，徐太守的三位美人，还比不上我的朝云！"

"先生真会笑我！她们都能歌善舞，叫我如何应对？"

"别怕，我会写些好曲子让你唱。"

上巳节，那天黄州府花园中，已准备好曲水宴。客厅前有一条水渠，绕厅而流。渠边是苍翠的竹林，竹林的倒影遮住了半条水渠。渠边已放置好杯盏，矮桌几前，都摆好了蒲团，渠中流着鲜活的水。这里，虽没有当年王羲之兰亭雅集的环境，却有相似的风流余韵。

黄州太守徐君猷，长得秀气文雅，十分儒雅风流。今天邀请的除苏轼外，其他的都是州府同僚。他主办曲水宴，意不在酒，只求欢乐。所以，曲水宴一开始，州府的歌妓就开始表演歌舞助兴。徐君猷就与旁边的苏轼聊起来了。

"子瞻兄，听说你正在耕种东坡，不知收益如何？"

"蒙使君厚爱，准许把那片旧营地让我耕耘。靠了三位门生的帮助，现在东坡已全部开垦好了，坡上的茅屋也建好了。如今正在向朋友讨栽桃花、竹林、茶树。这样一来，我可在此作终老之计。告诉使君，我已把东坡作为我的字号，使君可直呼我为东坡。"苏轼很高兴地说。

"东坡兄肯屈就黄州，甚至打算作终老隐居之处，此乃黄州的福气！只怕将来朝廷会召你回去另有重用呢！"

"东坡在黄州，处处仰仗使君厚爱，这才是东坡的福气呢！"

"东坡兄乃国家栋梁，又是多才多艺之大家，今日曲水宴还望能尽兴！"

徐太守的三位侍妾，一个个抖擞精神，翩翩起舞，确实为曲水宴增色不少。只见妩卿跑到东坡身边，请求东坡为她填词。东坡略一思索，就写下《减字木兰花》一首：

> 娇多媚煞，体柳轻盈千万态。殢主尤宾，敛黛含颦喜又嗔。
> 徐君乐饮，笑谑从伊情意恣。脸嫩肤红，花倚朱阑裹住风。

此词大致意思是讲太守的这位侍妾歌舞翩翩，使得满座客人和主人都不胜欢快，词中的"体柳轻盈千万态"，无疑是夸赞妩卿的娇娜多姿。妩卿扬扬得意地炫耀着东坡新填的小曲。刚跳完舞的胜之，立刻跑过来，纠缠着东坡，请求东坡也给她填首词。东坡明白，这种场合，厚此薄彼是大为不该的，只能一视同仁，于是他又作了一首《减字木兰花》：

> 双鬟绿坠，娇眼横波眉黛翠。妙舞蹁跹，掌上身轻意态妍。
> 曲穷力困，笑倚人旁香喘喷。老大逢欢，昏眼犹能仔细看。

这首词大致意境和前首词并无很大不同，只是词语感觉有些差异，其中"曲穷力困，笑倚人旁香喘喷"一句尤其写出女子娇柔的姿态。胜之得到了满足。最小的侍妾庆姬早已等候在东坡身旁。苏轼立即又给她填了一首《减字木兰花》：

> 天真雅丽，容态温柔心性慧。响亮歌喉，遏住行云翠不收。
> 妙词佳曲，啭出新声能断续。重客多情，满劝金卮玉手擎。

这首词因是写给年龄最小的庆姬，因而有"天真雅丽，容态温柔心性慧"的词句。这恰当地赞许了这位最年轻的侍妾。庆姬拿到东坡写好的词，边唱边舞，十分开心。徐君猷也很激动：

"东坡兄才华横溢,三首曲子,几乎一气呵成,罕见!罕见!"

黄州通判孟亨之说:"子瞻本来是文坛领袖人物。今日牛刀小试,已露本色。"

徐太守说:"有了绝妙好词,还须有绝色佳人演唱。何不屈降东坡的美人来唱呢?"

水渠两边一片唱彩声。苏轼就让朝云唱那三首《减字木兰花》。朝云略作准备,和伴奏的乐师商量了一下,就唱了起来。在场的文士官僚,第一次听朝云唱歌,都被吸引住了。朝云那清秀的面容,高雅的气质,立刻压倒了黄州府里的歌舞艺妓,也超出太守的三位美姬。朝云与乐师素不相识,但却像训练有素的歌舞艺妓,这令乐师们也很吃惊。朝云那唱腔、吐气、节奏、韵味,更引人入胜。毫无疑问,朝云的歌唱,成了曲水宴的高潮。

朝云唱完三首《减字木兰花》,羞怯地回到东坡身旁。徐君猷的三位美女,都来给朝云敬酒。可怜,朝云平时滴酒不沾,这次却被三位侍妾强压着喝了三口。幸好徐君猷、孟亨之都不善饮酒,所以这次曲水宴上,酒倒显得不很重要了。

苏轼今日格外兴奋,连作三首小词,毫无疲倦之意。东坡酒量本来很小,今日给徐猷三位侍妾连续不断地劝酒,早已喝得半醉。东坡每逢半醉微醺时,往往是他创作感觉最旺盛的时刻。今日连作三首词,正是借助酒力达到的化境。他记起自己流放到黄州,尚有今日这种聚会,不禁觉得三分宽慰。人生能有多少欢乐呢?像今天这样尽兴的日子,毕竟不多。

上已曲水宴结束的时候,徐君猷约苏轼共赴竹间亭品茶并且叮咛:"可得把朝云带来!"东坡高兴地答应了。

到了元丰六年夏天,朝云已怀孕六个月。苏轼所住临皋亭,地处闹市,又靠近水边,地太潮湿,这种地方,对孕妇不利。三伏天,溽暑热浪,弄得人不得安宁。苏轼在东坡盖了五间茅屋,那里让一位同乡巢元修住着。巢元修也是眉山人,赴京考进士,没有考上,就流落到黄州,此时追随东坡。东坡就请他教育自己的三个孩子。东坡自己生活很困难,所以巢元修住在东坡,条件也不好。

东坡一生命运中,往往在最困难的时刻就有人来帮助。转运使蔡景繁到黄州会见苏轼后,立即主动出资在临皋南畔高坡上盖了三间平房,专为给东坡作避暑之地,东坡称这幢避暑房子为"南堂"。王闰之立即决定:东坡和朝云搬到南堂度夏,自己和孩子们仍住在临泉。

南堂在临皋南,地处高坡,能看得到长江中过往船只。这里空旷宽敞,凉风阵阵,是避暑的胜地。

搬进南堂的第一天,太守徐君猷送来了酒,孟亨之通判送来了茶,刘监仓送来了东坡最爱吃的煎米粉饼子。东坡感到黄州的朋友很重友情,自己还是一位戴罪之人,朋友们倒并无白眼侧目,相反,一个个伸出热情的手,便感到十分惭愧。

老朋友陈季常一天清早来看望东坡。他随行带来了京师名酒黄封,建溪名茶叶家白，还有蜂蜜。进了南堂，他还不住地赞叹："此乃避暑胜地！"

朝云挺着大肚子，见是东坡老朋友，想要行作揖之礼，陈季常忙说："苏夫人不要客气，那样会令我难受的！"

东坡说："季常兄，我来黄州后，你已五次来探望我。我因罪责在身，只去岐亭探望过你三次。"

"先生，你快别这么讲！我是自由人，理当经常来看先生！几个月未见面了，这一阵过得怎样？"

"我的同年转运使蔡景繁，帮我盖了这南堂，赐我度夏。夫人雅量，令朝云到此陪我。"

"啊，先生有如此胸怀宽广的夫人，真是莫大的福气呢！我家那一位，你是知道的，是出名的河东狮子吼！"说到这里，连东坡也扑哧一声笑了起来。

陈季常看到墙上挂着不少草药，便问："先生，是谁最近身体欠佳，要这么多草药？"

"朝云临产，这是我为她准备的草药，有消瘀的、催乳的、滋补的……"东坡指点墙上的草药说。朝云有些害羞地转过脸去，看着窗外江中的渡船，急忙走进另一间房去准备沏茶。

"先生，你尚需什么草药，告诉我，我住岐亭靠近蕲州，药草又多又好！"

东坡命保姆任氏去通知夫人，今天在南堂款待陈季常。饭菜做停当，就送来南堂。

朝云奉上了茶。

东坡与季常，一边品茶，一边聊天。陈季常说："先生家有贤妻，是难得的福气呢！"

东坡说："我在《次韵和王巩六诗》中讲'妻却差贤胜敬通'。意思是我的夫人贤淑，远远胜过冯敬通的妻子。"

"这冯敬通，是不是冯衍？这一典故，愿闻其详。"

"冯敬通就是那冯衍，东汉人，祖籍京兆杜陵。幼年即有异才，九岁能诵《诗》，二十岁博览群书。王莽得势时，他极有见地，坚不出仕。适逢汉光武招揽贤士，但却缺乏机遇，被摈逐，遭流离，一生机运极差，与我的命运颇相似。尤其不幸的是，家有善妒之妻，日子难过。我无此烦恼，故有'胜敬通'之句。"

"冯敬通的妻子凶悍到什么程度？"陈季常有感于自己妻子的"河东狮吼"，因此非常关注这个问题，"先生见多识广博览群书，请告诉我，以解悬念。"苏轼讲道："《冯衍集》载冯衍给小舅子任武达的信，信里提到冯敬通只有一个丫鬟，武达曾见过，她脸无光泽，头无金钗，从不施脂粉擦口红。任氏妻不仅不体谅她的穷困，不给同情，还对她大吼大叫，吆三喝四。他可怜两个孩子尚小，家中没有其他丫鬟，就留下这个婢女。任氏妻却对此婢施暴虐待，半年之间，婢女脓血横流生病躺倒，此婢病后，任氏自己竟不劳作，叫未成年的儿子春米煮饭。她又不会女红，冬衣不补，夏衣不缝，既无妇道，又无母仪。敬通家族的人，都劝说她，词如循环，口如布谷，可她却置之不理，以白为黑，以非为是，造作端末，妄生事端。信中结尾，冯敬通生气了，说：不去此妇，则家不宁；不去此妇，则家不清；不去此妇，则福不生；不去此妇，则事不成。衍以家贫身贱之日，养痈长疽，自找祸殃。因家室纷乱之故，捐衣弃冠，侧身山林，绝交游之路，杜仕宦之门，阖门不出，专心耕耘，以求衣食，何敢有功名之想呀！"

"冯敬通这封信讲得太好了！我那一位'河东狮吼'，还不敢像敬通的妻子，然家有悍妒之妻，毕竟是不幸的事。"

"大丈夫要有机会遇到圣君贤相，也要有运气讨到贤妻良母，此事自古难两全啊！"东坡颇有感慨地说，"不过，我的夫人对朝云可谓贤慧，真像亲姊妹一样。我带朝云去州府与朋友同僚宴饮，夫人为朝云挑选衣服；我带朝云去郊外踏青，夫人为我们准备酒食。这次南堂盖好后，由于朝云怀孕，夫人让朝云到南堂来避暑消夏。"

"嫂夫人如此通情达理，岂止'差贤胜敬通'，简直就可称贤妻良母了！这是先生的福气了！"

"在最近我给孔毅父的诗里说：我虽贫困不如人，亦是民之一。人要能官能民，也太难了！不管是做官为民，家中能有贤妻，却终究是人生之大幸！"

朝云又来为客人斟茶，这次招待季常的是团凤茶，朝云说："团凤茶耐泡，头汤还有泡沫，要倒掉，等第二次冲水，更好喝。"朝云将杯中的茶沫都倒掉，又冲上新烧的开水。

"季常兄，我前年开垦东坡时，亲自拣拾瓦砾，种上了三百株黄桑，又向大冶长老乞讨茶树、桃花，栽在东坡。过两年，我让你品尝我的东坡茶。"

"先生，这次我带来的叶家白茶，你品尝后一定会写诗赞叹的呢！"

"好茶，好茶！闻一闻就头脑清；喝一杯，来精神；两杯三杯飘飘欲仙身体轻。"

陈季常说："这叶家白，真乃神仙茶。午睡之后，喝上一杯，管叫你脚下生风，像飞鸟凌空！"

东坡说："好啊，我今天用我酿的蜜酒招待你，再让你在南堂舒舒服服地睡一个午觉，然后品尝你带来的叶家白，让我们两个快活似神仙吧！"

元丰六年九月二十七日，朝云产下一个儿子。苏家全家老少，无不兴高彩烈。苏轼也暗暗开心，因为这个小男孩长得酷似东坡，眉眼额角，尤有东坡的风采。朝云呼其小名作干儿，就对东坡说：

"老先生，三朝给干儿做洗儿会，洗儿会之前，你给干儿取个名字吧。"

苏轼满口答应了。为此，苏轼开始专心为干儿取名。

苏家取名，父亲苏洵给苏轼、苏辙取名都用车字旁，取车前进之意。东坡自己，才华外现，性格外向，父亲盼望他凭轼而望，高瞻远瞩，在地上的人看起来，这位凭轼者出类拔萃，才能超群。东坡想：我这一辈子，没有辜负父亲所取名字的希望，可是老天爷真会戏弄人，自己反而被聪明所害，坐了监牢，又被流放。弟弟苏辙，取名为辙，原来是为避祸，因为车辙总是有规则的，即使车仰马翻，也不会殃及车辙。苏辙明哲保身，却还是受到自己的株连，又被贬官。凭轼而望，锋芒太露，是不行的；甘作车辙，也避不了灾祸，怎么办呢？东坡为此烦心。

苏轼前三个儿子名字叫迈、迨、过，苏辙三个儿子，名字叫迟、适、远，都是"之"部，也是取其永远前进的意思。东坡苦思苦想，决定给干儿取名遁，以寄托自己对归隐山林的追求。东坡把这个名字告诉了朝云，朝云当然不会反对。朝云心目中，只想到干儿是个男孩，长得很像东坡，心中已是充满了幸福的感觉。

苏轼添了个儿子的消息，很快传遍黄州。州府中，太守徐君猷已去世，通判孟亨之是苏轼的老朋友，他给东坡送来一份礼。岐亭的陈季常，第六次来苏轼家祝贺，自然又送了厚礼。东坡在黄州收的学生古生、潘生、郭生，也都纷纷前来送礼祝贺。

洗儿会的酒席，设在南堂，这里比较宽敞明亮。远眺长江过往渡舟，近有荷塘飘来的清香。

酒宴刚开始，几个学生见老师很兴奋，要老师先作诗。"今日不可无诗！"酒席上传来一片喝彩声。

苏轼呷了一口酒，随即口占《洗儿戏作》：

> 人皆养子望聪明，我被聪明误一生。
> 唯愿孩儿愚且鲁，无灾无难到公卿。

此诗大意是说人人都希望自己的儿子聪明，可是我却聪明反被聪明害，因此希望儿子别太聪明，只求一生平安幸福，那就可比公卿了。几个学生，先是被老师的诗才折服，既而，听到"惟愿孩儿愚且鲁"，有点丈二和尚摸不着头脑，正在纳闷。倒是进士出身的孟亨之反应快一些：

"先生所遇不公，愤世嫉俗，故有此言，其背后仍是一片热诚！"

几个学生连声称是。

孟亨之说："先生才气过人，闻名天下。京城朋友传来消息说，先生才大，忠心为国，不久便会起用。区区黄州，哪容得下先生？"

"通判大人，今日给小儿做洗儿会，怎能谈这些？各位，小儿小名干儿，学名叫遁，我只希望他将来隐居山林读书，如此就不会像我这样多灾多难了！"说着便请大家饮酒。

众人谈到苏轼的儿子，东坡便介绍："大儿苏迈，是夫人王弗所生；王弗去世后，又续娶王闰之，生下苏迨、苏过；爱妾王朝云，生子苏遁。这四个儿子中，长相最像我的是苏遁。我就怕苏遁会走我的老路，我已经被聪明害苦了一生，所以我希望苏遁不要聪明，愚鲁更好！幼年，我便想隐居眉山，父亲逼以婚仕，故未遂隐居之愿。我为干儿取名为遁，便是想了此心愿。"

"别看如今在黄州先生好像在隐居，我看，这种隐居生活总会起变化的。"陈季常说。

"通判大人讲得是，先生来黄州已近四年了。朝廷不会一直把您放在黄州。"古生说。

"毕竟先生只是写了些文字，哪有什么罪过？"孟亨之说，"皇上也很欣赏先生之大才，所以，黄州这里是留不住先生的。"

"今天通判大人好像已醉了，说的全是醉话！大家权当没有听到。"苏轼又给孟亨之敬酒。原来孟亨之本不善喝酒，今日参加东坡的洗儿宴饮，看到老朋友太守徐君猷已去世，东坡也即将离开黄州，自己也快任满，不胜伤感，故沾酒即醉，满面通红。但他的思维还是清醒的，请求苏轼换了杯茶，这样可以不退席。

苏轼笑着说："你要承认刚才说的全是酒话，我才允许给你换茶。"

孟亨之无可奈何地说："醉了，是醉了！"

苏轼这才为孟亨之换茶，又给陈季常等敬酒。敬到马正卿时，马正卿摸了摸大胡子，十分高兴。苏轼知道，客人之中，酒量最大的数马正卿与陈季常，苏轼就说："马公，这里酒量能与你相匹敌的，只有歧亭的陈季常。季常乃是我二十年前的老朋友。"苏轼斟满了马正卿的酒，要大家尽兴饮酒。他又向季常介绍马正卿："季常，东坡那块地，全靠马髯兄之助，那本是旧营地，数十亩大。马髯兄见我贫困可怜，让我开垦这块地。三年以来，物产颇丰！这酒，也是东坡菜花园里的蜂蜜酿成的蜜酒。"

马正卿也说："在黄州，蜜酒酿得最好的，就是先生这里。别人家的蜜酒，蜜是蜜，酒是酒，像是勾兑调和而成的。先生这里的蜜酒，那可是真正上口的好酒。"

"这蜜酒，是我老乡西蜀道士杨世昌教我酿的。杨道士在东坡住了一年，回四川去了。杨道士多才多艺，占卜、星历、治病、酿酒，样样皆通！"

陈季常道："你们都晓得喝多了酒，人会醉，你们没有见过猪、鸡、鸭也会醉酒吧！新法实施以来，我们歧亭实行酒榷，民间不准酿酒，更不准经营。这哪能禁得住呢？兵丁、税吏一进村，家家户户酒缸底朝天，满村酒香！被兵丁倒在地上的酒糟，只好喂猪、鸡、鸭，哈哈，这样一来，歧亭的猪、鸡、鸭可都醉了！翻倒在地的酒缸旁边，都有醉倒的猪、鸡、鸭！"

"酸酒如齑汤，甜酒如蜜汁。"苏轼说："我家的蜜酒怎么样？"

马正卿与陈季常齐声说："好酒！好酒！"

苏轼的酒量小得可怜，他只要看朋友畅饮了，就像自己开怀畅饮般开心。马正卿和陈季常干了一碗，苏轼又给他们斟酒。

五、文人闲居

苏轼自己擅长做菜，也喜欢自己做菜吃，他太太当然颇高兴。根据记载，苏轼认为在黄州猪肉极便宜，可惜"富者不肯吃，贫者不解煮"，他感到很遗憾。他告诉人一个做猪肉的方法，非常简单。就是用很少的水煮开之后，用文火炖上几个小时，当然要放酱油。他做鱼的方法，也是今日中国人所熟知的。要先选一条鲤鱼，用冷水洗净，抹上点儿盐，里面塞上白菜心。然后放在煎锅里，放几根小葱白，不用翻动。一直煎，半熟时，放几片生姜，再浇上一些咸萝卜汁和一点儿酒。快要做好时，放上几片橘子皮，趁热端到桌上吃即可。

他还发明了一种青菜汤，就叫作"东坡汤"。这其实是穷人吃的，方法就是用两层锅，米饭在菜汤上蒸，这样同时饭菜全熟。锅下面是汤，煮有萝卜、白菜、荠菜、油菜根，下锅之前要仔细洗净，放点儿姜。汤里照例要放进些生米。在青菜已经煮得没有生的味道之后，蒸的米饭就放入另一个漏锅里。但要留心不要使汤碰到米饭，这样蒸汽才能进得均匀。

在这种农村环境里，苏轼觉得自己的生活越来越像东晋田园诗人陶潜。他对陶潜极其钦佩。陶潜也是因为彭泽令时，郡遣督邮至，县官告诉他应当穿官衣束腰带相见，陶潜不肯对上面派来的税吏折腰，即解印绶去职，归隐山林。苏轼作过一首诗，说陶潜一定是他的上辈子。这种说法如果出自一个小诗人之口，那未免狂妄自大，可如果苏轼说出来，只觉得自然妥当。他越读陶诗，越觉得陶诗正好表达自己的思想和生活。

有些乐事，只有田园诗人才能享受到。在弃官归隐时，陶潜写了一篇《归去来兮辞》，只可惜不能唱出来。苏轼因为有每天在田地耕作的感受，把《归去来兮辞》的句子重组，照民歌唱出，教给农夫唱，他自己也暂时放下犁把，手拿一根小棍，在牛角上打拍子，和农夫一齐歌唱。

苏轼很容易接受哲学乐观思想。在雪堂的墙上门上，他写了三十二个字给自己经常观看，也向人提出四种警示：

> 出舆入辇，蹶痿之机。洞房清宫，寒热之媒。
> 皓齿蛾眉，伐性之斧。甘脆肥脓，腐肠之药。

苏轼到处能够找到快乐满足，就是因为他有这种幽默乐观的看法。后来他被贬谪到中原土地之外的儋州海岛，当地无药无医，他曾对朋友说："每念京师无数人丧生于庸医之手，我颇自庆幸。"

苏轼觉得他劳而有获，心中高兴。他写道：我现在在东坡种田，辛苦劳作中自得其乐。我现有三间房，种了蔬菜和水果，还有桑树，自己耕田，妻子养蚕，乐在其中，足以终老。

写书和教育孩子，是苏轼在黄州的重要工作。由于戴罪贬居，无公事可做，又怕因文得祸，不敢多写诗文。所以苏轼这时把很大的精力都投入到了学术研究中。他在黄州续写了苏洵的《易传》，完成了父亲的遗愿。苏辙说《易传》使千载的精妙学说得到清楚的阐释。这部著作是苏氏父子哲学思想的精华，是中国古代重要的哲学著作，它是苏轼在父亲《易传》的基础上，苏轼吸收苏辙研究的成果，经过长期的研究废寝忘食写成的。在黄州期间，苏轼系统研究了老庄哲学，并对佛教"实相""空有"辩证思想进行了研究。苏轼家学渊源，一向以儒家思想为主干，苏轼吸收老庄与佛学的思想，形成了完整独特的哲学思想体系。

苏轼在黄州还完成了《论语说》，这是一部探讨阐发孔子思想的专著。

苏轼的大儿子苏迈，到黄州时已 21 岁。苏轼很重视子女的教育，在苏迈大约三四岁时，就开始进行系统的传统文化教育了。

苏迈有两句诗，"叶随流水归何处，牛载寒鸦过别村"。自己感到非常得意，可是苏轼见了笑话他是"村长官诗"。苏迈才气不如父亲，但因有良好的家教，长大后学识渊博，文笔工整，文雅有礼，自有书香门第的风范。见到的人都说他："到底是苏家子弟，与别人家的就是不一样！"在黄州，苏迈曾经和父亲联句作诗，苏轼夸赞他："传家诗律细，已自过宗武。短诗膝上成，聊以感怀祖。"杜甫的儿子叫宗武，杜甫诗中曾夸儿子聪敏好学，可继承杜家诗学。苏轼说苏迈超过宗武，是对儿子的激励。

次子苏迨，生于汴京，到黄州时 11 岁；幼子苏过，生于杭州，到黄州时 8 岁，都在接受教育的年龄，苏轼都亲自教导。到了元丰六年眉山故人巢谷来访，苏轼便留他住在学堂，做两个孩子的老师。

巢谷，字元修。从小跟着做乡塾先生的父亲学习，学识虽然不是很高深，却很丰富广博。赴京赶考没有考上进士，在京城看见有考武举的，自己又体壮力大，便改学武艺，又未考中，只好到西北边塞遍寻善骑射击刺的骁勇之士，因而结识了熙河名将韩存宝。元丰三年，四川泸州的少数民族首领乞弟举兵叛乱，韩存宝奉命平叛，因为巢谷熟习泸州少数民族情况，请他参谋咨询。韩存宝作战失利，被朝廷处死。被捕前曾对巢谷说："我是泾原一介武夫，死不足惜，只是担心妻子儿女不免饥寒交迫，行囊中有几百两银子，只有你才能替我转交。"巢谷许诺后，改名换姓，怀揣着银两，步行前往送到韩存宝儿子手中。从此隐姓埋名，在江南一带隐逸。苏轼兄弟小时候就认识巢谷，巢谷云游到黄州，苏轼便将他留了下来。那时巢谷还在化名逃亡。

巢谷教学生，非常严厉，苏轼对他很满意。苏轼也常去雪堂和他聊天唱和。

元丰七年，四十九岁的苏轼在黄州迎来了第五个上巳节。去年的上巳节，苏轼是在病床上度过的。那时，苏轼想到：春天已经来临，花也已盛开，自己却卧床不起。青春的活力，丝毫没有被大地回春所激发，不禁无限悲伤。想那王羲之五十多岁还在兰亭主持上巳节。曲水流觞，饮酒赋诗，醉书《兰亭》，成为千古风流佳话。今年，身体略有起色，他早已感到春的活力，只希望置身于大自然，去享受美丽春光！于是在上巳节这天，他约好参寥子，还有黄州本地两个朋友，带着美酒小菜，出门春游去了。

参寥子原本在杭州，他一直关心苏轼。这次，他觉得苏轼被放逐到黄州已四年多了，为何还在继续受贬呢？于是，他特地来到黄州安慰这位老朋友，一直住在东坡家中。

一行人先来到定惠院。朋友们以为是因为有参寥和尚才先来寺庙的。岂料，东坡对郭生、潘生说："到海棠花前。"黄州的朋友都知道，定惠院东有一小山，山上杂花草丛中，独有一株海棠，苏轼曾在花前醉倒四次。黄州的郭生、潘生，年轻力壮，一个抱酒坛，一个提着装菜的篮子，直往海棠花前走去。

今年，柯丘山上已增加了篱笆。原来，这里的主人已经换了，一个奔走于黄州、武昌贩货的商人，已成了这座山的主人。他雇了一个老农民，看管这座山林。主人为了修建别墅，重新修整山林。这商人慕东坡的名声，应东坡的请求，保留了这株海棠，也保留了山上许多老枳木。郭、潘二人在海棠花旁一处树荫下，摆设好了酒宴之席。东坡正与参寥子观赏盛开的海棠。这一株海棠，特别茂盛，圆圆的叶片近乎紫色，深红色的海棠花，分布稠密而均匀。

参寥子饮了一口酒说："如此海棠，苏公必有好诗！"

"潘生，你还记得初来黄州我描写海棠的诗吗？"东坡问。潘生兴奋地说："恩师写黄州海棠花诗，我是记得的：江城地瘴蕃草木，只有名花苦幽独。嫣然一笑竹篱间，桃李漫山总粗俗。也知造物有深意，故遣佳人在空谷。自然富贵出天姿，不待金盘荐华屋。朱唇得酒晕生脸，翠袖卷纱红映肉。"

"行了，就吟到这里吧！回去以后，我抄一份给你。来来来，大家畅饮！"东坡举起了酒杯说。

周围山丘，尽收眼底。参寥子专心欣赏这棵海棠，实在太美了。东坡指点着海棠说："这座山林易主时，新主人本来打算要挖掉它，我告诉他，这花可爱，我每年必来，求他不要挖掉。新主人说：'好吧，苏先生既然喜欢海棠，我不仅不挖了，还要培土施肥，培养好它！先生，你喜欢什么？只管说。'我看了看，满山乔木参天，我都不喜欢。海棠周围，却有不少枳木，枳木有刺，等于是天然的篱笆。再说这是灌木，主人不会可惜它。可是每年春四月，枳木林遍开白花，满山香气，与海棠花相映成趣，妙不可言。我请求主人，再留下这些枳树林篱笆！主人竟也答应了！"参寥子一瞧，一人高的枳树林，墨绿色的叶子，墨绿色的刺，确实是海棠天然的"保护神"！

东坡已略觉有酒意，便收拾酒菜，朝柯丘之南下山。郭、潘二生知道，先生必是去尚氏竹园休息。尚氏老人没读过书，对东坡这样的大文人，恭敬有加。老人家中有两样东西吸引东坡。调皮的潘生要参寥子猜："东坡师父去一家人家，这家竹林极青；枳树沿墙，枳树林极美，你猜，是哪一家人家？"

"竹间老人不读书，是家农户，你别往富户人家寻！"东坡提醒他的朋友。

参寥子手搭凉棚，往前一看，朱门富户，虽是金碧辉煌，他并不留意。只发现有一家农户，竹林幽幽，浓绿滴翠；长出围墙枳树梢，一团墨绿。"苏公，是这一家！"

"参寥子佛眼有灵！"东坡笑着，走进了尚氏竹林。竹林老人看到东坡已有酒在身，立即邀东坡进房休息，又为东坡泡了一壶自产的好茶。参寥子、潘生、郭生就观赏竹间老人的花圃和竹林。这位老人告诉参寥子："苏先生喜欢上我这园中的竹林和做篱笆墙用的枳树。先生还为我画了一幅枳林图。"参寥子请求看这幅图。老人把他们让进屋。大家蹑手蹑脚，跟着尚氏老人，小阁中，已传出东坡的阵阵鼾声，来至一间干干净净的堂屋。只见墙上画着一幅冬天的丛枳图。冬天枳树的叶子掉光后，只剩下坚硬的树枝与尖尖的刺。这些硬刺，本是扁扁的，小枝条，有棱角，到了顶端，就变成硬刺了，粉墙上的丛枳，枝条交权，错落有序，犹如龙飞凤舞。一根根利刺，分明喷吐出愤怒的火焰。参寥子明白，老朋友心中郁积的悲愤，已尽吐在尚氏老人这素墙上了。他查看落款："癸亥正月东坡醉笔"。

东坡片刻小睡，转眼醒来，喝了半杯好茶，精神焕发。他步入竹林，竹林早被尚氏老人打扫得干干净净。今年的新竹，已长到一人多高了。竹林中风声阵阵，鸟鸣啁啾。他穿过毛竹林，来到一片杂竹林。这一小片竹林，竹子小而矮，最高的也不过两个成人高。密密的，无法行人。尚氏老人常砍下杂竹，用来编织竹器。而东坡，最爱看风吹竹林，竹梢青青，总是柔顺地向人弯腰点头，而竹干则摇而不折，真有一种不屈不挠的精神。

在竹林中，参寥子等三人找到了东坡。这时，竹林中又传来雷琴的声音。附近有一位叫崔成的老人，善弹雷琴，东坡认识这个人。东坡不想去打搅他弹琴，只是离得远远的，专心欣赏。今天的雷琴曲调，像阵阵悲风，又像呜咽的号角，铮铮然，东坡觉得妙不可言，不是人间所有。海棠、竹林、枳树，给东坡带来了无穷欢乐。

第八章　沉浮之变

一、一别黄州

元丰七年四月，东坡携全家离开了黄州，他满怀对未来模糊的喜悦，离开居住四年多的黄州。由黄州移往汝州，东坡的身份并没有根本性的变化，但凭着他的才学、资望，特别是他在朝廷中重大的影响，人们都明白，东坡从黄州迁调到靠近京城的汝州，却是东坡命运重大改变的一个信号。

苏轼全家是乘船前往的。黄州不少朋友都来给东坡送行，一直送到慈湖为止。惟有陈季常，则一直送到了今江西的九江。

东坡全家决定先要去筠州看望苏辙。顺道游赏庐山，也成了东坡一个重要目的。

初入庐山地界，东坡被秀丽的山谷，雄浑的大山震惊，这些都是他平生未见过的景色。边走边看，到处有奇丽的景色，他有应接不暇的感觉，于是就决定不作诗，专心游山赏景。

有一个情形令东坡很费解。他走到哪里，那里的和尚及游人都议论纷纷："苏子瞻来矣！"在黄州，东坡觉得与世隔绝。如今大梦方醒，"苏子瞻"成了僧人、俗人都在讨论的对象了。于是东坡口占一绝，其诗曰：

> 芒鞋青竹杖，自挂百钱游。
> 可怪深山里，人人识故侯。

刚吟完此诗，朝云就笑他："你刚才像发誓一样，说决不作诗，如今熬不住，又作诗了。你实在想作诗，又何必费力约束自己！"

东坡说："前面发誓不作诗，荒谬荒谬！还是朝云说得好，想作诗就作。"说着，他又连作了两首绝句，诗中说："要识庐山面"，似乎这次游赏庐山，决心要看清庐山真面目。

东坡观赏了庐山瀑布,游览了圆通禅寺、开先寺、温泉、漱玉亭、栖贤三峡桥、东林寺、西林寺。在西林寺时寺院主持惠永和尚求东坡赐诗,东坡立刻答应,接过毛笔,就在墙上写了起来:

> 横看成岭侧成峰,远近高低总不同。
> 不识庐山真面目,只缘身在此山中。

那天,东坡脑海里充盈着庐山一座座奇特的山峰,一个个秀丽的山谷,经惠永和尚一催,竟吐出了这首绝妙的七绝。

过了庐山,来到兴国。苏轼全家投宿在一户农家。这以后,东坡改走旱路,前往筠州。这户农家土场前有一条小溪,农舍后有一片竹林。溪水清澈,苏迈告诉大家,溪水清甜可口,引得苏迨、苏过都想前去品尝。朝云抱着干儿,高兴地看着孩子们在溪水边玩耍。苏轼尤其开心,他对朝云说:"子由日日夜夜在想念我们,你猜猜看,他最想念谁?"

"那自然是你啦",朝云怀抱干儿,"你们兄弟已经五年没有见面了,五年前,他带着两个家,从南都到黄州,着实不容易。"

"朝云,你猜错了!"东坡说,"苏辙写给我一首诗,是写给迈、迨、过、遁四个侄子的,诗里曾言:闻兄尽室皆旧人,见面未曾惟遁耳。可见,他最想见的是从未见过的咱们的干儿。"

朝云逗着已能微笑的儿子:"干儿,子由叔叔最想你呢!"

东坡又说:"为了早点见到子由,我们还得日夜赶路,走几百里路呢!"

"我们在高安能住多少天?"朝云问。

"至少要住十天吧!子由可以见到干儿,我和他又可同桌共醉、连床夜谈了!"

端午节前三天,东坡全家来到了筠州苏辙家。苏轼、苏辙已好几个端午未在一起过了,这次东坡从黄州贬地争得了一点点自由,自然格外开心。苏辙抱着干儿,越看越高兴:"干儿的眉眼额头太像哥哥了!真可爱!真可爱!"

苏轼、苏辙兄弟见面,总是用眉山家乡话对话,有些土话,苏轼的儿子迈、迨、过及苏辙的三个儿子迟、适、远都听不大明白。对东坡兄弟而言,用家乡话谈心,这是最亲切不过的事了。

端午节那天,苏辙让家人作好一个长命囊,系在干儿手臂上。长命囊用五彩丝线编成,习俗认为孩子佩戴此囊,可以避鬼魅,避兵灾,不得疾病。干儿成了两家人的宝贝,朝云也由衷地感到做母亲的荣耀。

端午节唯一的遗憾是苏辙作筠州盐、酒税监竟一天不得空闲。新法实施后,盐、酒都由政府垄断专卖,公务琐碎繁杂,苏辙被纷乱琐碎的税务弄得头昏脑涨,苦不堪言。

　　三个侄儿苏迟、苏适、苏远陪着大伯游览了筠州大愚寺。东坡在大愚寺松林之中跟苏迟谈诗律，苏迟已经能作诗，这使东坡十分高兴。

　　离别的前夕，苏轼兄弟同床而眠。他们对现在的时局毫无信心。他们聊起已故的父亲，当年父亲很想在洛阳定居，于是他们决定：只要谁先到洛阳附近，就在嵩山下买地建屋，以作兄弟俩终老隐居之用。——后来，真正实现嵩山买地的，竟是弟弟苏辙，这是后事了。

　　快乐的十天终于过去了，苏轼兄弟俩不得不在筠州挥泪而别。东坡带着全家又来到长江边，乘上江中的大船，沿江东下，向金陵进发。

　　过了三峡，长江像一匹已被驯服的野马，有规律地奔流了。这一带旅行，没有什么特殊的风景值得留恋。炎热的夏季，船家生活更不好熬，人们只能等到太阳落山后，才敢出来透气，吹吹凉风。

　　在这种沉闷的船中生活里，活泼可爱的干儿就成了大伙最宠爱的热点。一天，王闰之提出来让干儿抓周，大家立刻赞许这个好主意。

　　东坡抱着干儿，朝云和闰之立即忙着找来抓周用的东西。一张矮小的四方桌上，放着梨、栗、饼、糖、脂粉盒子，闰之认为东西太少，几个儿子立刻再找，又找来了铜钱和弹子等。

　　"把我读的《汉书》拿一本来！"东坡把干儿举过头，先不让他看桌子上的东西，"再把当涂郭祥正先生赠我的古铜剑取一把来。"东坡在当涂郭先生家画竹石，郭先生曾送了两把铜剑给他。

　　苏迈立即取来铜剑，苏过取来一本《汉书》，这样小方桌上已放满了东西。

　　这时，王闰之把干儿抱过去，朝云逗着他玩，分散他的注意力，不让他看桌子上的东西。东坡把东西重新排列，把梨、糖、栗、饼、砚台、铜钱、墨、弹子、剑、《汉书》等重新排好："来吧，干儿，抓周吧！"

　　王闰之、朝云把干儿抱到小方桌前，干儿看到这么多东西，手舞足蹈，十分高兴。大家紧张地看着正在开心笑着的干儿。只见干儿咿咿呀呀伸出地一只手抓住《汉书》，另一只手拿着墨，好似胜利完成了任务一般，不再要别的东西了。东坡把《汉书》和墨夺下来，放在方桌边角的位置，把糖、饼、短短的古铜剑放在他眼前，谁知干儿几乎爬到桌上，仍然要《汉书》与墨。

　　东坡从夫人手里抱过干儿，亲吻他的小脸蛋说："干儿，你这么小就懂得要书和墨，你为什么不拿梨、栗、糖、饼呢？大概你知道那是贪吃可耻，是吗？那把小铜剑多好玩，你却也不拿！我们干儿就是像父亲，就爱书籍和墨！"

　　朝云看着东坡那开心的样子，觉得这是很难见到的，也非常高兴。东坡全家对干儿抓周的表现议论纷纷，大家都沉醉在幸福之中。

　　真是天有不测风云，船过了采石矶，干儿突然发起高烧来，东坡全家都非常着急。苏轼随身带有许多常用草药，立即煎好给干儿服下，干儿却紧咬牙关，双目紧闭，滴水不进。朝云、王闰之都落下了眼泪。朝云跪在干儿身边，祈求上苍保佑干儿，宁可自己代他受此惩罚，只希望让干儿退烧，能尽早清醒过来。

东坡在船舱里坐立不安。茫茫大江，滚滚东流，两岸都是荒凉的原野，离金陵还有一天路程，看来，老天爷是要把干儿这条小命收去，而自己却没有办法。看着干儿不停地抽筋，东坡流下了一串串的眼泪。

船近金陵，干儿已经停止呼吸。朝云哭得死去活来。泪水混着乳汁，流得床上一片湿。王闰之更是伤心，她爱干儿像爱自己亲生儿子一般，如今只有她替干儿穿入葬的衣服。她怕朝云受不了这一刺激，只有自己亲自动手。她抹着眼泪，挑选最新最好的衣服，给干儿穿上，再用被单盖上。然后，就去安慰朝云，替她擦干泪水，可是朝云的眼泪不断地一串串流下，乳汁也不停地冒出，闰之只好又给朝云换内衣。

东坡在床上僵卧，他想，干儿来到这个世界上，就这样来去匆匆，是这样虚幻，这变化又是多么可怕。他又想，自己究竟犯了什么罪，触犯了上天，要降下这样可怕的惩罚！佛经说，人本无烦忧，只因有了爱，于是就有烦恼。要想无烦恼，只有去除这个爱字，所谓"欲除苦海根，先于爱河水"。可是东坡又想，他对朝云的爱，朝云对自己的爱，都是正大光明，无可非议的！思来想去，他只相信人生的虚幻、不真实！否则，干儿怎么会在须臾之间离去呢！

东坡到了金陵，忙着埋葬干儿，给朝云治病，不得不推迟去半山寺拜访王安石的日程。

二、昔日政敌

此后苏轼在金陵，还会见了王安石。王安石自从熙宁九年罢相之后，便在金陵钟山一直过着隐居的生活。苏轼和王安石虽然是政治上的对头，但互相都不把对方看作不共戴天的仇人。即使在苏轼因为反对王安石变法而自请外放的期间，他们也保持着相当密切的联系。

在密州时，苏轼写了《雪后书北台壁二首》，王安石见后很是喜欢，便次韵唱和，苏轼也有答和的诗篇。苏轼的诗中有"冻合玉楼寒起粟，光摇银海眩生花"一联，王安石赞赏说："苏子瞻竟然能把典故用得如此之好！"王安石的女婿蔡卞正在身边，说："这句不过是歌咏雪的形象形容，把楼台妆扮得像玉楼一样，使万物笼罩得像银海一般罢了。"王安石笑着说："这乃是用了道家经书上的典故啊。"原来，道家将两肩叫玉楼，把眼睛叫银海。

　　苏轼贬谪黄州后，王安石只要遇有从黄州来的人，就问："东坡近日有什么绝诗妙句？"曾有一位客人告诉他："苏轼住在临皋亭，醉梦中起来，写了1000多字的《宝相藏记》，一气呵成，只改动了一两个字。我有抄本，碰巧留在船上了。"王安石立刻派了一个跑得快的家人去取。取回时已是晚上，他临着月光在飞檐下观赏，高兴得眉开眼笑，说："东坡真是人中龙凤啊！不过有一个字不大妥帖。"客人请教，王安石说："'日胜日负'不如'日胜日贫'好。"苏轼在黄州听说王安石的评价，拍手大笑："荆公果真是懂得文章之优劣！"苏轼文章中讲到一个人常去赌博，每天有胜有负，自以为是技巧，却不晓得是罪孽。"日胜日负"是"每天有赢有输"的意思，改成"日胜日贫"就变成了"每天都赢却一天天地贫穷"的意思。这是一篇宣扬佛教的文章，王安石这时已经成为一个虔诚的佛教徒。在这方面，他俩是有共同语言的。当然，他们之间最重要的联系纽带，还是文学。王安石也是一位非常优秀的文学家，苏轼对他的诗歌文章，也是十分赞赏的。即使是后来苏轼等反对变法的人入朝掌权，新党暂时失势的时候，苏轼也经常对王安石的诗文赞不绝口。

　　元丰七年七月的一天，王安石身着"野服"，骑着毛驴，来到江边，拜访了泊船金陵的苏轼。苏轼同样野服相迎："我今天大胆冒昧，穿野服见大丞相。"王安石笑着说："礼节哪是为我们这些人设的！"两人已有十多年没见面了，此时的王安石，身体消瘦，面容清癯，白发苍颜，与嘉祐、熙宁之际精明机敏、锐气逼人的形象已完全不一样。而这时王安石眼前的苏轼，朗目疏眉，长髯飘胸，文质彬彬，气度从容。王安石不由得赞叹道："好一个翰林学士！"苏轼这时还没有当上翰林学士，但在王安石此刻的心目中，他应该是翰林学士的上上人选。

　　苏轼第二天又应邀回访了王安石。离金陵白下门不远，就可以看到王安石的住所，再向远处看，就是风景优美的蒋山。住宅很简单，周围没有人家，也没有筑院墙。这样，住所和四面的景色更紧密地结合为一体。苏轼望着被王安石唤作"半山"的居处，暗自赞叹此老的眼光情趣非比寻常。

　　苏轼与王安石咏诗诵经，畅谈了好几日，言谈中也涉及到朝政，苏轼说："大兵大狱，这是汉朝、唐朝灭亡的教训，祖宗以仁德治理天下，正是要去掉这些弊病。如今用兵西边，连年不断。东南又屡次造成大的冤狱，您怎么不出来说一句话来挽救时局呢？"王安石举起两个手指说："这件事都是吕惠卿造成的，我在外面哪里敢说？"苏轼说："当然。在朝进言，在外不议论，这是做臣子侍奉皇上通常的礼节。然而皇上并不以通常之礼仪来对待您，您怎么可以按通常的礼数侍奉皇上呢？"王安石咬了咬牙，说："我一定要说的！"又说："今天的话，出自我的口，入在你的耳。"当时的当权者，不仅要排挤那些持不同政见的人，为了争权，对自己人也施以陷害。对这一点苏轼和王安石都是感同身受的。

　　王安石又提到了苏轼那首《雪后书北台壁》："道家以两肩为玉楼，以眼睛为银海，你是不是用了这个典故？"苏轼笑着点点头。王安石又问苏轼有什么新作，并拿出自己最新的作品给苏轼品评。苏轼对他诗中"积李兮缟夜，崇桃兮炫昼"两句很赞赏，认为有《离骚》的意味。王安石高兴地说："多谢你吹捧我，我自己也是这样认为的，只是没给那些凡夫俗子讲过。"

谈起文学来，两人特别投机，总有着谈不完的话题。他们还互抄对方的作品相赠。王安石乘兴邀请苏轼留居秦淮，苏轼见金陵风光美丽，又可以和王安石这样的知己交流，也确实有点动心。

苏轼临别时，对王安石身旁的学生叶致远说："那些自称是学荆公的人，哪能有荆公这样博学！"而王安石则目送苏轼离去，叹息着对身旁的人说："不知道要再过几百年，才会有这样的人才！"

苏轼并不愿意去汝州居住，听了王安石留居秦淮的建议，就打算在金陵买田置地，可是没办成。走到仪征后，又在仪征寻找可买的田产，也没有办成。最后决定还是托人在常州买田。他在熙宁七年杭州通判任上，曾奉旨到常州救灾，很喜欢那里的自然环境，当时已购置了一些田产。于是苏轼在行到泗州时向朝廷上了奏折，要求在常州居住。当他走到南都时，朝廷的诏命下来了，皇上同意他居住在常州。这是元丰八年二月的事了。南都乃是老恩师张方平居住的地方，自然要多停一些日子。在张方平的家宴上，苏轼结识了为张方平治疗眼疾的医生王彦若，即席赠诗，诗中用了很多医学术语。苏轼对医学也颇有研究，至今还有他的医方传世。三月六日，宋神宗驾崩。苏轼在南都听说了皇上驾崩的消息。

苏轼从南都回转向南，直奔常州，途经扬州时，在竹西寺题诗说："十年归梦寄西风，此去真为田舍翁。"意思是10年来希望回四川家乡只是梦想，而如今真的又要到常州当种田人了。谁知刚到常州，便接到了转任登州知州的命令。六月起身，十月十五日到任，十月二十日又接到诏命，回京任礼部郎中，十二月到京后，又升任为起居舍人。与此同时，苏辙也奉旨回京，先任右司谏，接着也升为起居舍人。起居舍人是负责记录皇帝言行的贴身秘书，昨日还是逐臣，转眼荣居要位，苏轼兄弟从政史上最荣耀的日子，就这样来临了。

宋神宗驾崩之后，继承皇位的是宋哲宗赵煦。小皇帝年仅10岁，掌握实权的实际上是宋神宗的母亲高太后。高太后一向反对变法，如今大权在握，便要推行自己的政策。她首先召回了反对变法的旧党领袖司马光，又按照司马光的推荐，将苏轼、苏辙、吕大防、程颐、文彦博、刘挚、吕公著等召回京师，委以重任。这是元丰八年发生的事，到第二年，也就是公元1086年，小皇帝赵煦宣布登基，改年号为"元祐"。政治史上称这段时期为"元祐时期"，而司马光为首的反对变法的执政集团，被后来史书称作"元祐党人"。

三、元祐党人

在熙宁年间和苏轼兄弟以诗文唱和往来的文人学士们，在元丰年间的新党打击之下四散各地。现在借着政治气候的变化，再次聚会在一起。而且从郡县江湖，来到了东京开封。这里面有诗人才子学者李常、孙觉、孔文仲、王巩等，还有画家王诜、李伯时。李伯时名公麟，是南唐先主李升的孙子，是著名的古文字学家和知名的画家。这些人都是处于当时社会文化最顶端的人物。

苏轼元祐元年（1086年）三月被任命为中书舍人，这是参与朝政决策的要职。九月，又担任翰林学士兼中书舍人。苏轼在此之前一直被人们看作"无冕翰林"，如今终于戴上了翰林学士的桂冠。"卧闻疏响梧桐雨，独咏微凉殿阁风"，此时的心情，与在东坡雪堂时，自然是大大不同。

"翰林学士知制诰"这个职位永远是名气最盛的学者担任。往往是担任内阁首相的前一步。在宋朝，"翰林学士知制诰"是三品，宰相是二品，在宋朝几乎没有一品的职位。再者，为皇帝草拟圣旨，就使苏轼有机会得以亲密接近少年皇帝和太后。这项任命是由宫中亲自派人送到苏轼家中的，同时颁赠官衣一套、金带一条、白马一匹，附有一套镀金的缰绳鞍鞯上的零配搭。宰相办公的中书省和皇宫西面相连，翰林院则靠近皇宫北门，算是皇宫中的一部分。翰林学士的工作通常都是在晚上。翰林们在院中办公事，也被称之为"锁禁深夜"。习惯上是，翰林通常单日夜里在宫内值班，草拟圣旨，在次日公布。翰林在黄昏时顺宫中东墙进入，直到内宫东门，那儿他备有一间屋子，接连皇帝的住处。有时长夜漫漫，苏轼无事可做，只有凝视红烛，静听宫漏，以遣长夜。有时夜里寒冷，皇太后会差人送来烫好的酒。关于要发布的上命，都是由皇太后口述，由苏轼用极为庄严典雅的文体写出来的。

在苏轼担任翰林学士知制诰期间，他草拟了约有八百道圣旨，现在都收录在他的全集中。圣旨无不铿锵有力，妥帖工整，简练明确。圣旨的文字往往引经据典，富有例证譬喻，这类文字，苏轼写得轻而易举。苏轼去世后，另一个人，姓洪，接任他的职位。他对自己的文才很有信心，他问当年侍奉苏轼的老仆，他比苏轼如何？老仆回答说："苏轼写得并不见得比大人好，不过他永远不用查书。"

一天晚上，苏轼正在这间小书斋中坐着，他对政敌的攻击已是非常厌倦，已经请求辞去此一职务。皇太后宣他进宫草拟诏书。年轻的皇帝正坐在祖母身旁，苏轼在一旁恭恭敬敬地立着听候吩咐。在告知苏轼草拟圣旨任命吕大防为宰相之后，皇太后突然问他："有一件事我想问你。几年前你官居何职？""黄州团练副使。"苏轼答道。"现在身居何职?"皇太后又问。"翰林学士。"苏轼没有迟疑。"你为什么升迁这么快?"皇太后跟着问。"仰赖太后的恩典。"苏轼很恭敬。"这与老身无关。"皇太后否认。苏轼不得已只好猜测:"一定是皇上的恩赐。""与皇上也没有关系。"皇太后又否认了。

苏轼于是又猜道:"也许是有元老重臣推荐。"太后说:"与他们更没关系。"苏轼呆立了片刻,然后说:"臣虽不肖,但从不运用关系求取官位。"

太后最后揭开谜底:"这是我很早就想对你讲的。这是神宗皇帝的遗旨。先王在世之时,每当用膳时举箸不下,大家便知道是看你写的文字。他常提起你的才学,常想任用你,但不幸未及如愿便突然崩逝。"

提到先皇,三个人不觉同时落泪。于是太后赐苏轼座,赐茶叶一包,又对他说:"你要尽忠尽责辅佐幼主,以报先王之恩遇。"苏轼正要鞠躬告退时,太后从桌子上拿起一个雕有莲花的金烛台当礼品赏给苏轼。

苏轼升任翰林学士没多久,司马光却在哲宗元祐元年九月逝世。那天正好是神宗灵位送进太庙的斋戒之日,灵柩停在灵堂,司马光的朋友们本当前去祭拜,并且吊丧者应当哭几声。但是偏偏全体官员都要遵礼去斋戒,反倒没有时间去向离世的宰相吊祭。九月初六,按照古礼,在肃穆、乐声悠扬的典礼中将神宗的灵位安放在太庙里。朝廷大赦,罢朝三日,文武百官都参加大典。一件重大而有趣的事发生了。

事有凑巧,司马光的丧礼由理学大师程灏的弟弟程颐主持。这位理学家,话往最轻里说,也不是个和善可亲的人,那副自命不凡的样子更叫苏轼厌烦。这位理学家完全遵照古礼来办这件丧事。当时死者的亲人要站到灵柩之侧向灵前拜祭的客人还礼,这种风俗已流行几百年。但是程颐认为这不合古礼,于是不让司马光的儿子站在灵柩一旁还礼接待客人。他的理由是,孝子要是真孝顺,应当是悲痛得不能见客人才对。那天朝廷百官在太庙中的大典完毕之后,苏轼正准备带领翰林院及中书省同僚前往已故相国司马光府去吊祭,程颐也有事要去,他就告诉大家说这违反孔子在《论语》中的话:"子于是日哭,则不歌。"因为那天早上大家曾在太庙唱过歌,至少也听过奏乐。同一天怎么还能去哭泣吊丧呢?大家到了司马府门前,程颐想阻拦大家,于是大家争得满面通红。

程颐说:"你们没读过《论语》吗?'子于是日哭,则不歌。'"

苏轼立即回答道:"《论语》上却没说'子于是日歌,则不哭'。"

苏轼十分气恼,不顾程颐的反对,率领大家进了门。每个人都站在灵柩前面拜祭行礼,在离开之前都依照习俗以袖拭目。苏轼一看司马光的儿子没出来接待客人,询问别人,才知道程颐禁止,说是不合古礼。于是苏轼在全体官员之前讲道:"伊川可谓糠鄙俚叔孙通。"于是大家哄堂大笑,程颐满面通红。这句评语十分恰当,可谓一针见血,入木三分。不管程颐或苏轼自己,对这句挖苦话,都是毕生难忘的。在苏轼和二程这一派之间，这粒仇恨的种子算种下了。

没多久，他们看见皇帝和太后的龙车凤辇来了，都是朱红的轮子。他们是来吊祭故相国的，并在灵前哭泣，以尽君臣之礼。司马光的丧礼是国家赋予大臣当得的最高荣誉。在棺木中，他的遗体上都盖着水银龙脑，那是皇家的赏赐。皇家又赐白银三千两，绸缎四千匹，并派宫廷官员两人护卫灵柩返乡，家中十人赐予官职。

元祐元年（1086年）十一月，苏辙又做了起居舍人，没多久又任中书舍人。对古代的士大夫来讲，能够在天子身边为臣，这是人生最大的荣耀。当苏辙在迩英殿看到小皇帝那稚气未脱的"龙颜"时，忽然忆起嘉祐六年自己和兄长一同参加制科考试，就在离迩英殿没多远的崇政殿西廊中。仁宗皇帝亲到考场，就站在离自己最近的地方。如今25年过去，在他面前的，已是仁宗老皇帝的曾孙辈天子。25年的仕宦沉浮，终于又亲近龙颜，他的心情是非常激动的。

这年十月，苏轼主持学士院招聘考试。通过考试，黄庭坚、张耒、晁补之就任馆职。但是这次考试的第一名是毕仲游，他是苏轼在此次考试中发现的人才。以后秦观和布衣诗人陈师道也被苏轼举荐进京。"苏门四学士"此时都已经在学术、文学上取得了令人刮目相看的成就，名扬四海。

元祐初年的北宋京城，可以说是"群贤毕至，少长咸集"，当时文坛的精英，几乎全部集中到了京城，空前的规模，超过了庆历年间欧阳修文学集团在京师的聚会。在聚于京城的文坛精英中，苏轼是他们的核心和领袖。游赏、宴会、题画、酬诗，留下了非常多的逸事传闻、妙谈佳话。"元祐词人"的丰采，一直是后世的笔记小说中津津乐道的话题。

元祐元年（1086年）十二月，苏轼奉命接待辽国派来贺岁的使臣，和他一起负责接待辽使的是狄咏，那是北宋名将狄青的儿子。苏轼和狄咏夜晚聊天，狄咏讲起父亲狄青少年时替兄长顶罪的事。苏轼记录下来，写成一篇小文《书狄襄武事》。又为狄咏珍藏的石屏题了诗。参与接待的还有一位皇宫官员叫刘有方，他见苏轼慷慨题咏，毫不惜墨，便取出自己珍藏的《虢国夫人夜游图》，请苏轼题跋。这是唐代张萱的作品，宋人视为绝笔神品。五代时藏于南唐的宫廷中，进入宋朝后落入宰相晏殊手中，后来成为内务府藏品。苏轼为这幅绘画珍品题的诗是：

> 佳人自鞚玉花骢，翩如惊燕踏飞龙。
> 金鞭争道宝钗落，何人先入明光宫？
> 宫中羯鼓催花柳，玉奴弦索花奴手。
> 坐中八姨真贵人，走马来看不动尘。
> 明眸皓齿谁复见，只有丹青余泪痕。
> 人间俯仰成今古，吴公台下雷塘路。
> 当时亦笑张丽华，不知门外韩擒虎。

这首题画诗鲜活地描摹出画中人物的神情姿态，写出了唐玄宗和杨贵妃姐妹奢侈荒淫的生活景象。作者又从绘画转入历史，写出了荒淫帝妃的悲惨结局。繁华喧闹的画面，给人带来的是沉痛悲伤的教训。诗的最后四句，又宕开思路，回顾了发生在唐明皇杨贵妃悲剧之前的历史故事；隋炀帝荒淫的结局，是客死扬州，埋骨于吴公台雷塘路；陈后主和张丽华荒淫的结局是做了韩擒虎的阶下囚。苏轼在此提出了一个问题，为什么唐明皇不能吸取这些事隔不很久远的历史教训呢？

多年之后，宋徽宗也见到了这幅名画，也看到了画后苏轼等人的题跋。他御笔题辞后，把画赐给了宠臣梁师成。宋徽宗也没能吸取前人的教训，荒淫误国，导致了北宋王朝的灭亡。

元祐年间很多书画大师集中在京城，京城的达官贵人家中和皇宫内府中又收藏着丰富的书画珍品，人们都希望得到苏轼这位文坛领袖、诗文书画大家的题辞。苏轼在观摩、切磋之中，写下了不少的题画诗。这些诗，有的生动地描绘了画的形象色彩，有的深刻地阐发了画的内涵意义，有的则借题发挥，道出了自己的艺术思想。

> 与可画竹时，见竹不见人。
> 岂独不见人，嗒然遗其身。
> 其身与竹化，无穷出清新。
> 庄周世无有，谁知此凝神。

这是苏轼《书晁补之所藏与可画竹三首》中的第一首。文与可给别人画画，常常不写题辞，说："留给苏轼来写吧。"这时文与可已离去多年，苏轼借给故人的画题诗的时机，又一次说出了自己和文与可共同的观点。艺术创作的过程，就是主观感受和客观对象融合的过程。

元祐时期是以苏轼为首的文学集团名动天下的年代，假如说苏轼兄弟和他们门下的秦、黄、张、晁，是在熙宁、元丰年间取得文学创作方面的巨大成功的话，那么元祐时期就是他们的成果和地位得到社会广泛认可的时期。当然，这种认同和政治时局的发展是紧密联系在一起的。这时，苏轼已牢固地树立了他在北宋文坛的领袖地位。

苏辙有两句诗是："谁将家集过幽都，逢见胡人问大苏。"就很明显地表明了苏轼在文坛的地位。元祐四年，苏辙出使辽国，发现苏氏一家的文集在辽国广为传诵。辽国人对于苏辙的到来非常欣喜，见面时总要问问苏轼的情况。辽国负责接待的官员，对苏辙的诗文也很熟悉，谈起苏辙的《服茯苓赋》来，赞不绝口。监察御史张舜民出使辽国时，也曾在辽国一州驿中，见到有人题写苏轼的《老人行》在墙上。苏氏家族的名声不仅闻名全国，而且传到了国外，产生了极大的国际影响。当时朝鲜有兄弟两人，因崇拜苏轼兄弟，起名叫"金富轼""金富辙"。

不过苏轼的深孚众望，却也破坏了一门婚事。原来文士章元弼对苏轼极为崇拜。他本人长得并不出色，却娶妻甚美。婚后，妻子发现丈夫整夜诵读苏轼的诗，对她不予理睬。后来妻子终于不能容忍，对丈夫说："你那么爱苏轼，简直胜过了我！好吧，把我休了吧。"丈夫真就把她休了。这位丈夫章元弼告诉朋友说他妻子遗弃他，全是为了苏轼。

这时苏轼受人欢迎，以致好多文人秀才模仿苏轼的帽子。苏轼戴一种特别高的帽子，顶上窄而微向前倾，这样帽子后来称作"子瞻帽"。一天，他伴圣驾到澧泉游玩，当地正由宫中的伶工演戏。一个小丑头戴"子瞻帽"在戏台上自夸道："我这个作家诸位比不了！"别的伶工说："如何见得？"丑角儿道："难道你们没看到我戴的帽子？"这时皇上微微一笑，向苏轼瞧了一眼。在这样的情形之下，苏轼和朋友们则随意说笑。在他官居礼部尚书又兼主考官时，他与几个朋友和几个考官入闱几十天，在办公时间大家都忙着阅卷，苏轼则不停的在各屋里转，闲谈玩笑，简直教人没有办法专心做事。到了晚上，他才自己做事，看试卷，评等级，迅速至极。

有好多逸闻，说他如何当场编出笑话。那些笑话里包括双关语，尤其是他和另一个富有机敏才智的才子刘攽说话时的针锋相对。

有一次，苏轼去拜访宰相吕大防。吕很胖，苏轼到达时，他正在午睡。苏轼等了好久，非常心烦。最后吕大防出来了。苏轼手指向客厅中一个大瓦缸里背长绿毛的乌龟。他向吕大防说："这种东西没有什么奇特。难得的是一种三对眼睛的乌龟。"

吕大防眼睛瞪得圆圆的说："是吗？会有六只眼睛的乌龟？"吕大防心想不对，自己肯定被捉弄了；但是苏轼学识如此渊博，肯定在什么书上读到过。

苏轼回答说："当然，在唐中宗时，有一个大臣向皇帝进献一个乌龟。皇帝问他六个眼睛的乌龟有什么优点。大臣说六个眼睛的乌龟有三对眼，平常乌龟只有一对。所以，你看，六眼乌龟午睡时，他要睡三个平常乌龟的觉呢。"

苏轼常向朋友钱勰得意扬扬地自夸，说他多么喜爱他在乡间过的那种朴实生活。他说吃饭时只有米饭、萝卜条、一个清淡的汤，可是十分满足快乐。一天，钱勰送给他一个请柬，请他吃饭。请柬上写着"将以三白待客。"苏轼从来没听说过那种东西，不知三白为何物。他那天一到，只见钱勰为他准备的只是很简单的一餐，只有三种白东西摆在桌子上：一碗白米饭，一盘白萝卜，还有一碗无色的汤。苏轼忽然想起自己的谈论，明白是受人愚弄了。等过了一些日子，他送给钱勰一张请柬，请吃"三毛餐"。钱勰去赴席，发现桌子上什么也没有。苏轼请他坐下，两人都坐下。过了好久，还没有酒菜上来，钱勰抱怨说饿了。苏轼则微笑着说："咱们开始吃吧，不用等了，快吃'三毛餐'吧。'三毛餐'就是毛米饭，毛萝卜，毛菜汤。"原来"毛"又有"无"之意，苏轼这样开过玩笑之后，他也原谅了那个朋友，二人开怀饱吃了一顿大餐。

苏轼做翰林学士时常在夜里被深锁宫中。有一个非常崇拜苏轼的人，勤于收集苏轼的字。苏轼每一个短简便条如果由苏轼的秘书交给他，他就给秘书十斤羊肉。苏轼已经听说此事。一天，秘书带友人的口信请苏轼回复，苏轼说已经口头回复了。秘书第二次又来请求，苏轼就说："我不是已经说过给你了吗？"

秘书说："那人非得要一个书面的回复。"

苏轼说："告诉你那位朋友，今日禁屠。"

《论语》里有个司马牛，是孔子的弟子，与司马光同姓。一天，苏轼为国事和司马光争吵得很激烈，而司马光仍是坚持己见。苏轼回到家中，把长袍扔在躺椅上，向朝云吁了口气说："司马牛、司马牛！"

这些年中，苏轼在他的政论文字里，时常谈论"慎思"与"公正"二义为贤臣之所必备，但是慎思与公正实为党人之所厌恶。一天，一顿丰盛的晚餐之后，苏轼在屋里欣然拍腹而行。他问家中妻儿他那便便大腹之中何所有？一个说是"一肚子墨水"。一个说："你是一肚子的好诗文。"苏轼都摇头说："不是。"最后，聪明的侍妾朝云说："你是一肚子不合时宜。"苏轼欣然大呼曰："对！"遂大笑。

又一次，一个素未相识的文人去拜见苏轼，带着他写的一卷诗，请苏轼指正。那个可怜的文人自己高声诵读，抑扬顿挫，铿锵有声，显然是颇为得意。他问："大人，不知您认为拙作怎么样？"苏轼说："百分。"那个文人脸上欣然色喜。苏轼此时又说："吟诵之美七十分，词句之美三十分。"

苏轼五十三岁那年，整整一年都待在汴京。这一年，是苏轼一生中做官最大的一年，他在翰林院任学士知制诰兼哲宗的侍读，等于是皇帝的秘书兼老师。正月里，诏权知礼部贡举，又是全国主考官。新春里，苏轼写了三首七绝，是与苏辙相和的，其中第二首说：

············

白发苍颜五十三，家人强遣试春衫。
朝回两袖天香满，头上银幡笑阿咸。

············

苏轼上朝回家后，两袖染满了皇帝那里的香烟，头上簪着皇上送的银幡，和侄儿们谈笑着，勉励他们好好学习，争取早日高中进士。此时的苏轼，可谓春风得意，诗兴至浓。

这一年中，请苏轼饮酒的人也特别多。毕竟是宋朝京城，自有京城的文化特色。苏轼成了当时文坛的领袖，所以参与的诗酒文会特别多。

　　已辞官退休的老宰相韩绛，从颍昌返回京师，他是专程回来观看京城元宵节灯会的。嘉祐二年（1087年），苏轼投考进士时，礼部贡举的主持人是欧阳修、韩绛等人，因此，韩绛也是苏轼的恩师。如今欧阳修已去世，苏轼自然更尊敬韩绛。七十七岁的老宰相喜欢热闹，正月十六日，韩绛在桐树韩家与从官九人聚会，这九个人都是他的门生，苏轼也被邀请去了。酒席宴上，老宰相召出十名家妓，为大家把酒助兴。韩绛最宠幸的一名家妓叫鲁生，能歌善舞。韩绛命她为大家跳舞。忽然，她被一只蜜蜂蜇了一下，便到内室休息去了。韩绛为此很不高兴。又酒过数巡，苏轼已略有醉意。这时，韩绛已经叫出鲁生，只见鲁生手持白团扇，翩翩起舞。一曲舞罢，她并不下场，却来到苏轼跟前："苏大人，请学士大人在白团扇上赐诗！"

　　"子瞻呀，你就满足她的请求吧！"韩绛说。

　　"恩师今日笙歌邀白发，灯火乐青春，我怎敢扫大家之兴！"苏轼正说着，一位家妓早取出笔墨。苏轼接过白团扇便作诗两首。第一首："穿摇细浪鱼吹日，手弄黄花蝶透衣。"写完这两句，东坡解释说："上句鱼吹日，乃记其姓鲁；下句蝶透衣，是说今日游蜂蜇美人一事。"韩绛大喜，东坡说："我这样写，唯恐她斯赖！"韩绛对鲁生说："京城中文士名流，以得苏学士墨宝为荣，今天却造化了你！还不赶快谢过苏学士！"苏轼接着又写下："不觉春风吹酒醒，空教明月照人归。"第二首是："一一窗扉面水开，更于何处觅蓬莱。天香满袖人知否，曾到旃檀小殿来。"苏轼说："《楞严经》中说，点燃一支旃檀香，四十里内皆可闻香。今日康国公像当年马融为门生开西第东阁一样，叫我们都嗅到旃檀天香了。"韩绛当时已封康国公，他明白苏轼这首七绝是赞美他的。他以苏轼这位学生而自豪。三更以后，老宰相专门派人送苏轼回府。

　　这一年年底，东坡与王定国、王晋卿诗酒唱和特别多。十二月初七是宋哲宗的生辰，为避僖祖忌辰，以十二月初八为"兴龙节"，也就是皇帝诞生的节日。按惯例，兴龙节要侍奉皇帝，苏轼对此并无多大兴致，皇帝还小，这种场面都是臣子们之间争宠夺爱、钩心斗角的好时候，苏轼对此漠不关心。兴龙节侍宴前一日，天正下着小雪。苏轼与苏辙同访王定国。王定国崇拜苏轼，把他当作自己的恩师，苏轼贬黄州时，他被迁宾州作盐酒税监，始终与苏轼保持诗友联系。他与苏轼几乎同时返归京城，前两年作扬州通判，正拟调往宿州任太守，所以暂时在京城旧居待命。苏轼、苏辙来时，正好驸马王晋卿也在王定国府上，四人相聚，大喜。

　　"啊哈！苏大人，我画的《烟江叠嶂图》承蒙学士大人抬举，赋诗十四韵，我已写了唱和一首，请学士指正！"王晋卿说。

　　"驸马画的《烟江叠嶂图》太好了，江山有千叠山峰，浮空碧翠如云烟。但见两崖苍莽，绝谷幽暗，中有百道飞泉，小桥茅店，乔木行人，一叶扁舟，不意人间竟有此境，老夫正想买这二顷田呢！"苏轼又对王定国说："上次，我还你《烟江叠嶂图》时，再三观赏！今来清虚堂，想再赏一下此画。苏辙上次没来得及看到，今天随老夫特来赏画！"

王定国把苏轼、苏辙请进清虚堂。《烟江叠嶂图》已挂在墙上了。苏轼、苏辙沿这幅横图观赏，犹如进入烟波浩荡的袁江之上。有的地方山苍云遮、烟蒙雨罩，无法知道；有的地方烟开云散，林开日升，弯弯曲曲的山石之路，或隐或现。忽而是瀑布千丈，忽而是川平山开，忽而是渔翁钓江，忽而是参天乔木，真令人赏心悦目。

"苏学士，苏侍郎，"王定国指着一处青色山峰说："王驸马的画，给山着色，这是古人很少见的。传统的山水画只有水墨，王附马另辟蹊径，绘了这色山，这使山更妙了！"

"迩来一变风流尽，谁见将军着色山？"苏轼以诗评画。他诗里的"将军"即唐朝名画家李思训，官至左武卫大将军，他擅长画着色山，东坡以之比王晋卿。

"给山水林泉点色，唐时已有。《图绘宝鉴》说：李思训，唐之宗室也。画艺超绝，尤工林泉山水，笔格遒劲，得湍濑潺潺、烟霞缥缈难写之状，用金碧辉映，为一家法。我不过是试试李思训的金碧辉映法罢了。"王晋卿说。

王定国已在清虚堂设下酒席，宴请苏轼、苏辙、晋卿。这是四位知心朋友之间的宴会，这四人中，二苏酒量极小，二王是海量。尤其是苏辙，他持戒比苏轼更严，但在清虚堂中，也破了戒。宴席上，定国吟咏了几首诗，要二苏品评。苏辙说："定国之诗，大有长进，五言尤佳。"苏轼也同意。王晋卿又吟诵了次韵苏轼《烟江叠嶂图》诗。

苏轼听后，大喜道："我赋王晋卿《烟江叠嶂图》诗十四韵，晋卿唱和，语特奇美。我要再复次韵，不独写那诗画之美，也为道其出处经典之故。当年齐桓公与管仲饮，管上寿曰：愿君无忘出奔于莒也，臣也无忘缚束于鲁也。想当年，我被贬黄州五年，同时也害得定国受牵连，在瘴雾弥漫之地也苦熬了五年。幸亏定国于国于友，忠爱不变，才有今天啊！"

"学士愿再作次韵诗，让我见识一下学士的超绝才华。诗中道出故交友情，也正是我们后辈要学的重点呢！"王晋卿说。

"驸马讲的是，如今朝廷，人事太复杂。我任扬州通判期满，理应升迁，原本定我去宿州。可是最近听说有忌妒者反对，又不让我去宿州了。"王定国说得很坦然。苏辙听闻过这件事，可是苏辙为人持重，更不想扫定国之兴。

"扬州有好酒，可惜不便带来。今天的酒，是王驸马所赐，我这是借花献佛，愿二位前辈看在驸马的脸上，再饮上一杯。"王定国举起小小银杯，祝福苏轼、苏辙二位长辈。

苏轼借着酒兴，又作《次韵王定国晋卿酒相留夜饮》：

短衫压手气横秋，更著仙人紫绮裘。

使我有名全是酒，从他作病且忘忧。

诗无定律君应将，醉有真乡我可侯。

且倒余樽尽今夕，睡蛇已死不须钩。

要知道，苏轼的诗与酒是和在一起的，因此，"使我有名全是酒"也就是说："使我有名全是诗"呀！

四、矛盾党争

苏轼有登龙之术，也有谦退之道，不愧为当朝大师。现在苏轼的情况是，不追求政治权力，而为政治权力所追求，听来有趣。当年王安石得势之时，他在政坛坎坷不达，不足惊诧；可是如今他的同党既然当政，他仍然失势，则确属可惊了。苏轼永远不够为一个好党人，因为他过于孤傲，非常人可及。现在他的同党当政，他自己受人爱戴，有声望，有皇太后钦佩他的人品学问，可是他一直想摆脱这个颇为人羡慕忌妒的政治地位，却没能如愿。了解他品性的人，都明白他的宦海生涯不会太久的。推迟年老延长青春的第一条办法，是避免一切情绪上的烦忧，可是苏轼现在，在他所称"奸小之境"的官场，却有过多的烦忧。政治这台戏，对有此爱好的人，是很有意思的；对那些不爱驾驭别人的人，丧失本性尊严而取得那份权威与虚荣，会被认为并不值得。苏轼的心始终没专心于政治游戏上。他本身缺乏得最多的，便是没有决心上进以求取宰相之位，如果他有意，他会轻而易举得到手的。作为皇家的翰林学士——其实是属于太后的，他与皇家交往甚密，只要肯用政治策略，相位唾手可得。毫无疑问，他足够聪明，但是倘若如此，他就是自己迷失本性了。

宋朝的政治体制最容易造成朋党之争。因为大权集于皇帝一人之手，甚至在神宗元丰元年，政府组织改组简化以后，宰相仍然没有专责。内阁共同负责也没清晰划分的责任，以使宰相及阁员大臣能协力一致。在当政者及反对者之间，也没有职位权利的严格划分。政治上的运动只不过是私人之间的斗争。但是政治的规范，其实东西毫无二致。所以这种体制是使庸才得势的最好制度。这种政争之中也有些规则，不过主要在幕后进行而已。第一条是，一个高明的政客必然要精通一种艺术手段：那就是要多说话，但内容必须空泛。高明的官员永远不说出什么，但要会否认。高明的官员必须有修养，长于说"无不知道""阁下所说，诚然不错!"第二条，他必须讨好朋友。第三条是，应当特别提防得罪别人。守口如瓶，低声而斯文，使人高兴得窃窃私语，全心全意讨好于人，这样的官员，纵然不能爬到宰相之位，至少不会外放远贬。

不幸，苏轼非此等人也。在随后数年，他把这些关键秘诀都一一违背了。朝云产下一个男婴之时，他写的诗里有这样的愿望："惟愿我儿愚且鲁，无灾无难到公卿。"

但是这个婴儿可怜地夭折了，无法完成父亲的愿望。一个诗人画家是否能做一个成功的能吏？可想而知的是，在国家升平时则可。但是升平一词也是相对而论，而且在政治上从来没有十年之内没有激烈之斗的。一个诗人画家，以其豁达的态度，很不容易卷入党争。经常是小试数次之后，对自己意会染指于此等事情，不由自己偷笑，于是就此罢手。

可是事情偏有巧合，苏轼想要躲避权术，权术偏要找他。他与司马光曾经意见不合，他们是各有看法的人，共事时有分歧在所难免。可是半年之后他到京城时，司马光去世，只留下苏轼孤零零一人身居高位，特别惹人忌妒。果然不久，第一个冲击就向他袭来。朝廷的党争都围绕他而发生。次年正月，几十份表章都弹劾他。司马光死后，政治派系逐渐形成——朔党、洛党皆以理学家为首，蜀党则以苏轼为首。根据当时记载，由于苏轼坚持脱离政坛，他并不知道"蜀党"一词是什么意思，这当属确实。可是却有许多故事发生，使苏轼的政敌受到刺激，不得不对他做殊死战斗。这次战斗，说句实话，实在是由苏辙所引起的。苏辙在此一批新人当政之始，自外地赴京为右司谏，他心想有责任整顿朝政，清除所有骑墙派以及与王安石有交往的残余政客。他使恶迹昭彰的吕惠卿遭贬谪出京，总算成功；蔡确、蔡京、章惇也暂时贬官，但是这几个降职的官僚，后来却力谋再起。苏辙还以十道奏章之多弹劾了朔党的一个领导人物，直到此人遭到贬斥。他曾把朔党都以"饭袋"称之。

两派之争在进行中。卑劣的政客之争谁都乏味，因为不像关于王安石变法的争论，而今这种争斗连原则都没有。苏轼曾经反对恢复征兵制，不过这并不是党人所论争的问题，党人只是借故生事。苏轼为主考官时，出的考题是："如今朝廷想要施仁祖之忠厚，恐怕百官有司不举其职。而欲法神宗之励精，恐监司守令不识其意，而入于刻。"其实汉文帝为政宽松，并未引起百事废弛，宣帝尚严，也未达到过于苛酷。考生必须谈论中庸之道。当时那群小人政客则反对这个考题，屡次上表给太后，请求审问苏轼。他们弹劾苏轼对仁宗、神宗犯大不敬之罪。

也是和从前一样，每逢太后把这些奏章束之高阁，群臣便继续弹劾。从元祐元年十二月到次年的正月十一日，有四五份奏章弹劾苏轼。正月十二日，太后下诏停止弹劾。正月十三日，在中书省百官接到圣旨。那些官员居然违抗圣旨，次日又上一表。苏轼这期间一直不屑申辩，只是上了四次表章，请求派任外地官缺，离开京城。到十六日，太后显然是在支持苏轼，因为她对大臣们说，苏轼的意思是指朝廷官员的宽严，他并没有对皇帝本身有什么不敬。传闻中甚至有弹劾苏轼的官员受处罚之说。

这时，苏轼决定不求外放，而是要挺身相争。他在正月十七日，给太后上了两千字的一份奏折，略叙他本人的职分并对卑鄙的政治手段予以谴责。他是为"人应当有不同意权"而奋战。在表章里他指出，如果朝廷官员都表达同一意见，或因怕开罪于人而避免表示异议，皆非国家之福。君臣当表白自己的异议，如此于人于事，方有助益。倘若帝王所赞同的大臣都说对，群臣便都成了孔子所说的乡愿，是足以导致亡国之祸的。然后他又略述在免役法方面他和司马光不同的看法。他二人意见是不同，但是尊重对方。而今司马光已去世，有些人以为朝廷依旧推行他既定的政策，于是只知道附和皇帝的意见。实际上，司马光并不希望人人都附和他的意见，他也不相信皇太后所需要的只是群臣唯唯诺诺的恭顺和卑躬屈膝的意见一致而已。他另一点异议是，从免役法所征收的三十万贯之中，调拨了西北战事所需之后，尚余半数，朝廷应当把此款项在城郊购买土地，用以安排退役的士兵，如此，可以减少服役人数的一半。此钱取之于民，当复用之于民。在这些方面，他一直坚持己见，开罪了不少人。大概在十二日，他写信给好友，在信中又指责那些人云亦云毫无主见的人。那封信上说：

近来我屡次上奏章请求外放，这些天来闭门在家等待结果，想来应当可以。您想必也听说了些消息，都因为不能被御史们包容。过去的君子，只有王安石可以为师表。现今的君子，只有司马温公可当此美名，兄台和温公相交很深。写了这许多牢骚给您，都因为这件事，其实无所谓进退得失。

最后，在二十三日，苏轼奉旨任原职。在二十七日，太后决定把请求审问苏轼的官员予以原谅。

小人陷害苏轼，太后支持他；政敌显然不能达成目的，也因此丢了面子。苏轼别无话说，只好照旧留任。他对皇太后非常感激，决定从此之后，以更为忠诚的态度，向皇太后说别人所不敢说的话。今天在苏文忠公全集里还有大量政论文章和奏议，都是那之后的两年内写的。那些奏折上都清清楚楚写着日期，看了就知道他所争论的是哪些问题。

他所力争的第一项是"广开言路"。若生在今天，他一定会为言论自由而战，为强大的民众舆论而战。这是他多次提到的。他指出来，朝廷有道，皇帝一定是想方设法接近每一个人。比方说，唐太宗在位时，他准许每一个人到宫廷进言，甚至无官无职的老百姓也包括在内。若有人说有话要告诉皇帝，宫门的守卫人员不许阻拦。苏轼提醒皇太后，在宋朝初年皇帝允许低级官吏直接进见，甚至平民亦受接待。而今可得见到太后的人只不过十几个人而已。那十数人岂能尽知天下所发生的事？倘若那十数人赶巧都是平庸之辈，或不敢把真实情形上奏，皇太后必致相信天下百姓安居乐业。天下情形岂不糟糕！确实，别的官员也可以上表进言，但是许多表章进了皇宫，也就石沉大海了。皇太后如果不亲自召见，又怎么知道所讨论的问题？再者，还有许多事、是不能写在纸上见于文字的。有的事情有时非常复杂，一次讨论未必弄得明白，何况只凭一道表章！在另一道奏折里他说，马生病不能话语表达，"人虽能言，上下隔绝，不能自诉，无异于马"。

但是如果文人不能独立思考，没有批评的勇气，言论自由也终究无用。就只在这一点上，他赞赏欧阳修批评王安石，因为欧阳修激扬清议，王安石则压制意见。苏轼非常担心当时的暮气沉沉，因为读书人已经忘记用头脑思考。这段时期，在他给学生张末的一封信里，他说："文字之衰，未有如今日者也。其源实出于王氏。王氏之文，未必不善也。而患在好使人同己。自孔子不能使人同颜渊之仁，子路之勇，不能以相移。而王氏欲以其学同天下。地之美者同于生物，不同于所生。惟荒瘠斥卤之地，弥望皆黄茅白苇，此则王氏之同也。"

苏轼在哲宗元祐元年总算将青苗贷款法完全废止。年初，四月里，皇帝下了一道圣旨，对于这类政治措施做了一些变更，用常平仓稳定粮价办法予以恢复，而青苗贷款仍然贷于百姓，只是款额要以仓谷价值的半数为限。朝廷如此改革，本是出于好意。这样，禁止了官吏像以前那样进入农村，召集村民，把官款摊派给农民，也禁止小吏按家去催逼捐献。在苏轼看来，这种不彻底的措施，还难令人满意，其弊病也不减于过去。在八月初四，他又给皇帝上奏，第一请求将青苗法完全废止，第二请求将赤贫百姓之欠债，包括本金利息在内，一律宽免。他又将四月份之改革措施比作偷鸡贼，此贼自称会改过向善，以后每月仅限于偷一只鸡，这是引用《孟子》上的典故。他在奏章里说："臣自熙宁以来，看到实行青苗、免役两法，至今已有二十多年。这法今日益显出弊端，百姓也更加困苦，刑法日益严重，盗贼却也在增加。且官吏日益腐败，公务时宴饮之事不断。二十年来因为欠青苗钱，以至百姓卖田、卖妻、自杀者不可胜数。"苏轼问，为什么皇帝竟会屈尊降贵借钱给百姓而求利息呢？他建议朝廷下诏所有欠官债者分十期偿还，以半年为一期，甚至希望皇帝可怜债务人已付过不少利息，慈悲为怀，凡四等以下贫民的债务，全部都免除。第二个月，青苗贷款法才全部废除，但赤贫者的债务宽免之议，直到六年后经苏轼力请，朝廷方准接受。

苏轼又单枪匹马独自向朝廷之腐败无能发起进攻。他想从根本上改革国家的官僚体制。朝廷官吏大部分来自科举，但是科举制度业已废止。他有四五次身为主考官，都特别留心为朝廷选拔真才，有时把别的考官已经弃而不取的考卷又找回重阅录取。有一次，考生在御林军例行监视之下进行考试，御林军的傲慢粗鲁，真使他吃惊。士兵对考生呼喊，如对一群新兵。有几个考生被发现挟带作弊而被驱出大殿，警卫士兵大声喊叫，声势逼人。当时混乱不堪，军士为恢复秩序，犹如平定叛乱。军士的无礼蛮横，是对斯文文士的侮辱。苏轼立刻连上二表，将两个军士罢斥。

　　当时最使朝廷感到烦忧的，就是闲散冗吏太多。读书人太多，而朝廷可给的职位太少。这是自古以来的积弊，人们竟认为一个优秀的读书人必然"学而优则仕"。倘若认真执行考试制度，而选人以才学为标准，则合格的考生必然为数有限，而选取的人才的素质也会提高。但是在苏轼时代，荐用亲族之风已经盛行。有好多外省来京的考生，因有朋友亲戚的推举，不用在京参加考试，便可以获得官职。每次考试若选三四百人，却有八九百人不经过考试得官。礼部就可以荐举免试生二三百人，其他还有由兵部和皇家关系荐举的。在春季祭天大典的时候，很多读书人由皇上特别恩准免考。苏轼说："一官之阙，率四五人守之。争夺纷纭，廉耻丧尽。中才小官，阙远食贫，到官之后，求取渔利！靡所不为，而民病矣。"他还讲："臣等私下发现中举得官的人派于各州各县，没有进取心，只是在那里钻营，不负责任者十之有九。朝廷所恩的几十人中，什么时候见过有人奋发向上，可是扰民腐败的却不计其数。这样的恩泽，并非是臣所希望的。"苏轼建议废除此等免试办法，严格限制高官巨卿之亲戚子女，以及皇家所荐举之人。苏轼认为自己有责任把官吏之懒惰低能、蒙混朝廷的情形，奏明太后。为这种情况，他向太后多次密奏。在几件大事的奏章后，他又附有再启，请太后阅后自己保存，勿转交给中书省。

　　比方说，西北番族入侵，北宋农民几乎有万余人惨遭屠杀。当地驻军长官企图隐瞒朝廷。消息传至京师之时，朝廷派一特使前往当地调查。此一专使，本着自古由来已久的"官官相护"的积习，向朝廷报告只有十几个农民被杀。而特使更把事情大事化小，先为当地驻军首长请求免罪，然后再慢慢进行调查，两年之后，竟然毫无动静。被杀的村民，朝廷应予抚恤，结果也一无所获。在苏轼上皇太后表中，他指出如此忽视民情，势难获得民心。

　　"官官相护"之恶习必导致"官民对立"。另外，还有广东守将童政的案件。童政剿灭盗匪时，竟然在收复的城市里屠杀数千百姓，但是别的同僚对朝廷的报告中竟说他保卫城池有功，把他说成是英雄。还有温杲杀害百姓十九人，仅仅记一小过，便算了结。另外有一个小军官，想要报称杀贼立功，竟闯入民家，在青天白日之下杀害五六位妇女，带着砍下的人头回去，说是斩杀盗匪的人头。这件事实在惨无人道，遮掩不住，在朝廷派人彻查时，那个军官狡辩说，在交战之时，他不能看清是男是女，因而误杀。这些都是当时的弊病，苏轼对这些事，实在不能视而不见。

　　最重要的案子，也最使得众怨沸腾的，那就是周穜一案。对这件案子，苏轼实在是无法压抑自己了。新政时期的余党都已失势，且在偏远的外地为官，但他们并不甘心政治上的失败。那些党魁如吕惠卿、李定、蔡确等人已被罢黜，但是他们的好多同党还都在京为官。为了试探朝廷对他们的态度，他们找了一个默默无名的书院教习周穜试上一表，希望能陪伴先帝共享祭祀。如果太后准其所请，那些阴谋小人就可以把这个看作明显的信号，他们又可以公开出来活动了。苏轼看出他们如此试探的企图，立即对这些一心追求功名利禄的投机分子大施责伐。他列出他们十六个人的名字，责骂他们是"虮虱""蝇蛆""奸佞小人""国之巨蠹"。这一次他也对王安石不再婉转措辞，而几乎公然以"虚伪骗子"称之。他向皇太后说，如果富弼、韩琦、司马光有一人尚在，这些小人绝不敢露面。他说，如果对这些阴谋小人不给以当头棒喝，那么"惠卿、蔡确之流何忧不用！青苗市易等法何愁不复哉"！据他本人观察，他确信此种情形必会出现。实际上，他已萌离朝之志，他说君子如麟凤，难求而不易留住，阴谋小人则"易进如蛆蝇，腥膻所在，瞬息千万"。道理很简单，人若不愿与蝇蛆为伍，只有躲开。

五、官居京师

元祐二年春天，秦观去苏轼家中拜望恩师。朝云明白秦观是"苏门四学士"中东坡最得意的门生，秦观每次来访，他只饮朝云斟的茶。东坡家老保姆任氏及其他的女仆，只要秦观来访，就闲下来了，因为此时东坡、秦观只留下朝云。苏轼明白，秦观嫌别的女人俗气，没有朝云的高贵气质，这反使他高兴。朝云能得到如此评价，东坡怎能不高兴呢！

秦观在元丰八年（1085年）中进士后，赶上了元祐年间的好形势。元丰八年，在黄州度过四年多贬谪生活的苏轼，被任命为登州太守。上任才五天，又被朝廷紧急召回京城，诏以礼部郎中，不久又迁起居舍人。第二年，即元祐元年正月，入侍延和殿，三月又擢升中书舍人，八月擢任翰林学士知制诰，成为元祐初年的重要大臣。苏轼推举秦观任秘书省正字兼国史院编修。师生两人都春风得意，前程远大。更为难得的是，苏轼认为秦观的词情感细腻丰富，在"苏门四学士"中，单就词的艺术感染力而言，秦观是最优秀的。

苏轼曾对朝云说："当今天下，填词的人多如牛毛，但是能写到少游那种水平者还少。朝云，你可请少游为你填首曲子词！"

"按理说，我喝了夫人这么好的茶，早该为夫人写词了。不过，我有个条件，不知恩师和夫人准不准。"秦观说着说着，瞧瞧东坡，又看看朝云，眼里闪出狡黠的光芒。

"不妨说来！"苏轼说。

"我希望夫人为我们跳一支舞，我就写一首词来描写你的舞姿。

"这个主意不错。朝云，你就答应了吧！少游为你写词，你的名字，你的舞姿就会传之后世，还是你占便宜，何乐而不为呢！"苏轼笑道。

朝云也很大方地同意了，她说要换换衣服，微笑着走进内室。

苏轼与少游在一起，又谈起了时政。

"虽然元祐以来我不断升迁，这官却还真不好当。记得前年我给你的诗中说'劝子勿为官所腐'。"苏轼说。

"记得恩师诗中批评孟郊。他落第时，诗中说'弃置复弃置，情如刀剑伤'。他及第后则说：'春风得意马蹄疾，一日看尽长安花。'东野如此患得患失，值得晚生吸取教训。"

"我自幼本想隐居学道，家父严厉阻止，如今一入官家，身不由己。庄子曾言：'轩冕在身，非性命也。'记得前年你说做了个梦，梦到友人刘发突然去世，发殡而葬，醒来才知道这是个吉兆梦，刘发那年果然得官。所以古语'梦尸得官'，有些道理。东晋的殷浩是位名士。人问殷浩：'将莅官而梦棺，将得财而梦粪，何也？'殷浩回答：'官本臭腐，故将得官而梦尸；钱本粪土，故将得钱而梦粪。'"

这时，朝云穿过珠帘，穿了一身红色的舞衣，格外艳丽动人。她含笑凝望着苏轼。东坡见到朝云，只觉眼前一亮，好似霞光照射到室内。只见她换了个发式，乌黑的鬈发，梳成高髻，髻鬟上还插着玉色的绢花。苏轼为朝云制作的舞衣，今天还是第一次穿，真使苏轼吃了一惊，朝云的美艳，超过他见过的所有歌妓。

秦观不禁赞叹说："像天女下凡一样，我真大饱眼福，能欣赏到神女的舞姿。"王朝云于是开始跳舞。

她那一举手、一抬足，都是节奏非常美妙的优美动作。虽然没有伴奏，可是她的舞蹈却引人入胜，如有伴奏一样。她时而离苏轼、秦观很近，身段玲珑，弯曲如弓。忽而离他们很远，翘首望天，飘飘欲仙。她顾盼自如，眉目传情。忽然，她一个转身，立在中央，不停地旋转，衣袖、舞裙都随着快速地旋转起来，她像亭亭玉立、迎风开放的一朵鲜花……旋转才结束，又舞到秦观面前，优雅地行了个礼，随即飘一般地穿过珠帘，跳进内室。

朝云手捧文房四宝，放在秦观面前。她已鼻尖冒汗，气喘吁吁，娇羞地向秦观道："秦博士，请赐词吧！"

朝云研着墨，秦观展开纸，苏轼则微笑着立在一旁。

朝云研好了墨，秦观拿起笔在砚台上理顺笔尖。

秦观立即写下《南歌子》，其词句是：

霭霭迷春态，溶溶媚晓光。不应容易下巫阳。只恐翰林前世，是襄王。

暂为清歌驻，还因春雨忙。瞥然归去断人肠。空使兰台公子，赋高唐。

"恩师，班门弄斧，实在是献丑了。"秦观放下笔，惭愧地向苏轼说，"我这一手字，与老师相比，岂不羞煞人！"

"字不好并没有什么，这首词可是好词！"东坡朝朝云努努嘴，"还不谢过博士！"朝云立刻接过词，向秦观深深地福了一个万福。

苏轼说："少游，你学义山赋高唐学到家了！竟然把老夫比作楚襄王！""除了楚襄王，谁能享有仙女朝云的爱情呢？"秦观回答。苏轼指着词向朝云解释："少游说你就像宋玉笔下的神女。宋玉的《高唐赋》，我以前跟你讲过的，还记得吧！"

朝云点点头。苏轼说："他说你这次好不容易从天上来到人间；说我是楚襄王。兰台公子自然就是少游，因为他现在秘书省正字，唐以来习惯称秘书省为兰台。你的舞跳得好，你飘然归去，他的肝肠都断了呢！"经东坡解释，朝云明白，这首词是夸赞自己美丽、能歌善舞，别的高深的内容，她就不懂了。苏轼对秦观说："你词中的'春雨'，用法与李义山的一样。少游写出这样好手段的词，老夫也应乘兴作一首《南歌子》。"秦观狡狯地微笑着。

朝云又研墨，苏轼铺开纸，秦观则十分高兴地讲："我抛砖，引来老师的玉！"苏轼用行楷写下《南歌子》，其词句是：

> 云鬟裁新绿，霞衣曳晓红。待歌凝立翠筵中。一朵彩云何事，下巫峰。
>
> 趁拍鸾飞镜，回身燕漾空。莫翻红袖过帘栊。怕被杨花勾引，嫁东风。

元祐三年春天，这天月色很好。月光给庭院中盛开的梅花笼上一层轻纱。这一天，苏轼正在饮酒赏梅。苏轼想起这几年更替不断的生活，感慨欷歔，思绪万千。现在年幼的哲宗登极，高太后垂帘听政，苏轼感到前途略有几分把握，因为高太后一直欣赏他。可是，想到朝廷中复杂的派系党争，他又感到几分忧愁。在王闰之心目中的丈夫，只要他一见到月亮就要忧愁，忽而忧皇帝，忽而愁弟弟，今天则要破例劝劝他了，"你见了月亮就会忧愁，我可不喜欢。现在，梅花开放，有张梅，月白梅，又有这么美好的月亮。我觉得春天的月亮比秋天美。秋天的月亮给人凄凉的感觉，令夫君发愁。春天的月亮令人开心，我更希望你看到春天的月亮能开开心心！"

苏轼说："你这一番高论令我茅塞顿开！如此赏心乐事，岂可独饮！"于是邀来了黄庭坚、王定国等同饮。苏轼把夫人关于春月胜过秋月的说法告诉客人，并作了一首《减字木兰花》。黄庭坚提议："这样美好的春梅，这样美好的春光，这么优美的曲子词，非得人间少见的美人来唱才配！"大家明白他指的是东坡家妾朝云。于是东坡就请朝云唱《减字木兰花》。

　　朝云很少在客人面前唱歌。今天的客人，都是苏轼的门生，又都是知心朋友，于是她也不推辞，就唱起了《减字木兰花》：

　　　　春庭月午，摇荡香醪光欲舞。步转回廊，半落梅花婉娩香。
　　　　轻风薄雾，总是少年行乐处。不似秋光，只与离人照断肠。

　　梅在散着幽香，月光在梅花间、在美酒中飘动。由朝云唱出的《减字木兰花》，像梅花、像月光一样，令人陶醉。

　　元祐三年十一月一日，苏轼到翰林院值班。苏轼走进翰林院玉堂。这里可是个庄重神圣而神秘的地方，翰林院学士也只有值班时才能坐在这里，其他日子里是不准坐的。朝廷遇有大事，就开始"锁院"，就是把翰林学士锁在禁宫中过夜，随时准备皇帝诏见取旨。皇帝一有诏令，知制诰的学士就要负责起草诏书。

　　苏轼已经一个月没有上班了。这一个月中，身体不好，情绪更坏。苏轼兼任年轻的宋哲宗的侍读。他在给哲宗讲解祖宗宝训时，联系实际时政，指出当今朝廷赏罚不明，抗击敌人软弱无力，致使边疆几万名百姓被俘被杀，前线将帅掩盖事实，隐瞒不报。谈及这些，苏轼很担心混乱局势将会形成。这位小皇帝无法明白苏轼的一片苦心，还把苏轼的话随便传给主政者，所以当政者都恨苏轼。苏轼很想离开京城，三次上奏章请求皇帝，准他去外郡做太守，可是哲宗的祖母高太后坚决不同意。

　　苏轼独坐玉堂。庭院中，稀疏的雪花已使地面变白，一阵阵寒意袭来，东坡也不觉得冷。今天要起草的诏令颇多，苏轼撩起长袍，呵暖右手，忙于起草诏令。冬天，天黑得早。高太后派宫女送来了御烛、法酒。宫女点亮了御烛，玉堂中立刻亮得如同白昼。苏轼拜谢过御赐法酒后，就开始喝起酒来。这是皇帝、太后享用的酒，无疑是上等好酒。

　　可是今天高太后送来的酒，苏轼只觉得苦涩难咽。宫里法酒是什么酒，有什么味？苏轼一概无心去品味。几口酒下肚，苏轼照例会醉眼蒙眬，眼中偶而会冒出几个火花，他明白，这酒不能再饮了，再喝便会大醉。

　　苏轼想：乘自己尚清醒，再把剩下的制诰、词头写完。写完一张，苏轼重读一遍，发现字却大了不少，原来酒后眼花，目力不济，不知不觉便写大了，其余则字句通顺，不必修改。青春的消逝，华发早生，衰老无法控制，这是令东坡极感伤的事。要养生，就不能再这样生活下去，必须离开朝廷。他想：这酒吃不长久！还不如喝家中普普通通的好酒呢！想到这里，他立时诗兴大发，写下诗题：《卧病逾月，请郡不许，复直玉堂。十一月一日锁院，是日苦寒，诏赐宫烛法酒，书呈同院》，随即边吟边写：

微霰疏疏点玉堂，词头夜下揽衣忙。

分光御烛星辰烂，拜赐官壶雨露香。

醉眼有花书字大，老人无睡漏声长。

何时却逐桑榆暖，社酒寒灯乐未央。

大约四个月后，苏轼终于离开了京成，第二次赴杭州，任杭州太守去了。

第九章　再赴杭州

一、恩泽杭州

苏轼在元祐四年七月到达杭州，担任浙西军区钤辖兼杭州太守，此时他的年纪是五十二岁。他弟弟苏辙已经从户部侍郎升任吏部尚书，赐翰林学士；那年冬天，苏辙以皇帝专使身份出使契丹，往返四个月。

苏轼全心全意从事工作。秦观现在和苏轼同住，有一年半时间，他没看见苏轼读过书，他正在借助太皇太后的恩宠，请求特别拨款，进行重要改革。在短短的一年半之间，他给全杭州实现了公共卫生体制，包括一个洁净的饮用水系统和一座医院，他又疏通了盐道，修建西湖，稳定了谷价，不惜与朝廷和浙西邻省官员意见相左，以"虽千万人吾往矣"的精神，只身展开救济灾荒的工作。

太守的府衙位于杭州中心，但是苏轼却喜欢在较为富有诗意的地方办公。他往往在葛岭下面有十三间房子的寿星院工作，因为那里风光美丽。批公文不在寒碧轩，就在雨奇堂。雨奇堂是从苏轼西湖诗"山色空濛雨亦奇"而得名的。在这里，他环以翠竹，外望溪水，独自处理公文。

有时，他办公的地方会更远，那是在离杭州城十里或十五里以外的山林之中。这时，他就会吩咐扛着旗伞执事的衙役们走钱塘门，他自己却由一两个年老的侍卫陪着，从涌金门坐船，经过湖面往西，到普安寺用餐。他带几个秘书到冷泉亭小坐。他处理公事快捷如风，在谈笑之中便把一天的公事办完了。事情办完，他经常和同僚畅饮一番，在红日西落之前骑马回家。城里的人立在街道两旁，看这位大名鼎鼎、不同凡响的文坛领袖。

在炎热的夏天，他经常躲在祥符寺，在好友维贤方丈的屋里睡个午觉。他摘下官帽，丢去官架子，脱下官袍，在躺椅上一伸，让仆人按摩一下两条腿。这时仆人看见他已经用很便宜的头绳把头发系在头顶上了。

苏轼官任太守之时，做了许多趣事。有一个商人因债务受审，被告是一个年轻人，苏轼让他说明他的情况。被告说："我家开了一家扇子店。去年父亲去世，留下了一些债务。今年春天天阴多雨，人们都不买扇子。并不是我想赖账不还。"苏轼停顿一下，眼睛一亮，计上心来。他又看到笔砚在桌子上，不觉技痒至极。于是他对那年轻人说："把你的扇子取一捆来，我帮你卖。"那人回去，转眼取来二十把素绢团扇。苏轼拿起桌子上的笔，开始在扇子上写草书，画几棵冬日的枯树或者瘦竹岩石。大约一个钟头的工夫，他把二十把团扇画完，将扇子交给年轻人说："拿去还账吧。"

年轻人喜出望外，想不到会有这么好的运气，向太守老爷千恩万谢，然后抱着扇子跑出了大堂。外边早已传开了太守大人画扇子卖。他刚离开衙门，好多人就围起他来，争着拿好多钱买他一把扇子，不几分钟，扇子卖光，来晚一步的人，只有叹息运气不佳。

又有一次，一个由乡下赴京城赶考的秀才，因为有欺诈嫌疑而被捕。那位书生随身带着两件大行李，上面还写着"交京城竹竿巷苏侍郎苏辙"的字眼，下面署名是苏轼，分明是骗人。

苏轼问他："行李里面是什么东西？"

秀才回答说："我实在觉得对不住大人。鄙家乡的人送了学生两百匹绸缎，算是帮学生的征费。学生知道这些绸子一路之上要由税吏抽税，等到京师，恐怕只剩了一半。学生心想最出名最慷慨的文人莫过于您苏氏二昆仲，所以斗胆用您二位大人的名讳，万一被捕，也会体谅下情把学生释放。学生敬求大人饶恕，下次不敢了。"

苏轼微微一笑，吩咐文书把行李上的旧纸条扯去，亲自写上收信人和寄信人的地址姓名。并且给苏辙写了一封短信，交由那个双手颤抖的秀才带去。他并对那个书生说："这次你放心吧。即便官差把你送到皇上跟前，担保你平安无事。来年考中，别忘了我。"

那个书生不胜惊喜，万分感激。他果然考中，回家时，给苏轼这位恩人写了一封信感激深恩大德。苏轼对这件奇遇非常开心，请他在家小住了几天。

苏轼也做了些帮助太学生的事，老百姓因此更加喜爱他。杭州城有好些需要改良的地方。太守官衙的房子已经过于陈旧，军人住的营房也破败，军火库更是破烂不堪。城门楼上的房顶都透过一片片的天光。有好多老房子都是五代十国时代修建的。当年中原各地皆混乱异常，只有吴越朝廷有道，民间太平。几代皇帝都深得民心。在宋太祖已将中原其他地方完全征服时，吴越的皇帝为免生灵涂炭，甘愿献土降服，因此东南各省百姓感恩戴德，至死不忘。从前的几任太守曾经自筑官舍，把旧房子丢弃不顾。苏轼在杭主政时期，曾有一栋官舍坍塌，有两个人惨遭压毙，另一栋倒塌时，一家四口人全死于其中。苏轼又运用自己与高太后的关系，他上书请求拨款四万贯修缮官舍、城门楼、城门以及二十七座谷仓。

当时杭州城大约有五十万人，却没有一家官立医馆。杭州位于钱塘江口，海陆旅客辐辏云集，往往有疬疫流行。有些方药，历经证明，确实有效，他全部公布于众。苏轼在密州为官时，就曾经令人把有用的药方用大字抄写贴在市镇广场，作为通用药方，好使一般百姓知道。其中有一个特别药方，他深信不疑，而且一个大钱一服。那些药方里包括好多味草药，有的为出汗，有的是为退烧，有的为开胃口，有的补，有的泻。中医理论为，一个器官有病时，全身一定有病。所以药方是用以使全身健康，并不单是只治某一经的。有一个药方叫"圣散子"，包括二十种药材，其中有高良姜、厚朴、半夏、甘草、草豆蔻、木猪苓、柴胡、藿香、石菖蒲等，还包括麻黄，现在已经被证明是促使胃液分泌的好药。

但苏轼对这些零散无组织的帮助病人的法子，颇不满意，他从公款里拨出两千缗，自己捐出五十两黄金，在杭州城中心众安桥建立了一家官办医馆。据载，这个"安乐坊"是中国最早的公立医院。三年之内治疗了大约一千位病人。主管医院的道士，由朝廷酬以紫袍和金钱。后来，这所医院迁到西湖边，改名为安济坊，在苏轼离开杭州后，还照常为百姓治病。

苏轼最关注的是杭州百姓的吃水问题，再就是清除杭州城运河里的淤泥。在吴越时代，沿海曾筑有长堤，是为防止海潮进入运河，以免海盐污染城市的淡水。但是那道长堤如今年久失修。城内有两条运河，从南向北穿过城市，直接在闸口注入钱塘湾。河水与钱塘湾的水相混合，所以有许多淤泥，每四五年，运河河道就需要疏导一次。那时没有现代的机器，由河床挖出的淤泥就堆在岸边居民住家的门前。运河长约四五里，疏导费用很大，惹居民的讨厌更不用说了。更差的是交通情况，一条船要走好几天才能航行出城去。船必须用人和牛拉，而运河上的秩序混乱不堪，简直是难以形容。

苏轼向专家请教，对运河的高度重新测量，拟好一项计划，以防淤泥积淀，以便能保持运河地区的清洁。这是他在杭州第一项工程，始于当年十月，那是他到任后三个月，次年四月完工。

问题是，那两条运河又需要海水才能保持运河上的交通，而海水则会带进淤泥。在仔细研究之后，苏轼有把握的是：盐桥河通过市区，必须保持清洁，但海水可想办法使之从别处流入茅山运河，因为茅山运河流经人口稀少的城东郊区。又在钱塘江南边建水闸，海潮高涨时将闸关起，潮落时再放水。两条运河在城北相会。等钱塘湾的水经过郊区的运河之后，已经流过了三四里，泥沙自然已沉淀。必须保持盐桥河的清洁，此河面比另外那条运河水面低约四尺，因此郊区那条运河的水可以供给杭州城中的运河一部分水，那水也会很干净了。为保持城内运河的水位，他又在城北余杭门外开凿了一条新运河，与西湖相连。这样，水源供给不再匮乏——疏浚城内盐桥河的花费与麻烦也就可以避免了。

这套办法非常有效，这使运河的水深达到八尺，城中百姓说，这是前所未有的。

与运河交通同样重要的是吃水问题。前人已经试用过许多方法，想把由山泉汇聚西湖的淡水引入城中。城中有分散在各处的六个水库，但是淡水引水管线常常损坏。十八年前，苏轼做杭州通判时，他曾经帮助修理输水管，但是因为西湖有一种水生植物，根在泥中纠缠生长，遂使湖底上升，湖水变浅。输水管容易被破坏，居民不得不饮用稍有咸味的水，不然就得花钱买西湖的水，要一文钱才可买一桶。苏轼和仍然健在的和尚商量，那和尚现在已经七十多岁，当年曾经监督修理那些输水管道。输水管是用大竹管子做成的，很不经用。苏轼就建议用坚硬的胶泥烧成陶瓦管道代替，上下再用石板加以保护。这个计划花费甚多，因为要建成三百码长的陶瓦管道，由一个水库通到另一个水库。他又把湖水引到杭城南郊的另外两个新水库，以供军营之用，因他身为军事统领，就派一千多个军兵参加此项工程，结果工程质量好，完工也快。据说，那些水库完工之后，杭州城中家家都可吃到西湖的淡水。

在六个小水库供给杭州用水的工程成功之后，苏轼进而想规划一个大水库，那就是西湖。在一般人的想象里，苏轼和今天的西湖是密不可分的。西湖使杭州有人间天堂之美誉，而西湖也是人工建造下美得无以复加的艺术品。虽然人们将西湖发展，在四周建设，可是人们知道自然有不可超越的界限，知道不要破坏自然。西湖是人工点缀后的自然，不是人工破坏后的自然。人类真正的奇思妙想所创造出的，并不是过度的精巧。一片小岛，上面的垂柳映入一平如镜的水中，好像是西湖本来所自有，是自然而然从湖水中生出的。长堤上的拱桥，往上看有白云飘过，往下看有渔船，中间一桥如虹，正相配合。柳条浅绿鹅黄，轻拂半现半隐的石堤，而千年古塔耸立天际，使人想起从前的高僧，往日的才子佳人。苏堤和西湖之与杭州，正如闭月羞花的美女的双眸。如果西湖只是空空的一片水——没有苏堤那秀美的修眉和彩虹般的仙岛，以画龙点睛增其神韵，那西湖该望之如何就不可想象了。几百年来各地的游客，春季到来时，蜂拥而至，度蜜月者在湖上垂钓泛舟，或在垂柳之下的河堤上散步以打发时光。有名的西湖十景包括东岸上的柳浪闻莺；另一景是在湖中的小岛上，由苏轼兴建，叫"三潭印月"。湖的周围没一个角落不使游客觉得美丽神奇而感到叹为观止，在晴天也好，在雨中也罢。两条长堤横卧湖面，是两个大才子建筑的，白居易的白堤，苏轼的苏堤。白堤东西走向，靠近湖的北岸；苏堤，一里过半长，南北走向，靠近湖的西岸。每个湖堤都把湖水分隔，靠岸的一边叫里湖，湖堤上的拱桥下面，小船从里湖划到外湖。这两道湖堤，在苏轼时代，大约是五十尺宽，栽有垂柳，绕以荷花，为杭州人游乐的最佳场所。

杭州的繁华永远和供水一事有密切关系。杭州发展为一个城市，实自唐朝始，当时有一位大臣把西湖掘开，引水供给城中的居民。在那之前，杭州只是一个小镇。苏轼在湖上动工之前，西湖已经在日渐缩小，湖面蔓草丛生，不断繁殖。大约十八年之前，这些野草遮盖了十分之二三的湖面。他重回杭州之后，看见水草已经将湖面遮盖了一半，既感到惊奇，又觉得伤心。在唐朝白居易的时代，湖水灌溉了大部分的稻田，落一寸水足可以浇灌二十五亩田，每二十四小时，西湖可以供水八百亩。白居易的工程而今已全废弃。

苏轼刚一完成杭州城的输水管和六个小水库工程，立即着手整治西湖。从工程方面看，只是件简单事，只是清除水草而已。这种改善工程，岂不是轻而易举吗？但是过去的父母官都没想到去做。那几个小水库完工之前，苏轼在元祐五年四月，给太皇太后上了一道表章，简述他疏导西湖的计划和理由。在五月，他又上书给门下、尚书各省。他说若不赶快设法，二十余年之后，湖面将全被水草遮蔽，杭州居民必将失去淡水的来源。他提出五项理由，说明千万不可以让这种后果出现。说也奇怪，第一个理由，竟是个宗教的理由，说鱼类必将因此遭殃，其他理由都指西湖的供水之用，如灌溉稻田，供水给运河，最后是提供好水以便造酒，此与朝廷税收有关。他提出要清理遍布湖面的水草两万五千方丈，大概合五六平方公里。此项工程需要二十万天次的人工，按一天人工清除一方丈左右计算，每一人工五十五个钱，加上三升米，全部花费需要三万四千贯，他已经筹到一半，请太皇太后再拨给他一万七千贯。

这项规划蒙朝廷批准，苏轼于是开始和数千民工、船夫一起行动开来，耗时四个月工程完毕。现在的问题是如何处置堆积如山的淤泥和水草。苏轼计上心来，用它们建筑湖上的长堤。那时湖滨已密密地围起来，全是大户人家的庭园别墅。由南岸步行到达北岸的人必须顺着蜿蜒的湖岸走大约二里之远。一条湖上的直堤，除去可以供游人步行外，也可以点缀湖面的景致，且大为缩短往返的距离。这一道堤上有六座拱形的桥，九个亭子。

还有一个问题，就是怎样才能使湖中的水草不再滋生。苏轼想到一个办法，就是把沿岸部分开垦出来让农民种菱角。农人必须注意将自己地段按期除草。他向中书省上书，请求保证此项税收必须应用在湖堤和湖的保护上。

除去增加西湖的实用价值之外，不管是有意也好，无意也罢，苏轼也增加了西湖的美丽景色。但是这种政绩后来也遭到政敌的攻讦，说他"虐使捍江厢卒，为长堤于湖中，以事游观"。

苏轼又想实施更庞大的计划，要扩展江苏的运河系统；这是苏州城外一项拖船驳运计划。还有后来他把在杭州西湖所实行的工程也施行在阜阳的西湖。这些计划有些没能实现，但是附有图纸的详密计划，足以证明他在工程方面的创造力。

无论如何应提到他的一项庞大工程规划，不过因为他被召还京没有实现。那个周详计划现今依然保存。在钱塘江入杭州湾的江口，有一个小岛，那个地方每年船毁人亡，损失严重。钱塘江声势浩荡的洪流正好与流入海湾来的海水相会，受阻于小岛，于是这里变成了非常危险的逆流漩涡。这个"浮山岛"之得名，就因为四处沙洲时隐时现，而驾船者无法知道水道何在。这些沙洲有的一二里长，据说一夜的时间就会完全消失不见。旅客乘船到杭州，这一段路最为危险。从浙江东岸来的人，宁愿在龙山横过海湾，但是从东南地区顺钱塘江而来的旅客，就不得不冒险经过。有时可以看到落水的大人儿童哭喊救命，还没来得及抢救，已被洪流巨浪吞没。但是钱塘江上的交通仍然很重要。贫苦的西南地区人民，都以杭州以北西湖地区出产的米为生，而杭州人则依赖西南地区的燃料。盐也产在杭州湾，销往西南地区。虽说水运危险，但水运仍十分繁忙，只是运费很高，因为水上风险大，搞运输的必须付给工人高工资。这样，使国家遭受的无形损失，为数竟达数百万贯之巨。

苏轼想在深明钱塘江情形的人协助之下，解决这个问题。新计划是打算把通往杭州的船运移到此危险地点上面的一条路。在苏轼主持之下，拟订了一项计划，预算为十五万贯，民夫三千，需费时两年竣工。在此计划下，要将钱塘江引入一条八里长的新水道，水的深度足可供航运，要筑石堤一条，长两里多不到三里，在山下钻隧道六百一十尺长。不幸的是这项计划正在拟订中，他却必须离开杭州了。

二、济赈民荒

他同时也正在为另一项更紧急的问题奔忙，那就是饥馑的威胁即将来到。他到任的那一年，收成就已不好。米价七月时六十文一斗，到九月间涨到九十五文一斗。幸而官仓里还有存粮，他又筹划到二十万石，卖出了十八万石，才算控制住米价。在元祐五年正月，官仓售米使米价跌到七十五文一石。在那年春季多雨，看来收成应该不错。农人借钱施肥勤耕，满希望夏季丰收。但五月六日，杭州一带大雨瓢泼，几天不停，民家积水将及一尺。农民的盼望眼看全成泡影，随便有点儿常识的人，都能看出来，一旦存粮吃光，势将挨饿。苏轼派人到苏州常州去巡视，接到的报告是这两地全境淹水。水库崩塌，大量稻田被水淹没。百姓在划船抢救残存物品。抢收的潮湿稻子还可以烤干，稻草可以来喂牛，必须设法救济百姓，此事刻不容缓。

苏轼在事前早有准备。他一向相信常平仓制度远远胜过饥荒之后的救济，所以他早就不断买进谷子存满粮仓，以便应付荒年。因为淫雨连绵不绝，他更加奋战不懈。在半年之内，从七月开始，他给太皇太后和朝廷上书七次，陈述实情，吁请火速设法。前两次表章叫《浙西灾伤第一状，第二状》。后面五个叫《相度准备赈济状》，七个表章合成一个紧急的呼吁。他呼救不停，直到朝廷人人都感厌烦了。他那种急躁是太悖乎平常的习惯的。若干朝廷的特使在当地，人家却一言不发，苏轼呼救什么？比平常多下了一点儿雨有什么大惊小怪的？他是为自己断绝仕途吧？

但是他深信一分预防胜过十分救济。他认为只要在当地买，或是由外地进口，这样不断储粮，以防食粮短缺，并随时卖出以平定粮价，饥荒是可以预防的。把粮食给贫病与饥民以作救济，永远是浪费无用，只能触到表面疾苦，根本办法则是预防。他指出来，在神宗熙宁八年，没有人事先做任何防备，结果大饥荒来临。神宗皇帝不得不拨出一百二十五万担粮食设立粥厂救济贫民，竟有五十万穷人饿死。除去百姓受的灾难之外，朝廷赈灾，减免税款和各项岁收，一共损失了三百二十万贯。苏轼指出，相形之下，他去年只用了六分之一的粮食就稳住粮价，防止了灾情。现在第二次饥荒会比第一次更厉害，就犹如第二次发病会比第一次严重一样。百姓少量的存粮已经逐日减少，必须立即想办法。

但是，除了苏轼一个人外，其他人都无动于衷。他一看朝廷的公报，不觉大怒，许多浙江和邻近的地方官都在春季奏报丰收有望，但无一人奏明新近的暴雨和水灾。苏轼奏准以修缮官衙的钱款购买粮食，因为救饥荒为首要大事。六个月之前，他奏请拨给五万贯购买粮米，杭州当分得三分之一。朝廷确是把钱拨下来，但邻省一个名叶温叟的税吏，却将苏轼应得的款额扣掉了。钱一到人人都想分享，但是这时却无人肯实报灾情。苏轼在一道密奏太皇太后的奏章里曾说："臣近者每观邸报，诸路监司多是于三四月间，先奏雨水匀调，苗稼丰茂。及至灾伤，须待饿殍流亡，然后奏知。此有司之常态，古今之通患也。"他奏请朝廷下令调查全部灾区。如果他的担心确属过虑，如果其他官员与他看法不同，要他们签书担保来冬不会有饥荒发生，百姓不会挨饿。苏轼屡次写信给一名马姓官员，讲有事与他商量，因为此事须与各地区协调配合。但是此人回信说他正忙于别事，他将因公外出，冬季方可返杭。苏轼在给他正在浙东为官的一位好友钱勰的一封信中说："虽子功旦夕到，然此事得聚议乃济，数舍之劳，譬如来一看潮，亦自佳事，试告公此意劝之，勿云仆言也。"在七月的奏章中，苏轼只奏请拨米二十万石。那项计划也很简单。杭州本为产米地区，每年只需向京城缴米一百二十五万到一百五十万石，杭州仍然很富余，能够付得出那个数量的米钱。如蒙允许保存一部分米，杭州可以改缴同值的绸缎银两。他只期望朝廷准许他们留下一部分充作皇粮的米，转到当地谷仓，那也就可以了。

同时，在七月二十一日、二十二日、二十三日又一次狂风暴雨突然来到。在二十四日，雨少停，但是当夜又倾盆而至。苏轼无法入睡，次日清早，写了《浙西灾伤第二状》，在杭州地区，灾情更加严重。皇太后会对他前一道表章立即批示吗？官家的邮政制度还不错，由杭州到京城，邮递二十天可到。八月初四，太皇太后接到苏轼的第一道表章，着令立即办理。照规定，表章由中书省转到户部，请求在半月之内做一报告。二十天后，也就是在八月二十五，公文传到苏轼手里。从那份公文内容看，他那第一折中奏请立刻处理的那段最重要的部分，已遭删刈了。他立刻上文户部，请求联合调查，又要求那些认为不会有饥荒出现的人，应当签署保证文件。

由八月中旬，另一场暴雨又下个不停。情形比以前更为可怕，在九月初七，苏轼奏请拨的米由二十万石提高到五十万石。这些米是准备用来稳定粮价的。即使朝廷每斗赔十文钱或一石赔一百文钱，朝廷全部的损失也不超过五万缗。他担心饥荒真正到来，那时朝廷就算花上十倍或二十倍的钱，还不能救那些灾民呢！这番请求蒙太皇太后批准，但是可以看到，官僚总会有办法将圣旨变成一张废纸的。苏轼想还有现款在国库，问题不是到什么地方去提款，而是到哪去买米。商人都在囤积居奇，待高价而售。在苏州，米价已经涨到每斗九十五文。苏轼想买米，但是买不到多少。他也只是这儿买到三千斗，那儿买到三千斗，如此罢了。附近地区的官员，因为价高，不愿买米。苏轼认为官方应当到市场去，付出商人提出的价格，准备赔钱卖出官米。

时间已嫌不够，再过几十天，新收的稻子也很快卖光了。情况还是很糟，甚至附近各地也是一样。苏轼在失望之余，在九月后半月，又修一道表章，奏请朝廷命官员在河南、安徽买米，储存在扬州，以备在灾荒来临时发与湖泊地区的灾民。他的计划是，米要存在中途地方，万一不需要，仍要再运往京城。杭州则可以用同等价值的钱货代替每年的贡米。他的奏请，又蒙批准，太皇太后为这办法拨了一百万贯钱。苏轼在第三道奏章的附启中说："今年灾伤，实倍去年。但官吏上下，皆不乐检放。只如近日秀州嘉兴县，因不受诉灾伤词状，致踏死四十余人。大率所在官吏，皆同此意。但此一处，以踏死人多，独彰露耳。"太皇太后如果信赖官吏的呈报，可能会永远不知道实情。他提醒太后，前朝曾有五十万人饿死，因为有钱无米。他还说如果来年家家户户不缺粮食，今日所为是多虑，那么我愿负起张皇失措的罪责。但即使如此，那也比灾荒来临时没有防备，坐视百姓疾苦不能救助为好。

百万拨款的结果是，钱是在，但是没有用来买米。他的五十万石也被人扣留了。苏轼和朝廷算账。朝廷坚称三十七万石米已经转拨下来。苏轼则称，在三十七万石之中，元祐四年的二十万石，不应当计算在元祐五年份内，而且他上表奏请时十六万石已经在官仓之中了。接到圣旨说拨款多少是一件事，能通过官僚的手脚又是一件事。他在对抗官僚的长期战斗中，曾写信给好朋友孔平仲说："呜呼！谁能稍助我者乎？"

苏轼的打算是在那年冬天出卖官米。果不出他所料，米价飞涨。冬季一到，他开始卖出官仓粮米。但是在元祐六年（1091年）二月，他被调离杭州，又被召至京城充任翰林学士。他离开杭州时，所做的事还没有完成，他写信给继任的林太守，请他与所有的有关官员联系，以做决定。他告知林太守，在前一个月，他已经请求保留朝廷的五十万石贡米，林太守应当暂时保留此米。林太守完全可以等待前任苏太守最后上朝廷表章的指示为理由，将运米进京一事安然拖延一段时日。那批米如果不急用，到六月再送出，也不算太迟。

苏轼在赴京途中，顺便查看苏州及附近各地的洪水灾区，以便和各省同事会商办法。他发现整个地区还淹没在水中,因为洪水还没有消退。那时正是春天,农民盼望水能及早退去,以便春耕。那些在低处的农田,显然无望,在高处的农田里,他看见老翁与女人昼夜忙于往外放水,以人力与天气对抗,似乎并无成功把握。因为雨还在继续下,刚刚淘去些水,不久又满了。饥荒已然来临。百姓开始吃稗糠,这平常都是喂猪吃的,现在和芹菜或其他青菜混合煮食。因为缺乏干柴,百姓只好生吃,好多人因此患肚胀。苏轼在奏章里曾说:"是臣亲见,即非传闻。春夏之间,流殍疾疫必起。"

苏轼离开,饥荒也来了,百姓多病饿而死。简直难以让人相信,苏轼到达京城后,竟遭弹劾,称他夸大灾情,"论浙西灾伤不实"。而救百姓于饥饿竟成为政敌打击他们惧怕的敌人使之失势的手段了。就朝廷而论,京都之内自然没有灾荒问题,湖泊地区却有半数百姓即将饿死。那一年,苏轼回到京都附近的颍州后,就看到长江以北的难民,为饥荒所迫,背井离乡,跋涉五百里,到达他的治下地区,他就要看到那幅饥荒难民图了。但是元祐六年更严重的粮食歉收还在后面,次年的饥荒就成了天大的灾难。

三、命相之说

元祐五年(1090年)春末,王闰之的胞弟王元直由眉山来到杭州看望姐姐、姐夫。最开心的是苏迨、苏过,他俩整天和舅舅在一起,带舅舅游玩西湖。西湖的景点太多了,王元直带着两个外甥,悠闲游逛,天天游览。东坡也十分开心,难得家乡有亲人来,元直的到来,使东坡想到眉山与杭州似乎可以通过长江联系在一起;使他又回忆起他度过青春岁月的眉山。最忙碌的自然是王闰之,她即要照顾丈夫、儿子,又要招待弟弟。但是她觉得幸福、充实。

一天晚饭后,全家聚在一起,话题自然是离不开西湖。元直不断赞赏西湖风景之美。

东坡说:"杭州之有西湖,就像人之有眉目。元直只看到西湖美景,却不知如今西湖久未疏治,问题严重。熙宁年间,我来杭州做通判,湖面已经减少了二三成;至今十七年过去,已埋塞了大半。父老乡亲都说,十年以来,水浅葑横,如云蔽空,倏忽便杂草丛生,再过二十年,恐怕就没有西湖了。如果杭州没有西湖,就像人去其眉目,岂复为人乎?"

王闰之对弟弟说:"老爷去年七月到杭州,发现西湖失去了一半,大为震惊,于是向朝廷上了开西湖状,蒙皇帝陛下、太皇太后陛下恩准,老爷筹集了钱米约一万余贯石,招集民夫开湖。西湖得有今天,百姓都欢呼二圣及老爷。"

东坡说："草蔽之湖，只疏通了一半，后面如果不抓紧，则前功复弃，那才可惜。我要再次上表圣上，乞求度牒，筹得钱米，再次募民除去水草，到那时，才不会再有灾患了。"

王元直说："如此美丽的西湖，原来还是靠学士姐夫尽心毕力，募民开浚。难怪百姓父老，都在夸赞姐夫有功于西湖。"

东坡说："做了杭州的地方官，总应当为西湖做点实事。唐朝白居易做杭州刺史时，疏通西湖，筑了白堤，真乃永垂不朽之丰功伟绩。我步白乐天之后，怎能懈怠！"

在苏轼家王元直住了半年。而他离开家已经一年了，任凭姐姐如何挽留，王元直都执意要返回家乡。苏轼得知他的打算，就作了首绝句送他。

一首为：

> 海角烦君远访，江源与我同来。
> 剩作数诗相送，莫教万里空回。

另一首是：

> 为余远致殷勤，瑞草桥边老人。
> 红带雅宜华发，白醪光泛新春。

自从王元直离开杭州之后，王闰之觉得有些失落；苏迨、苏过也颇感寂寞孤单；只有苏轼，忙于政务，忙于写诗，忙于同僚、朋友的各种宴饮，王元直的离去，除了增加几首诗外，他并不感到什么别愁离绪。

除夕到了，杭州监狱里竟然空无一人，苏轼也感到很光荣。这样治理杭州，与古圣先贤所说路不拾遗、夜不闭户也相差无几了。

王闰之的直觉却与东坡不同。她经历过"乌台诗案"，在黄州度过了四年艰苦生活。她觉得丈夫的人生中有不稳定的命运，要不然怎么做得挺好的一个湖州太守，一夜之间就变成囚犯？登州刺史任，只上任五天，突然之间苏轼又被召回京城，又连连升官。这种突然来到的欢乐，也令她不安。她凭着一个敏锐的直觉认为：这种大喜大悲、大起大落都不好，都不稳定。她缺乏安全感。她知道丈夫的官做得越大，冲突也越大。在翰林学士知制诰任上，苏轼曾经多次请求外放，个中原因，她问丈夫，丈夫却不肯多讲。今天终于来到了杭州，这里虽说美如天堂，可是她总感到不安全、不稳定。她多么想预料丈夫今后的命运，以求避凶趋吉，力保太平。

于是她决定了要给丈夫算个命。近来，杭州来了个相面的程杰道士，听说很灵验。丈夫常好与道士来往，把程道士请到家中，想来丈夫不会有异议。

她和朝云商量，朝云也完全支持。于是王闰之就去与丈夫相商："明天，我已约好相面的程杰道士到我们府上来，给老爷相面算命。其他人不知道的，行吧？"苏轼没有反对。第二天，程杰来到了东坡府上。苏轼以好茶招待。"程道长认得我否？"苏轼问。"认得的！"程杰说，"贫道只来钱塘十天，就听说苏大人以翰林学士身份来杭州，大人疏浚西湖，救济灾民，百姓有吃有穿，除夕夜，杭州府监狱竟空无一人，百姓们到处传颂大人的功绩。大人常去西湖，贫道虽不通诗文，却也喜欢去西湖，却早见过大人。""那就请教先生了。"东坡微笑着说。"贫道不占卜取卦，不用生辰八字，只看相，凭大人相貌算命。还请大人起来走几步路。"东坡放下茶杯，起身走了几步，又踱了回来。程道士说："行了，大人请坐。听贫道说来。大人骨格清奇不凡，天资聪慧，本是仙才，却入了仕途。你心地善良，能力极强。做官时仁政爱民，受百姓爱戴。但是同僚忌妒，陷害到你，你无法躲避。大人今后还要升官，官比现在还要大。可是正如老子所说：飘风不终朝，骤雨不终日。烈火上腾，不会持久。如果大人及时急流勇退，则可安享晚年；如果不及时急流勇退，那么即使金玉满堂，却也无福消受。大人须知大富大贵而能急流勇退，就算是离神仙也不远了。"

"先生要我急流勇退，正合我意。前年，我在京城翰林院作学士，屡次恳请外放，这难道不是急流勇退？""大人讲的是以前，两年前。我讲的是以后，后面大人还要升官，那时若不功成身退，则危险甚大！"王闰之急不可耐地问："后面还有艰难？他今年已五十五岁了。""急流勇退，无难无灾！"道士答。王闰之想问，苏轼阻止了她，笑着说："先生也要知道，我这一生命运，很像白居易。他进士出身，我也是进士出身。他做过翰林学士知制诰，我也做过翰林学士知制诰。他做过杭州刺史，我也做过杭州太守。晚年，他退居洛阳养老致仕，悠闲自在，游遍了东都名胜古迹。我也要学白乐天，晚年时急流勇退，去洛阳安度晚年。先生的忠告，甚合我意。"王闰之取出二两银子，送给程杰。程杰笑着只拿了一两："知足常乐！多谢夫人了！"东坡则已经在作诗了。题目是《赠善相程杰》：

> 心传异学不谋身，自要清时阅搢绅。
> 火色上腾虽有数，急流勇退岂无人。
> 书中苦觅原非诀，醉里微言却近真。
> 我似乐天君记取，华颠赏遍洛阳春。

程杰看后十分高兴："能得学士大人赐诗，此乃贫道的福气！"果然一年以后，苏轼又被朝廷召回京城，升任吏部尚书，并任翰林学士兼端明殿学士，成为中国历史上少见的双学士。他也时刻记住程杰急流勇退的话，又奏请外放。他以为这样便算是"急流勇退"了，却不知更大的灾难——贬放岭南，紧接而来。问题是他处于急流漩涡中，已经无法全身而退了！不过，王闰之是幸运的，她在东坡还处于事业顶峰时便去世了，她没有看到这一场大难。

元祐六年五月苏轼奉旨回朝，离开杭州时，他再一次沉浸在留恋与悲伤的感触中。于是作诗《予去杭十六年而复来，留二年而去》，那诗是：

　　当年衫鬓两青青，强说重临慰别情。
　　衰发只今无可白，故应相对话来生。

如果说第一次离开杭州之时，心情是依依不舍的，那么如今这一次别离，在牵扯难分的情愫中，又增添了对岁月流逝的感触。熙宁年间的杭州友人，这次来时，有些已不在人世。有幸健在的，也都和自己一样鬓发苍苍。这一番别去，有生之年恐怕难以再见。真要再见，也只有来生了。

临别时，杭州下天竺寺的惠净神师以丑石相赠，这令他想起了唐代的白居易。白居易任杭州太守，罢任离开时，作诗说："三年为刺史，饮冰复食檗。唯向天竺山，取得两片石。"苏轼觉得自己的生平出处和白居易非常相似，白居易以"达则兼济天下，穷则独善其身"为人生信条，晚年去职隐居，自称香山居士。自己也一心弃官还乡，归隐山林终老。所不同的是，自己离开杭州时难分难舍之情更甚。古人以为云雾生于山中，所以将山称作"云根"。苏轼恨不得带走的是杭州天竺山的那两座山峰，好使自己到处都能观赏杭州的云雾烟霞。

"尺一（诏书）东来唤我归，衰年已迫故山期。"苏轼从杭州奉诏回京，任翰林学士承旨兼侍读。对回朝任职，他是不太情愿的。其中原因，并不只是因为想告老还乡。回家乡之期望只不过是表面的理由，背后的原因是，这时朝廷中是称作"朔党"的刘挚做宰相，而由程颐党徒贾易、朱光庭任谏官，对苏氏"蜀党"一直攻讦不断。在苏轼被召回之前，苏辙刚刚经受了一次攻讦。苏轼预料，自己回朝必定会召来这些人的诽谤妒忌。为了避免党争的纠缠，他在杭州到京城的路上，就上表请求到边郡地方做官。进京后，先是暂居在佛寺兴国浴室，后来又暂住在苏辙家中，随时准备离京外任。只是因为太皇太后坚持要他留下，才不得已接受了翰林、侍读的任命。不出苏轼所料，他回朝没几天，就又遭到了政敌的诋毁诽谤。

苏轼在杭州任上，曾经逮捕刺配了以次绢冒充好绢上缴官府，并煽动闹事的富商颜章、颜益兄弟。洛党贾易弹劾苏轼的做法不合律条，要求朝廷释放了颜益。这次苏轼回京后，贾易又提出这件事来攻击他。苏轼在杭州，因浙西连年受灾，多次上表要求赈济。这次回京前，又奉命调查江浙灾情，回朝后又提出救济灾区的奏请。而贾易又说他上报灾情不实，有意欺骗朝廷。面对贾易等人的攻击，苏轼一面给以驳斥，一面要求外放以回避政敌。

贾易等人又寻出苏轼元丰八年（1085 年）写的一首诗来，诬蔑他有"欣喜先帝上仙之意"。苏轼元丰八年托人到常州买田，这年五月，听说田已买妥的消息，十分开心，于是作了《归宜兴留题竹西寺》三首，其中一首写道：

> 此生已觉都无事，今岁仍逢大有年。
> 山寺归来闻好语，野花啼鸟亦欣然。

贾易等人认为"好语"指的是宋神宗驾崩的消息。这可是杀头的大罪！当苏辙把贾易的诬告告诉苏轼后，苏轼立刻写了《辨题诗札子》，指出神宗之丧在三月，买田题诗则在五月，与神宗的驾崩毫无关系。而且如果真有对先帝不敬之意，怎敢题在寺院墙上？贾易等人的攻击陷害未能达到置苏轼于死地的目的，因为太皇太后对苏轼兄弟始终是赏识、信任的。可是苏轼一返回京城，对他的迎接就是一连串的批评攻击之辞。时局对元祐党诸君子是很危险的。因为情形好象是太皇太后召他还京是要他官任宰相。他弟弟苏辙一直高升，到现在已是尚书右丞。尚书、中书、门下三省，那是宋朝政府的三个最主要部门。元祐七年六月，苏辙又高升了，升任了门下侍郎。按当时通常的说法，那也是宰相之一。政敌感到不安，当然不是没有原因。现在太皇太后又诏令他那才华出众的兄长还朝。只为了自保也罢，苏轼的这群政敌，是一定要决一死战不可了。

苏轼兄弟二人现在都身为高官，招人羡忌，因此二人商议很久，究竟两人谁离开京都，以便使另一人免除官场的妒忌。苏轼决心离开，但是苏辙认为作弟弟的应当让兄长。苏轼承受了御史一阵指责的风暴之后，越发想离开京城，于是第五次第六次恳请外放。

苏轼越恳求外任，他的政敌越感到形势严重。程颐的门人贾易说苏轼在他那一千五百字请辞的奏章里，是在向朝廷施加压力以求相位。凡是贾易认为在那篇表章中可挑出用以诽谤苏轼的，他都用尽了。神宗驾崩后两个月，苏轼在扬州一个寺院墙壁上题的一首奇妙的小诗，现在完全在朝廷上宣扬开来。西湖的苏堤被指责是"于公于私，两无利益"。他被指控关于杭州灾情，始终误导朝廷。苏轼又上了一道名称奇怪的表章，名为《乞外补以回避贾易札子》，里面说："易等但务快其私忿，苟可以倾臣，即不愿一方生灵坠在沟壑。"这自然是在朝廷上公开的争斗。在苏轼的小人政敌之中，有这位贾易，后来等洛党被推翻之后，贾易曾背弃洛党；另一个人，叫杨畏，绰号人称"三面杨"，因为他曾先后背叛过王安石、司马光、吕大防、范纯仁等，他心中有一连串令人眼花缭乱的鬼点子。在苏轼这一方面，有不少朋友正在当权。这次斗争成了平局，因为双方目标一致。他的政敌想要驱逐他离开京师，而苏轼正好别无他求，只求一走了之。不管有饥荒无饥荒，苏轼三个月后外放到颍州为官时，这一场政治斗争也就有了合理的收场。

四、颖州短歌

　　苏轼却更加感到不能再在朝中待下去了，经他一再请求，朝廷又一次批准他外任地方官，于元祐六年八月出任颖州知州。

　　元祐六年，五十六岁的苏轼离开了京城，以龙图阁大学士身份兼任颖州知州。闰八月中，苏轼来了颖州。颖州也有西湖，那里树木茂盛，湖里盛产钱虾。颖州有苏轼的好几个崇拜者：欧阳修的两个儿子，江西诗派的主将陈后山，宋朝皇族赵令畤，苏轼为之改字德麟。苏轼二十二岁进京赴考时，正是欧阳修当主考官，由欧阳修荐举，苏轼兄弟一举成名。苏轼将欧阳修视为自己的恩师，欧阳修的两个儿子欧阳棐、欧阳辩，则一直崇拜苏轼。陈师道，字履常，号后山，在苏轼的全力提拔后，曾经当过徐州、颖州州学的教授。赵德麟早在汴京就崇拜苏轼了。九月十五日夜，月亮与八月中秋一样美。苏轼邀请这几位朋友在西湖边饮酒赏月。"我离开了杭州西湖，却又来到了颖州西湖。"苏轼对欧阳兄弟说，"令尊大人从扬州调住到这里时，有两句诗：都将二十四桥月，换得西湖十顷秋。这里的十顷水色湖光，比得上那扬州二十四桥明月美景了！"

　　"德麟追随恩公来到颖州，获益匪浅呢！"德麟又对欧阳兄弟、陈教授说，"我这名讳，是恩公在京城给我改的。翰林学士的学问品德，谁不钦羡！"

　　闲谈之间，酒已上席，陈履常面带难色，欧阳棐说："学士大人有所不知，陈教授已经戒酒，今日不肯破戒呢！"

　　"恩师，早年我贪杯闹过事，家母在世时反复教导，我早已戒酒了。"陈后山又说："欧阳兄弟多次劝饮，深情厚谊，实在惭愧。后来我提出一个条件：欧阳兄弟如果肯作诗，我就乐意奉陪！"

　　"这就稀奇了，叔弼、季默兄弟皆是好诗人，如今却不作诗；履常的酒量很大，我在京城时就知道，现在却不肯饮酒，今天倒要探究个明白了！"苏轼先是瞧着季默、叔弼，那显然是要他们先解释。

　　"使君大人，这件事说来话就长了！"欧阳叔弼讲，"元丰年间，您因诗而遭贬，受你株连的人也都纷纷遭贬。先生在扬州任上，写过'山寺归来闻好语'，小人们偏要胡编罪名，说是你得知神宗仙逝而作，幸好宣仁太后极力辨明，先生才没有被陷害，平安调任到颖州来。先生因作诗而受的苦，本朝人谁不晓得！"

　　苏轼绫道：'山寺归来闻好语'是我游览竹西寺后的诗。欲加之罪，何患无辞呢！很多朋友劝我不要作诗，只是小人们善于编，我不作诗，他们也能编织出各种罪名来！季默、叔弼，人生相聚，并非易事。你们兄弟正丁母忧，暂留颖上；可我呢，决意离开朝廷，如今来到颍州，能与你们聚在一起，也是人生一乐！连我都不戒诗酒，劝你们兄弟也不必如此顾虑。"

　　欧阳兄弟见苏轼如此推心置腹，也就不好再推辞，就干脆地答应作诗。赵德麟说："恩公来颍州虽只一个月，政绩已不少。今秋干旱，西湖中有几处干涸，鱼儿窘迫将死，先生一上任，组织迁鱼，迁到水深的西池，百姓都说使君仁慈，恩及鱼儿。先生戏作放鱼诗，欧阳兄弟、陈教授和我，大家何不都作和韵诗呢？"赵德麟的建议，大家都欣然同意了。

　　苏轼又向陈履常说："白露下众草，碧空卷微云。月光为谁来，似为我与君！——履常，人生贵在适意！你本来善饮，任性适性，照饮不误！我年少时多病；如今爱喝，稍饮辄醉；但我仍然日日饮酒！"

　　赵德麟说："陈教授想必知道：曹操禁酒，孔融写信去批评说：尧不千钟酒，无以建太平；孔子非百觚酒，无以堪上圣。'因此，孔融最有名的名句是：座上客常满，樽中酒不空。你如果破了这个戒，你的诗一定会更好更多。"

　　"德麟讲的典故，我可以概括成二句诗：千钟斯为尧，百觚斯为丘。尧和孔子，我们不敢比。就我而言，我的很多诗，都是酒后作的。履常，你的诗进步神速，直比黄山谷。饮而不贪，酒后又怎会犯过失呢！来，来，给履常满上，今天破戒！"东坡笑言。

　　这一席明月下的宴席，如此开始了。十顷西湖，波光荡漾。时而，鱼儿跳出湖面，泛出一圈圈波纹。东坡真想乘舟去赏颍州西湖。今日欧阳两兄弟破戒作诗，陈履常破戒喝酒，东坡非常高兴，于是即席赋诗：

> 我本畏酒人，临觞未尝诉。平生坐诗穷，得句忍不吐。吐酒茹好诗，肝胃生滓污。用此较得丧，天岂不足付。吾侪非二物，岁月谁与度？悄然得长愁，为计已大误。二欧非无诗，恨子不饮故。强为醨一酌，将非作愁具。成言如皎日，援笔当自赋。他年五君咏，山王一时数。

　　这诗之大意就是记载当日之事，表达了他自己的兴奋喜悦之情，也记述了朋友相聚的喜事。

　　苏轼在颍州只待了半年，在欧阳兄弟、赵德麟、陈后山等朋友伴同下，作了非常多的好诗。陈后山的诗名也越来越大，很快成为远近闻名的诗人，后来成了江西诗派的主将。

　　苏轼独自一人只身努力，打算革新吏治，他基本上是失败了。他看到灾荒将至，他希望朝廷预先防备，可是在这一方面他没有成功。据苏轼说，几百万百姓已遭大灾，有的因欠债而关在监牢之中，有的为逃避偿还债务的本金和利息，已经离开了故乡。朝廷有钱收入，国家却处于危急之中。老百姓可以说是朝廷常年的债务人。朝廷查封了大量的抵押品，对于远遁海角天涯的逃债人，要如何处置呢？王安石已去，并且带着朝廷恩赐的最高荣誉头衔埋葬了。现在留给苏轼的是求朝廷全面宽免百姓的债务，以免家家破产。

不过苏轼的任务还没有完成。因为元祐六年又是丰收无望，饥馑灾情更加严重。苏轼在颍州为官八个月，又在扬州待了七个月。这样，他就有机会一睹江北情况。在元祐六年，他在颍州之时，一次出城去，看到成群的难民由东南逃向淮河边上。他奏报说老百姓开始撕下榆树皮，和马齿苋一齐煮粥吃。流寇蜂起，他陈报盗劫案也为数日甚一日。他预测可怕之事恐怕还未止。如果真正发生，将会使难民成群逃离江南。那时老弱倒于路旁，少壮者流为盗匪。

苏轼在新年除夕日和皇族同僚赵令畤登上城楼，看见难民在积雪中跋涉而行。赵令畤说第二天天还没亮，他就被苏轼叫醒了。

苏轼告诉他："我一夜无法入睡。对那些难民我们总得帮助他们一点儿才对。或许咱们能从官仓里拿出点儿麦子，给他们烙点儿饼吃。夫人说我们经过郑州时，傅钦之曾告诉我们他赈灾成功的经过。我们忘记问他究竟是如何行事的，所以现在我才找你问。你想到什么办法没有？"

赵令畤说："我倒是考虑过。这些人只需要柴和米。官仓里现还有几千石米，我们立刻就可以散发，在酒务局还存有很多柴——咱们可以散发给这些穷人。"

苏轼回答说："好，立刻就办。"

于是马上先赈济近邻。可是淮河以南邻近地区，官府还在征收柴税呢。苏轼立刻奏明朝廷废止这种火上浇油，不顾百姓生命的事，而今柴米急需自由运输，以解燃眉之急。

元祐七年二月，苏轼又被调到扬州。他的大儿子苏迈已经由朝廷任命在外地为官。他到扬州去视察安徽各地时，他随身带着两个小儿子。他让随从不要跟随，亲自到村里与村民交谈。此行他看见一个令人无法置信的情形。只见各处是青翠的麦田，但大多数的农户则荒废无人。一年的丰收是村民最害怕的事，因为官府的衙吏和兵丁在此时来催逼过去欠下的本金利息，而且如果还不出会把人带走关押在监牢里。苏轼来到了扬州，在谢恩表里他说："丰凶皆病。"只有两条路可选择：一是遇歉年，忍饥挨饿；一是遇丰年，银铛入狱。

这是王安石新政实施不当的后果。苏轼在杭州之时，除去请款、请米、预防灾荒，而不断麻烦朝廷之外，还给朝廷上了一道长奏折，请求免去老百姓欠朝廷的债务。商业萧条，富户早已不再存在。朝廷命令以现款交税，在市面上货币已不易见到。国家的钱如今都集中到国库里，朝廷则用这些钱进行西北的战事。和二十年前相比，杭州的人口已经减到从前的百分之四五十。朝廷也在承受困难，正如苏轼所指出的，酒税的收入已经从每年三十万贯减少到每年二十万贯以下。不当的新政措施的实行已经把小生意人消灭了。使富人为穷邻居担保的办法，也已经把很多普通的富人拖累得家败人亡。意想不到的官司和纠分，常由青苗贷款而起，有人在官员的纵容之下，用别人的名义贷了款。那些人则或否认那笔贷款，或根本就没有这个人，而官府的档案竟是一团混乱。官家手中有千万份抵押的财产，其中有些已经由官方没收。没收的财产却无法抵消借出的款项，甚至有的不能抵消本金，就更别说利息了。还有好多人坐监，只因为在官司纷杂当中买了别人的产业，不知那份弄虚作假的财产产权当属何人。每个人都欠人钱。地方官府只忙于处理百姓欠官家的债务案件，私人诉讼就搁置不闻不问了。民间买卖一向以信用为基础，现在因为人人信用不好，生意也陷于停顿，官场的腐败到了令人无法置信的程度。杭州每年要向皇帝以绸缎进贡。有些质量差的绸缎往往为税吏所抛弃，他们只愿全数收上品货。由于他们抛弃了货色较差的，损失的钱还要补上。当地太守要从抛弃的坏绸缎弄出钱来，于是强迫百姓用买好绸缎的高价钱买去那些不好的绸缎。地方太守上受上司的逼迫，下受小吏的捉弄，那些小官靠官府的"呆账"压榨百姓以自肥，就像是草原上的羊啃食青草一样。

朝廷的无动于衷和拖延误事，也到了惊人之程度。早在元祐五年五月，苏轼就曾上奏朝廷，呼吁免除百姓的官债。司马光上台后，开始返还官家没收的百姓财产。可是朝廷的愿望总是被一些腐败的官僚们弄得阴错阳差，这使苏轼气愤难平。对官家办事的程序方式之争，更是一言难尽，不必细说了。有些官僚认为，朝廷下令退还没收的财产，只限于三估以后"籍纳"的产业，并不包含官方在现场"折纳"的案件在内。二者之间是存在微妙差异的。有些官员认为当年立即接受官家"折纳"的人，已经承认估价的公平，不必再发还其产业。对这种划分，苏轼非常气愤，他认为不符合圣旨的本意。

这不过只是百姓的利益被官僚骗取的一个例子而已。苏轼把圣旨被误用曲解的事一件件陈报，那都是使百姓蒙受损失的。他正正当当的理由是，民脂民膏已榨干，他看不出来再向无力偿还的百姓身上去收二十年的老帐，这样对朝廷还有什么利益可言。比如说，酒税方面欠债的一千多件案子之中，经过官府二十年来的催缴，尚有几百件使百姓弃家逃走，不敢重返故乡，而有关钱数不过约有万贯左右而已。即便情况如此，一直催讨，也不会收回这一笔欠债，何不立即宽免，以收民心？

在苏轼等了一段时间仍音讯杳然之后，那年九月，他又上奏章，追问从前所上的表章，有何结果？这是上太后的机密本章，太后交给了中书省，着令速办。十二月十九日，户部有给苏轼的回文，说原本章遗失，要他再上一份。元祐六年一月九日，苏轼又抄着一本送达，附加说明，说二十年来商业萧条，官府只有恢复老百姓的信用和财产，税收才有望增收。这是那份呈文的结尾语，但是事隔两年，朝廷仍然无动于衷。

同时，江苏湖泊地区又连年歉收。元祐七年的饥荒造成大灾。据苏轼的奏报，苏州、湖州、乡州地区，百姓死亡已至半数。大批逃难的难民渡江北去。后来积水虽然消退，可田界全失。苏轼说："有田无人，有人无粮，有种无牛。殍死之余，人如鬼腊。"据苏轼的看法，即使在朝廷极力扶持之下，此一地区也需要十年才能恢复。他又指出，如果当初朝廷采取他所提议的措施，所需款项不到后来赈济所需之半数。他说："小人浅见，只为朝廷惜钱，不为君父惜民。"

元祐七年五月十六日，苏轼上奏本谈宽免官债一事。他在自己管辖的地方，不管其他的官吏怎样做，他把圣旨照自己的看法解释，宽恕了圣旨所列的一切案件，情况不清的疑案，则延期一年再办，等待朝廷决定。他深信百姓的信用若不恢复，情形之严重不会缓和，商业也不能振兴。高利巨债则像百姓脖子上挂的石头枷锁。百姓的信用一旦失去，商业必然随之瘫痪，万恶必由此而生。他又上了一道长几千字的表章，详细论述处理呆账的办法。有些人为买公产而欠债，还有青苗贷款债、官谷债、春税和秋税债，也有人欠市易局的债，可是市易局已经撤销。朝廷下令负债分十期清还，有人因旧债还不出而又欠了新债。这样的情况和在杭州所上表章中列举的四种债务，共有十种之多，朝廷终于先后下旨部分宽免。苏轼回顾一下全部情形，拟订了详细的办法。最后，他说：

> 臣顷知杭州，又知颍州，今知扬州。亲见两浙、京西、淮南三路之民，皆为积欠所压，日就穷蹙。死亡过半，而欠籍不除，以至亏欠两税，走陷课利，农末皆病，公私并困。以此推之，天下大率皆然矣。

又说：

> 臣自颍移扬，舟过濠、寿、楚、泗等州，所至麻麦如云。臣每屏去吏卒，亲入村落。访问父老，皆有忧色。云："丰年不如凶年。天灾流行，民虽乏食，缩衣节口，犹可以生。若丰年举债积欠，胥徒在门，枷棒在身，则人户求死不得。"言讫泪下，臣亦不觉流涕。

在奏章中苏轼还说：

> 孔子曰："苛政猛于虎。"昔常不信其言。以今观之，殆有甚者。水旱杀人，百倍于虎。而人畏催欠，乃甚于水旱。臣窃度之，每州催欠吏卒，不下五百人。以天下言之，是常有二十余万虎狼散在民间，百姓何由安生？朝廷仁政，何由得成乎？

这道奏章呈上去一个月以后，他又呈上一道私人奏章给太皇太后，建议太皇太后颁布如他所拟的这样一道圣旨，其大意是说淮南、江浙一带连年受灾，积欠官家贷款之多，致使百姓生活困苦。如今淮南刚刚喜获丰收，浙西却还没有多大起色，因此对于从前各类债务停止催缴，以使百姓可以安度灾后年月。尔后，他又恳请太皇太后按照他前面呈上的一道详细的奏章分别拟定条文，处理债务。

　　元祐七年七月，苏轼所催请各情况，朝廷正式颁布施行。他终于如愿以偿了。奏章中所提到的公家债务，全部由朝廷下令免除了。

第十章 人生如寄

一、命运转折

元祐七年九月份，五十七岁的苏轼又被召回京城。苏轼非常不愿意离开扬州，他的坐车离开扬州府时，街道两边欢送的百姓喊："苏太守，不要走！"到处有人这样喊着哭着，令苏轼很心酸。朝廷命他进京，以龙图阁学士任兵部尚书，兼任皇帝的侍读，差充南郊卤簿使。这些之中实质性的官衔是兵部尚书，相当于现代的国防部长。宋朝惯例，以文官担任军队的最高领导。苏轼明白，朝廷积贫积弱，北方、西北方边境已很不安定。他在朝廷中又会受到多方牵制，这样的兵部尚书会有什么作为呢？

苏轼的马车驶进京城，遥望远处那高高的宫门，他只觉得自己像一匹被蒙着眼睛，正在拉磨的驴子；又像一匹疲病的老马，以疲倦的步伐，踏着汴河大堤上的绿槐黄榆的碎影；更像一头住惯了自由自在的山野林泉的仙鹿，寄迹于喧闹的城市；他明白，这样的任命，又像自由的鸟儿进了金丝笼，失去了自由的白云蓝天。他想到了程杰道士算命相面时讲的话："激流勇退，无灾无难！"他想：杭州、颍州、扬州太守不让我当，我就请求外放去文化古城越州，会稽也是个好地方。在苏轼心目中，乞求外放，离开京城，便是"激流勇退"。

王闰之和王朝云，是苏轼的守护女神。她们对程杰道士相面时说的话，十分相信，所以，来到京城，她们反而有了更大的心理压力。

元祐七年的冬至，刚刚年满十八岁的宋哲宗在圜丘合祭天地。苏轼因是兵部尚书兼南郊卤簿使，侍奉皇帝去祭天地。小皇帝原本是苏轼的学生，苏轼从前作侍读时，曾教过赵煦。圜丘中有列祖列宗的朝飨室。哲宗赵煦来到太祖赵匡胤的朝飨室，恭敬地行跪拜、叩头等礼仪。接着是太宗、真宗、仁宗、英宗等室，一一叩拜之后。赵煦来到父亲宋神宗一室，正当叩头时，激动不已，号啕大哭，涕泪不止，以致礼仪都无法继续。

苏轼上前扶着皇帝，说："皇帝仁孝，至诚至恭，以致涕泪交流，请皇帝依礼而行。此次合祭天地，此乃大祀乾坤，以求列祖列宗保佑陛下，使万民得福。"

哲宗此时看到自己的老师如此鼓励自己，便说："父皇在世时，一再夸赞先生是天下奇才，还望先生好生辅佐朕！"

想到神宗对自己的夸奖，苏轼亦不禁老泪纵横，他控制自己，要小皇帝行完祭礼。哲宗在苏轼指导下，总算完成了这一套礼仪。

走出神宗的朝飨室，苏轼对小皇帝说："陛下只要了解民情，广开言路，任用贤才，崇尚节俭，自然会国富民强，百姓安居乐业。"

哲宗不断点头称是："爱卿博学多才，这次回到朝廷，还求卿安心辅佐朝廷。"

苏轼说："臣决心不以个人进退而废忠言，还望陛下圣明有为，处静观动，辨清事情是非与群臣之邪正。"

十一月份，苏轼又上折乞求外放越州，垂帘听政的高太皇太后、宋哲宗都不准许，反而下旨，任命苏轼新的职务：端明殿学士、翰林院侍读学士，充礼部尚书。

元祐八年清明节的前夕，高太后下谕，让苏轼夫人王闰之陪同皇后去祭拜祖陵。这是苏轼和王闰之的无上荣耀。王闰之早早斋戒，精心准备。苏轼告诉夫人：皇后只不过是二十岁不到的妇人，生活经历上毫无经验。太后要你陪同去祭陵，主要是由你作个伴，一路上有个照应。一切仪式，朝廷有职官专司，到时候只要依礼而行即可。

王闰之还没有单独一人承担过这样重大的使命，因此她开始感觉到压力重大。

清明前两天，皇后的车队就从京城出发。第二天，车队到达宋陵。下了车，皇后将王闰之喊到身边，王闰之一看就明白：来到松柏森森的宋陵，皇后实际上有些害怕。王闰之安慰她说："别害怕，老百姓在清明都祭祖，有的穷人家，坟在荒郊野地，孤坟野鬼，那才令人害怕。这里是皇家陵园，有士兵看守，有专人看管。再说，宋陵地处高坡，视野开阔，松柏茂盛，祖宗的在天之灵只等后代来拜祭呢！"

年轻的皇后听了王闰之一番议论，倒安心了一些，大胆地向苍松翠柏深处走去。前面有太监、司仪引导，后面有宫女、王闰之等陪同，穿过石人石马的队列，来到了列祖列宗的灵前。

宋朝国力远不如唐朝，陵墓体制规模也不相同。唐朝的皇陵，如昭陵、乾陵都是分散四处，各自独立的。宋陵列帝却是合并在一处，在现在的巩县境内。一到清明节，列帝陵前同时香烟缭绕，祭品丰盛。皇后依次一一行跪拜之礼，然后是臣子行礼。皇后有王闰之在身边指点，很顺利地完成所有仪式。等到车队返回京城，王闰之把皇后送进宫，这才长长地出了一口气。皇后奖赏王闰之两匹绸帛，使得王闰之十分开心。

元祐八年春季，反对苏轼的政客聚集在一起。这时，有御史攻击苏轼、苏辙兄弟同朝，"蜀党"太盛；而且苏轼兄弟还诬谤"忠良"。苏轼起草的诰词中，有批评先帝的言辞等等，想要治苏轼的罪。苏轼再次恳请辞去一切职务，乞求外任越州。

但是此时一向保护苏轼的高太皇太后正在重病之中，苏轼的政敌造谣苏轼等人要废去当今皇帝，这就激起了小皇帝的怒火，苏轼的境遇就越来越艰难了。六月，皇帝下诏要苏轼去北方前线的定州做太守。

这对苏轼和他的家人来说是一次沉重打击，第一个倒下去的就是王闰之。王闰之立刻病倒了。苏轼遍请了京城名医，用尽好药，都无效果。临终时，她对苏轼说："老爷，朝廷派你到定州，你还是去吧！或许，你离开了京城这个是非之地，就会平安了！"

"我不怕去定州，我只恳请皇上见我一面，让我说清情况，我会走的。"东坡说。临终时，王闰之十分清醒，她望着床边的三个儿子：苏迈、苏迨、苏过。她对苏迈说："迈儿，我从来就把你当作我亲生的儿子一样，娘离开后，你可要照顾好父亲与两个弟弟！"苏迈说："娘，你就像我的亲娘一般！你有什么话，孩儿一定照办。"王闰之说："把我剩余的钱财施舍给佛寺，为我画一张阿弥陀佛像，供到佛寺！""娘放心，我们一定照办。"三个儿子都泣不成声。她又叫来朝云，吩咐她："以前，你和我侍奉夫君，从此以后，只有拜托你了！我知道，这么多年的艰难坎坷，我们都很和睦。往后，只有你去关心他了！"朝云已经哭得成了个泪人。苏轼在一边也是心如刀绞，不住地流泪。

在元祐八年的秋天，有两个女人去世，那就是苏轼的妻子王闰之和当政的太皇太后。可以说这两个女人都是苏轼的守护神。她俩的去世与苏轼命运的逆转，赶得极巧。苏轼的妻子死于八月初一，太皇太后则死于九月初三。苏夫人死时，苏轼正官运亨通，此时苏夫人去世，正好躲开了苏轼一生中最为悲惨伤心的一段。苏轼应召离开扬州回到京城之后，先做了两个月的兵部尚书，又做了十个月的礼部尚书，他的弟弟苏辙则官居门下侍郎。苏轼的夫人曾陪同皇后祭拜皇陵，享受她那一等级贵妇所能享受的一切荣誉，儿子都已经长大成人，已经婚配，都在身旁。苏迈是三十四岁，迨是二十三岁，过是二十一岁。次子娶的是欧阳修的孙女。所以苏夫人的葬礼是完全按着她的身份隆重地举行。她的灵柩放在京西一座寺院里，一直停到了十年，后苏辙将她的遗骸和她丈夫埋在一个普通的坟墓里。苏轼给她作的祭文措辞恰当，优雅含蓄：说她是贤德的妻子，贤慧的母亲，视前妻之子一如己出。丈夫穷达多变，宦海浮沉，做妻子的一直心满意足，没有半点怨言。苏轼发誓生则同室，死则同穴。妻子死后百日，苏轼请名画家李龙眠画了十张罗汉像，在请和尚给她诵经超度去往西方极乐之时，将这十张佛像献给亡魂。

实际上，太皇太后，也就是神宗之母，当今皇帝哲宗的祖母，也曾经是苏轼的守护神。她的去世就是苏轼的衰落之始，也是她当政期间的那些贤臣的失势之始。这位贤能的老太后已经感觉到一种局势的改变，因为皇孙已经在她身边长大成人，而且她对这个皇孙的品性十分清楚。这个孩子有点儿艺术天赋，可是在别的方面则很鲁莽、轻率，脾气暴躁，很容易被老奸巨猾的大臣玩弄于股掌之间。他产生了对祖母的反感，这很容易被新党一帮人所利用，并且最初很可能是由新党那群小人挑拨而起的。

在老太后去世前十天，六位大臣进宫探病，其中有范纯仁、苏辙。老太后说："我看我是好不了啦，和各位卿家见面之日已经不多。你等要尽忠心辅佐幼主。"

元祐八年九月，高太后病逝之后。同时在这个月，宋哲宗批准了苏轼请求外任的奏折，但却任命他为定州知州。苏轼十二月出发，宋哲宗拒绝了他的辞行。临行前，苏轼上书说："臣每天侍奉在皇上身边，现今要外出戍边，都不能见上一面再走；何况疏远小臣，想要通报信息，就更难了。然而臣我不敢因不能和皇上辞行的原因而不进效愚忠。古代的圣人将要有所作为的时候，一定会先处在暗中观察明处，处在静处观察运动，各种事件的情况就全部展现在面前。陛下圣明，年富力强，我希望您虚心纳谏，一切事情未做之前，默默观察事情的利害与大臣的邪正，以三年为期，等到把握了实情，然后根据情况去做，使得做了以后，天下百姓没有怨言，陛下自己也不后悔。这样看来，陛下的有所作为，只怕太早，不怕稍迟。"这些话，早就憋足了劲儿要干出一番事业的宋哲宗，当然是听不进去的。宋哲宗改年号为"绍圣"。绍是承继的意思，圣指宋神宗，也就是表明要继承宋神宗熙宁、元丰年间的政策，继续实施王安石的新政。首先建议"绍述熙丰"的是户部尚书李清臣，宋哲宗立即同意，并把李清臣升为中书侍郎。三月，殿试进士，李清臣出题："如今恢复了词赋选拔而士子不知努力，罢除主管借贷的官员而农民没有富裕，差役、免役争论不停而役法破坏，东流、北流意见分歧而黄河水患更加严重，割让土地实行妥协而西夏之忧患未除，放松税收以便利百姓，商品却没有流通。合理的就沿用，不合理的就革除，贵在恰当，圣人又哪有固执己见的呢！"这对元祐朝的政策做了一番调整，这显然也是宋哲宗的意思。

苏辙看到这个问策后，便上表说："我看到御试策题，一一批评近年的做法，有继承恢复熙宁、元丰的意思。我以为先帝以超人的天才，欲实现大有作为的志向，他所履行的，超越从前，有百代难以超越的：在位20年，而且终身不接受尊号，削减皇室的待遇，不对五服之外的亲戚施恩典，削减了朝廷大量无用的耗费；出卖官营作坊市场，衙门的兵役实行雇役，免去百姓破产之患；罢黜科举中背诵的内容，训练怠惰无用的军队；安置多余的官员，恢复六部的机构；严格掌握薪俸的标准，禁止私下请托勾结；实行攻占其边境的战略，来制服西夏；收取六种役钱，来替代各类杂役。诸如此类，都是先帝圣明的决策，有利无害，而元祐以来，上下奉行，没有失落过。至于其他，行事不当，哪个时代没有呢？父亲在前面做了，儿子在后面补救，前后互相补救。这是圣人的孝道。汉武帝对外进行战事，对内大兴工程，国家财政匮乏，于是实行盐铁专卖、酒类官营和均输法，百姓不堪忍受，几乎造成大乱。汉昭帝任用霍光，废除烦琐的政令，汉朝才稳定下来……希望陛下反复思考我的话，千万不要轻易改弦更张。如果轻易改变九年来已实行的政策，擢用多年不用的人，心怀私愤而以先帝为借口，大事恐怕不成！"

对于将要发生的政局动荡，苏辙与苏轼一样，都是有所预料的。他早就料到，元祐朝的各种举措，必然会导致新党的重新执政。可是他不愿意看到这种情况出现，他不希望朝廷的政策从一个极端转向另一个极端，更反对让那些奸邪小人再站到朝堂上。他极力想在神宗朝和元祐朝的政策之间找到调和的地方，虽然是为了挽救元祐朝的政策，并避开元祐大臣们"尽废新法"的做法，但从表章中也可以看到他的政治思路，在许多方面与宋神宗、王安石还是有着不少共同点的。宋哲宗此时被愤怒的情绪所控制，不可能对苏辙的观点做出公正的评断，他看到的只有一点，就是苏辙把宋神宗比作了汉武帝。

到了面君议事的时候，宋哲宗指责苏辙："你为什么把先帝比作汉武？"苏辙说："汉武帝，是英明的皇帝啊。""你的意思只是说汉武帝穷兵黩武，到晚年才下痛悔前之作为的诏书，哪里是圣明的君主呢！"宋哲宗声色俱厉，使苏辙和满朝大臣都惊诧不已。

当苏辙谢罪退下时，他心里清楚，元祐朝政结束，自己作为朝廷大臣的生涯也将结束了。没过几天，苏辙便被罢去门下侍郎的职务，贬为汝州知州。苏辙在宋哲宗的心目中成了司马光之后破坏新法的头号恶人。起草贬谪诏书的官员，仅因为写了几句赞许的话，也触犯龙颜，被降了职。

二、贬谪岭南

宋哲宗赵煦在公元1094年，正式改年号作绍圣。这位年轻的皇帝，在垂帘听政的祖母高太后去世之时，就把当了他八年侍读的东坡赶出京城，调到北方边境的定州。可怜的苏轼希望凭师生之情，离京前能再见小皇帝一面，可小皇帝却误信小人的离间，认为老师是反对自己的，因此坚决不见苏轼。苏轼怀着悲愤的心情，痛苦地离开了汴京，去了定州。

苏轼到定州后，招揽李之仪为掌书记，李之仪就是在黄州来信表示敬慕的李端叔，端叔是他的字。两人一起谈论时局，李之仪认为皇帝亲政后，一定会有所变革。因为一则皇上八年来从不对朝政发表自己的看法，显然已有了自己的主见，而在等待发表的机会；二则元祐朝大臣政见的相同是表面上的，一些有不同意见者，或者迫于形势附和，或者暂时退避等待机会；现在正是他们的时机，一旦他们群起而争，和皇帝的政见一拍即合，时局怎有不变之理？苏轼说："你讲的不错。从今以后，我和你恐怕就很难在一起了！"

苏轼在估计了时局的动向之后，一面尽心做事，做到无负于国家百姓，一面静观时局的变化。闲暇时，就与友人僚属饮酒赋诗。他在元祐八年十月到定州，绍圣元年（1094年）四月被罢职。四个月中，编整民兵、整顿军纪、赈济灾民，为朝廷做了不少有益的事。定州当时地处邻近辽国的边境，苏轼到那里后，发现长期的和平，使边备松弛、官兵懒惰，一旦出现战争，后果不堪设想，就决定将工作的重点，放在加强训练、巩固边防上。

他在定州也留下了不少的诗词作品，《雪浪石》《病鹤》《松醪赋》是他写于定州的咏物名作。有一次苏轼与僚属会宴，有一位歌妓提出要唱《戚氏》，请苏轼填词。《戚氏》是词中少见的长调，约有200多字，这显然是给东坡先生出了个难题，要试试天下闻名的大才子究竟才华如何。苏轼笑着点了点头，就随着歌曲填了起来，一曲唱完，词也填好，只改动了五六个字，就交稿了。当时苏轼正与客人谈论周穆王巡游的故事，他的词便以周穆王拜见西王母的故事为背景，描写了虚幻浪漫的神话世界。客人们随声打拍，把这首歌一直唱到宴终日落。苏轼说："这可以算是中山一时盛事。以前当然没有可比的，就是将来也未必再有这样的盛会。"

东坡在定州也有趣事。苏轼来到定州不久，便曾尝试着酿制中山松醪。酿酒的灵感，竟来自奇妙的神仙思想和他自己的遭遇。那还是刚来定州的路上，途经漳河，护送东坡车子的士兵涉水渡河，初冬时候，军兵冻得哇哇直叫。正值半夜，士兵们手举火炬，火把是中山本地的松明枝扎成。松明枝中，有松枝、松叶、松果。松明火炬照亮了漳河水，河水有深有浅，士兵们顺利过河。漳河上空，散发出刺激人的松香。东坡闻到这瑟瑟寒风中的松香，觉得似乎在倾诉自己不幸的命运。这十多年中，东坡感觉自己，被政敌们折磨得不成样子，他竟做过八个州的知州。此次来定州前，他要求谒见宋哲宗一面，哲宗竟然拒绝了他的要求。想到前途，苏轼不寒而栗。他想：松树，是千年之妙质，却能被斧头斩断，又被火烧成灰烬。千年之质也可人为地变成短命的东西。自己虽然离开了京城，但是政敌们绝不会就此罢手，弄不好，自己就变成被砍下的松枝，成为政治斗争的牺牲品。

东坡到了定州又重读《列仙传》《抱朴子》中与松有关的篇章。《列仙传》中有一则毛女的故事。毛女，字玉姜，住在华阴山中，进山打猎的人，经常可以见到。她形体长毛，奔走如飞。她介绍自己是秦始皇时的宫女，秦亡后入山，有仙翁教她食松子、松叶，于是不饥不渴，夏不热，冬不寒。《抱朴子》中也记载了这则故事。苏轼坚信，松树本身是千年之质，定是仙家食品，人要能服食松柏，那该多好啊！

苏轼请画师画了一幅《毛女图》，并作《题毛女真》诗一首：

> 雾鬟风鬓木叶衣，山川良是昔人非。
> 只应闲过商颜老，独自吹箫月下归。

苏轼看着《毛女图》，经常想：怎样把松树的精华引入自己体内呢？最好是制成中山松酒！灵感就这样产生了。

酿酒是东坡的拿手本领。东坡习惯作创造性的构思：中山一带有无数松树。人们用来做火把的，都是一些小松枝，不是栋梁之材，与其让它烧成灰烬，为何不用来酿酒呢？东坡取松果、松针熬煎成汁，作酿酒的水。其余，照常法酿制黍麦成酒。

开坛那天，苏轼品尝了中山松酒，酒味甘甜，稍带苦味，这大概是一种仙酒的特殊味道。东坡不喜欢葡萄酒，即使是凉州葡萄美酒，也是太甜而易坏。这种松酒，好像瑶池仙酒，比京城酿制的酒更美。他离开汴京准备来定州时，特地向老朋友钱穆要顿递司酿造的酒，他以为离开京城，再也喝不到美酒了。没想到，中山松酒竟也有如此口味，需知顿递司中的匠师，都是专门为皇帝及大臣们酿酒的巧匠！

酒力发作时，苏轼热血沸腾，非常想去登山游览，恨不得去中山古国的松林上空飞腾。东坡在《中山松醪赋》中形容了自己喝酒后的感受：

> 望西山之咫尺，欲褰裳以遨游。
> 跨超峰之奔鹿，接挂壁之飞猱。
> 遂从此而入海，眇翻天之云涛。

苏轼好像看到竹林七贤中的嵇康、阮籍等先贤，杜甫赞颂过的饮中八仙等英豪，或骑着麒麟，或跨着凤凰，都争相来喝中山松酒。一个个争着捧酒杯，人人都赞不绝口，吃得巾帕皆落，滴下的松醪淋湿了衣袍。他们都来追赶东坡，有的赋仙人"远游"，有的续写《离骚》！

苏轼一有好酒，就想到朋友。前任定州太守王崇拯如今在雄州做知州，兼朝廷引进使，掌管藩国进贡礼物之事，等于是苏轼的近邻。苏轼便派骑兵给雄州太守王崇拯送去中山松醪，并送去一首七律《中山松醪寄雄州守王引进》，东坡向朋友推荐这种好酒，祝他饮用后能像仙鹤一样长寿，并希望他回和一首诗。

绍圣元年，宋哲宗又将老师作为政治打击的重点对象。苏轼的反对派出了个点子：在元祐年间，苏轼代皇帝起草的绍令中，有"讥讪先帝"之嫌，小皇帝糊里糊涂地不辨是非，竟然同意削去苏轼"端明殿学士兼翰林院侍读学士"两个职务，罢去定州知州，贬往岭南英州做知州。苏轼想："夺去我两个学士的职衔，无非是要断了我重返京城之路；在汴京时，我就三次请求做越州知州，谁还想留恋京城呢！"只是，要从北方的定州，去往南方的英州，这等于穿越整个中国，这对年近六十的老人来讲，不能不说是一场灾难。

苏轼接到贬谪英州的诏命后，李之仪的妻子胡淑静含着眼泪为他赶制了衣服。胡淑静，字文柔，是北宋杰出的才女。她博览群书，从《史记》《六经》到佛教经典都有所钻研，也善于作诗填词谱曲，尤其精通数学。李之仪早年和沈括交好，互为师友，沈括是著名的学者、数学家，他在研究中遇到不能解决的问题，经常通过李之仪向胡淑静请教。沈括常言："她要是个男子多好，一定会成为我的良友！"胡淑静虽是女子，却有着非常高的人格追求，自重好强，喜欢品评古今事件、人物，有着严格的标准和独特的见地。她常常对丈夫说："苏轼名重一时，读他的书，让人有杀身成仁的志气。你一定要珍惜和他交往的机会。"

有一次苏轼到李之仪家拜访，正在说笑的时候，忽然有人因公事来找苏轼。苏轼当即处理，一丝不苟地办好了公事。胡淑静在屏风后看到苏轼办公的情景，感叹地说："我原本以为苏子瞻未能完全脱去书生文士空谈高论的毛病，今天见他事到临头毫不含糊，确实是一代才子！"苏轼也非常欣赏胡淑静的才气，要求自己的儿媳对她格外尊重，也经常通过儿媳和她探讨一些问题。胡淑静对佛教思想很有体会，苏轼称她为"法喜上人"。临别时，胡淑静说："我一个女人，能得到这种人的理解，我还有什么遗憾呢！"这一年，苏轼56岁，苏辙55岁，由此进入了他们惨淡飘泊的晚年。

现在苏轼像一只陀螺，又被新的鞭子抽打，又向另一个方向旋转。儿子苏迈已三十五岁，本来是河间县县令，受父亲的牵连，被削掉职务，他带着全家，来到定州，为父亲送行。老二苏迨和欧阳修的孙女结了婚，一直陪在苏轼身边。老三苏过已二十二岁，也已成婚，和父亲生活在一起。按中国的传统，儿女成婚，父亲就不需要再负抚养的责任了。但是，苏轼要去岭南，这三个小家庭就面临重新安置的问题。

如今，只剩下朝云是苏轼的真正亲人了。去年的八月初一，夫人王闰之在京城去世；东坡在离开京城时，把家中的侍女姬妾都遣散了，只留两个老女仆承担家务。这样，与东坡朝夕相处的就只有朝云。朝云三十二岁，由于身材苗条，皮肤白皙，看起来还像二十几岁。但她的眼神里，总有一种哀怨、怀疑的神色。她感到丈夫的命运中充满了不安定因素。她觉得，丈夫的官越大，生活就越是不安定。苏轼这几年东西南北，做过八个州的太守——密州、徐州、湖州、登州、杭州、颍州、扬州、定州，王朝云都陪着过来了，这样不稳定的生活，令她心惊胆战。从前，还有王闰之一起，自己不必承担太大的责任。如今王闰之去世，她自然成了家中的女主人，她又多了一种负担。她明白，东坡深深地爱着自己，但看着丈夫不断地被人迫害，她的心里更充满了痛苦。她无法控制思想飘逸、才华横溢的东坡，只有在生活上更体贴关心他，用自己的爱，去消解减丈夫的焦灼不安。闰四月初八，苏轼全家来到了太行山脚下的临城。东坡与朝云坐在一辆马车中，东坡不停地往西看太行山，乌云紧紧地笼罩着太行山。东坡深深预感到了一种不祥之兆。

"我们去中山时，路经这里，连日大风，尘埃弥漫，太行山的影子也不见。今天我南迁岭南，难道又看不到太行山吗？"东坡对朝云说起了他的想法。"看不见太行山，何必这样担心呢？"朝云劝慰道。"星辰隐现，风云变幻，都是上天给我们的预示。"东坡好像被一种莫名其妙的恐惧抓住，语气十分沉重。"那你说给我听听，这次看不到太行山，预示什么？"朝云微笑着说，想缓和一下气氛。"朝云，我给你说一段故事。唐朝大诗人韩愈韩退之被贬往岭南，路过衡山，天上乌云密布。他默默祈祷上苍：此番南迁，如能有北返中原的机会，就让那乌云散开，阴晦之气消失，使南岳衡山露出真面目。不一会儿，乌云散去，众峰涌出，突兀的山峰直顶着青天，那紫色的山峰，接连着天柱。此时韩昌黎感动得下马便拜，去衡山岳庙烧了香写了诗呢！后来，韩愈果然北返中原，回到朝廷。"朝云才知道，先生是在想北返中原的事。她隐隐约约感到这就是他的命运所在的关键。她便说："那么，先生你为何不学那韩愈，也默默祷告上苍呢？上苍要看你的诚意，你就祈祷吧！我也帮你请求上天，让你早日北返中原！"东坡和朝云就在马车内默默的祷告着。马车过了临城，来到内丘境内。东坡睁眼一看，天空忽然清朗。西望太行山，山上草木可数，峰峦北走，崖谷高耸。东坡见朝云还在闭目祈祷，便推动着她的肩膀喊："朝云，快看太行山！"朝云睁眼一看，雄伟的太行山就矗立在眼前。她一阵惊喜，流下了两行热泪。东坡说："吾南迁其速返乎？"他停下车，翻身下拜太行山。随即写下一首诗：

逐客何人著眼看，太行千里送征鞍。
未应愚谷能留柳，可独衡山解识韩。

他将这首诗送给苏迈说："在衡山韩愈遇到吉兆，我在太行山也遇到此吉兆，此乃天意！"这首诗的三四两句讲的是柳宗元、韩愈。韩愈南贬潮州，后来北返中原。柳宗元南贬永州，住在潇水边上的小溪边，他命名这条溪为愚溪。后来，他又贬柳州，所以愚溪谷是没有留住他的。苏轼这首诗，像预示了他自己的命运：首贬惠州，再贬儋耳，最后北返中原。苏迈为了劝慰父亲，便说："这几年，小人政敌不停地迫害你，你一会儿离开汴京，一会儿又返回汴京，你经历得太多了，也该习惯了。这次虽贬往岭南，想来不久便会北返朝廷的。父亲这首诗，也预示了这一点。"东坡望着太行山，被那雄壮的山势所吸引，浑身散发着激动。全家人都被大自然的变化激动着，大家相信：苏轼南迁，不久定会北返中原，返回朝廷的。

苏轼全家在陈留苏辙的家中暂时停留。苏辙虽说是弟弟，但在生活上，他却像兄长一样照顾苏轼。在湖州苏轼因诗案被捕入乌台监狱后，是苏辙把哥哥全家接到南都；苏轼被贬谪到黄州时，又是苏辙带着自己一家、哥哥一家，把苏轼一家送到黄州，然后自己携全家前往自己的贬谪地筠州。苏辙能照顾哥哥，得力于两点：第一，苏辙擅长积蓄理财，在东坡身无分文时，他总能在财政上支持哥哥；第二，苏辙在政治上较持重，不像苏轼那样锋芒毕露，因而，他所受的打击，总比哥哥小，时间也迟，还有足够的时间去照顾哥哥。这次，苏辙不久也将被贬岭南，但这时，他还有自由，又是官居副宰相之职，因而他拿出一大笔钱给苏轼。苏轼则用这笔钱让大儿子去宜兴安家。没想到，苏轼在宜兴购置的一处田产，却成了苏轼唯一的立足之处。

苏轼在陈留奏请皇帝让他乘船南下岭南，以减轻旅途劳顿。这次，朝廷同意了。于是苏轼全家从陈留取道雍丘走水路。渡过淮河后，苏迈带了他的家属便前往宜兴，苏轼则向金陵航行，取道长江，向西航行，打算从今江西境内入岭南。

祸不单行，船到当涂，朝廷又下达新的贬谪命令：苏轼免去英州知州，贬为建昌郡司马，在惠州安置，不得签书公事。这样，苏轼又像在黄州一样，成为半个罪人！这一次，也应了太行山下那首诗：他像柳宗元一样，去岭南任有职无权的"司马"！苏轼与朝云商量，不得不作出应变的安排。东坡让苏迨一家也去宜兴和苏迈在一起，兄弟俩有个照应。他吩咐苏迨："你自幼体弱，学医颇多，以后，你就在宜兴从医，造福百姓。不必学哥哥，不要从政！"于是苏迨一家从当涂顺流东下，也前往宜兴。苏轼便和朝云、苏过一同前往岭南。

苏轼被贬岭南后携家南下，到达陈留后，转到汝州去看苏辙。此时汝州春旱，麦苗干死，苏辙一上任，就忙着赈灾。苏轼到来后，一起参观了汝州龙兴寺中唐朝吴道子的壁画，时间久远，壁画已受到损坏，苏辙捐钱加以修复。苏轼对弟弟在汝州的作法很满意，他在《苏辙新修汝州龙兴寺吴画壁》中说："他年吊古知有人，姓名聊记东坡弟。"认为后人会怀念苏辙，而自己也沾苏辙的光而名垂千古。

苏轼从陈留乘船走水路南下，他离开汝州之后，苏辙又接到诏令，贬为袁州知州。于是他也步哥哥后尘，赶往陈留，乘船南下。到陈留后，他觉得陈留还不错，登上城中的望嵩楼，可以看到嵩山的太室、少室二峰，陈留的酒味也与京城差不多，可以"游心四山外，寄适杯酒中"。可是坐不暖席，便又匆匆离去。八月到达真州，被大水挡在途中，到九月十日，才走到江州彭泽县，他在这里被告又被贬了，这时苏辙已经毫无职权，与当年苏轼贬谪黄州的情形一样，而贬所正是他做过五年监税官的筠州。

现在苏轼要跋涉一千五百里，从中国的北部到中国的南部。他感觉他一生就是一站一站的往前走，而如今只是在他人生旅程中的另一步，这个旅程是在他呱呱落地时已由上天决定的，不过到现在他才完全清楚罢了。在他五十七岁时，他已经饱经命运的荣辱盛衰，现在命运的转折，在他也不以为奇了。命中注定，他最后要完全和政治断绝关系，要符合他的夙愿，使他去过求之已久的常人生活。他现在向前进，无忧无惧，心中一片宁静安谧。在过去的日子里，不管遇到何等情形，何等问题，他都以坦诚勇敢之态度相对；他愿把一切付诸命运。

在九月，苏轼翻越著名的大庾岭，大庾岭在中国古代是赴广州的旅客必经之地。这道关隘是一条危险、遥远的路途，通过之后，便到了另一个境界，许多旅客往往是有去无回的。一条铺石头的路，在关隘两侧各有三四百码长，路旁有浓荫茂盛的树，为旅客遮蔽太阳，供旅客歇脚。行人到此，不由喟然长叹，多在岩石上题诗寄怀。站在此处山峰上，头上白云蓝天，不过咫尺，苏轼觉得自己犹在梦中，不再知道自己肉体之躯在什么地方了。从那样高处，他能看到人的渺小，行为的卑鄙，山上的清风把他心中的尘思俗念，一荡而净。越过了关隘之后，他游览今日的南雄和南华寺，两寺是中国佛教禅宗的圣地。

他在南雄和广州之间，碰到道士朋友吴复古。从此以后，苏轼在流放期间，一直和吴复古交往很紧密。吴复古是个怪人。在过去的那些年，在苏轼的生活中，他曾在不同的地方突然出现。苏轼第一次遇到他，是在济南。后来又在京城遇见他。但是对于这个道士是从事什么活动，做些什么事情，凭什么生存，苏轼却不清楚。而他和苏轼交好，是不是有所求，抑或有其他目的，也不得而知。可是他对苏轼从无所求，也不曾求苏轼为他转求他人。过去不知他流落何处，而现在又忽而相遇，不在别的地方，偏偏在此，苏轼又遇见他。吴复古是真正的道士，身体健硕，精神饱满，轻松自在，一向无忧无虑，这是道家极其看重的。由于身体好，欲望少，他们大多能过一种为人所羡慕的自由自在的生活。要获得这种自由自在的生活，必须摆脱名利的烦扰，吃粗茶淡饭，穿衣住宿不讲究，步行千里，睡在野外，不视为受苦。吴复古对这个世界一无所求。他时隐时现，等于随时提醒苏轼，如果他不为政治所纠缠，他就应当过那种飘荡不羁的日子。

元祐九年（1094 年），五十九岁的苏轼被贬往惠州。定州在北宋是北方军事重镇，是北宋北部边境地区；惠州在广州附近，算是海边了。五十九岁的苏轼，要从北方长途跋涉去到南方，一边走，一边接到的全是坏消息：苏轼被削职处分，不再是州刺史了，也不再是资政殿、端明殿的大学士。苏轼一下子从紫绶三公的大臣变成一个因犯似的罪臣。他心中的悲愤可想而知。

到了惠州他才安顿下来，他的道士朋友吴复古随即又来探望他。吴复古带着苏轼去罗浮山拜见一位老道士。老道士说："苏学士风尘仆仆，从中原来到岭南，先要适应岭南水土，对付瘴气。如果瘴毒这一关过不了，你就无法在此扎根立足下去。犹如移栽的树，根不活，岂能长出绿叶青枝！对付瘴毒，炼气的同时，要服用桂酒。我这里有酿制桂酒的秘方，可传授给你。"

老道士把炼气秘诀和桂酒秘方传与苏轼，苏轼谢过老道士，想求老道士告知姓名，老道士不肯，吴道士说："他自称海上道人，你又何必追问呢？"

苏轼得到桂酒秘方，立刻准备酿制。这天晚上，东坡查阅了不少资料。屈原《楚辞》有"奠桂酒兮椒浆"的句子，是东坡能背诵的名句，他想：原来楚人早知桂能制酒了。他又查阅了家藏药书，其中记载："桂有小毒，而菌桂、牡桂皆无毒，大略皆主温中，利肝腑气，杀三虫，轻身坚骨，养神发色，使常如童子，疗心腹冷疾，为百药先，无所畏。"他还查阅了陶弘景、孙思邈两位医家的著作，发现桂确实被列作仙家的上品药，久服有轻身不老的功效！苏轼心想："酿成桂酒，一则可以御瘴，二则可以长生，这海上道人也是一位仙家！"

酿酒，是苏轼的特长！黄州酿过蜜酒，颍州酿过天门冬酒，定州酿过松子酒，即使这样，苏轼仍然不敢草率行事。他将桂酒秘方刻在石上，并附上《桂酒颂》一文，其中说：

> 大夫芝兰士蕙蘅，桂君独立冬鲜荣。
> 无所摄畏时靡争，酿为我醪淳而清。
> 甘终不坏醉不醒，辅安五神伐三彭。
> 肌肤渥丹身毛轻，冷然风飞罔水行。

他把这块石刻放在罗浮山铁桥之下，心中默默祈祷："让后世的文人贤士，被执政迫害到岭南时，都能得到这一秘方！海上道人啊，我的仙家师傅！你传授我的秘诀，没有私心，只求百姓的幸福，上天不会降祸于我，更会有神护佑你我的！"

苏轼按海上道人的秘方酿制。门生们都来帮忙：有的去买桂皮，有的去找酒曲，有的买米，转眼就准备好。惠州太守詹使君，还派人送来酿酒的上等大米。苏轼像个制酒的大师，指挥仆人及门生做事。酒料的配方，则由东坡亲自配制。他把桂皮捣成粉状，用细筛子筛，十分细心。待米饭倒入酒瓮，封缸酿制，苏轼送走了门生，打发走仆人，他就按杜康先师的遗训作起祈祷来。苏轼亲自焚香，默默祝祷说："酒，是天赐之物。酿酒的成功或失败，酒的质量好与坏，一般人都视作主人命运的先兆！我谪居海边，照理当饮用桂酒以御瘴毒。如今海上道人能授此秘方，岂非天助我也！让我能平安渡过难关，上天保佑我酿成桂酒吧！"

几天之后，从酒瓮之中飘散出一种奇异的芳香，其香味有极强的穿透力，嗅入鼻中，立即进入腑脏，令人神往！苏轼是个酿酒老手，知道这次桂酒酿得很成功。"这不是预示我的命运会有转机吗？"苏轼心中暗暗开心。

拆封开坛，苏较已被酒香熏得心花怒放。色泽清澈、晶莹剔透的桂酒，飘出浓郁的香味，东坡叹道："盎然玉色，非人间之物可比也！"

照惯例，苏轼饮了一杯桂酒。数十年来，苏轼喝过皇帝、大臣、同僚、门生、朋友许多酒，但每次喝只是一小杯，他酒兴极高而酒量极小。苏轼自制力很强，他从不滥饮狂欢。这次，他独自饮着桂酒，心想：那桂树独立经冬，遇寒不凋，冬天犹生机盎然，岭南的瘴气拿它没有办法！这是管辖南方的火神祝融恩赐给人间的精华。

苏轼天天饮桂酒。这桂酒甜而不坏，醉而不伤身。久服桂酒，浑身舒适。苏轼原来肤色灰暗。服食桂酒不久，苏轼脸上的墨色灰气已消失，显得气爽神清，精神十足。苏轼作了几首赞美桂酒的诗。《新酿桂酒》曰：

捣香筛辣入瓶盆，盎盎春溪带雨浑。

收拾小山藏社瓮，招呼明月到芳樽。

酒材已遣门生致，菜把仍叨地主恩。

灶煮葵羹斟桂醑，风流可惜在蛮村。

三、心向闲云

苏轼六十岁的时候，学道更加热心。海上道人教他修炼以神守气诀，让他在半夜子时之后，闭目静坐，以神守真一之气。每到练功之时，苏轼就像一条三眠后老蚕，在蚕簇上一动不动，闭目内观丹田，意想真一之气慢慢积聚在丹田。苏轼体会到神秘的真一之气，不禁暗自高兴。

一天，道士吴复古、陆惟忠又约苏轼去见海上道人。老道人见东坡脸色有了变化，便说："岭南瘴雾已无法侵害先生了。从今以后，你要集中精力，培植真一元所，修炼以神气之内功。先生何不饮真一仙酒，以助你体内的真一元气呢？"海上道人又将真一仙酒的秘方传授给苏轼："真一仙酒原料有三种：一是白面，一是糯米，一是清水。"苏轼一听便牢记在心。吴复古知道，海上道人平常不食五谷，只饮真一仙酒以及吃些水果菜蔬，这就是辟谷，他也很想练辟谷功。海上道人就说："等你们酿成真一仙酒，送来让我品尝，合格后，我就教你练辟谷。"

吴复古、陆惟忠近来住在苏轼家中。三人回来，苏轼立即买来上等白面粉，先使其发酵，做成蒸饼。蒸熟之后，用竹篾穿挂风中，待两个月后作酒曲用。广州、惠州、韶州等五个州的官员，不少都是苏轼的朋友，得知东坡要酿真一仙酒，需要糯米，他们都纷纷给予帮助。

两个月后，蒸饼风干成为酒曲，苏轼开始酿制真一仙酒。其操作步骤，一一按海上道人传授的秘方办。原来这真一仙酒的关键是利用稻子、麦子的阴阳平衡的原理。苏轼对吴道士说："那稻穗沉甸甸地下垂，而小麦的麦穗，从来就是麦芒朝天，挺拔向上。古人认为麦受六阳之气，生长陵冈干燥之地，森然不惧螟蝗，这是小麦获得大地阳气的缘故。稻谷，于水田生长，获得大地的阴气，所以它的穗子总弯腰垂下。人的元气，源自阴阳平衡，一阴一阳，互相配合，这才是自然之理。真一仙酒的原料是糯米和白面，正是合了阴阳平衡之理。"

吴复古说："先生，你做任何一件事，总要思考出一番真知灼见。幸而你这位大学士有的是学问。我想，真一仙酒定是阴阳相配的精华，是人身元气的根基之一。海上老道八十来岁，不食五谷，只饮真一仙酒，身体比我们还好，此中奥妙，我更加想要练辟谷去体会！"

开坛的日子来临。苏轼开瓮一看，只见一瓮色泽清纯的酒，清澄可爱。苏轼尝了一口说："比桂酒甜腻，比桂酒稠，没有桂酒香气浓。这美玉一般的颜色，好似我们在京城喝过的王驸马送来的碧玉香。你还记得那碧玉香吗？"

"记得，记得！王驸马送来时，我碰巧在你府上。"吴道士说着，也饮了一口，品了一会，说，"味儿比碧玉香甘醇可口！"

吴复古带了一坛酒去见海上道人。海上道人品尝之后，赞不绝口："苏轼先生的真一仙酒乃是三清仙酒！你真的希望学辟谷吗？"

"弟子久有此愿！先生传授的龙虎铅汞诀，已然掌握要领，真一元气，浩然于胸，现在真一仙酒已成，弟子希望道翁传授辟谷绝粒之术。"海上道人见吴道士意坚心诚，筑基已成，可学此术，便道："此功只传授给你，你那两位四川朋友，暂时还不能练此功！"海上道人知道苏轼、陆惟忠都是四川眉山人。

吴复古果真练起了辟谷绝粒，每晚都不休息，只是盘膝而坐，一天一夜中，只饮一杯真一仙酒以及一杯水而已。苏轼和吴复古交往已有十余年。这次，他是专程来慰问自己的，恰巧遇见海上道人，竟修练辟谷绝粒了。苏轼知道，吴复古早已是道门中的高人，极愿他成功。苏轼的小儿子苏过却不希望吴远游冒险，还作了一首诗嘲笑父亲这位老朋友。陆惟忠、罗浮山僧舍芝上人也都写了和诗，却都是赞赏吴复古的。苏轼诗兴大发，也作了一首次韵诗《吴子野绝粒不睡，过作诗戏之，芝上人、陆道士皆和，予亦次其韵》：

> 聊为不死五通仙，终了无生一大缘。
> 独鹤有声知半夜，老蚕不食已三眠。
> 怜君解比人间梦，许我时逃醉后禅。
> 会与江山成故事，不妨诗酒乐新年。

道士吴复古不食五谷已过一个月，每天来苏轼家中探看的人络绎不绝。东坡家里酿制真一仙酒也从未停过。广州、惠州、韶州、循州等官府，都对惠州的苏翰林十分关注。南方的文人学士，也都想一睹苏学士的风采，纷纷前来求见。大约是真一仙酒的庇护吧，来自北方朝廷的新的迫害计划还没有成功。确实，喝真一仙酒的岁月，是苏轼在惠州最开心的日子。

在惠州，好多事对苏轼来说都显得新鲜，可是又似乎熟悉。广东属亚热带，他看见甘蔗、橘林、荔枝树、香蕉园，还有槟榔树，绝不是个不适合生活的地方。有两条河从北流入，在城东汇合。苏轼前半个月在地方太守礼遇之下，住在政府官衙中。地处寓所两河汇合处的合江楼上，可看到宽广的河流在下面城边流过，对岸归善县的县城，就建筑在斜斜的山坡上。沿河是岩石和巨大的卵石，悠闲的人正在那里钓鱼。城的正北就是罗浮山和象头山，他知道今后他会去游览探胜的。

苏轼虽然是戴罪安置惠州，无职无权，但他仍然尽自己所能为当地百姓做一些事情。他组织群众修筑了东、西二桥。东桥在城东江上，过去这里桥梁损毁，人们搭船渡河，常有落水淹死的，新桥落成后，人员往来已不成问题。西桥在惠州西湖上，西湖也称丰湖，原来湖上也有长桥，但总被白蚁蛀毁，苏轼在栖禅寺和尚的帮助下，用能防白蚁的石盐木建成了坚如铁石的新桥。为了筑桥，苏轼捐献了一条犀带，苏辙的妻子任氏听说大伯在惠州筑桥的消息，也拿出自己过去从宫中得到的赏赐黄金数千两相助。苏轼还建议地方官员引水入城，改善居民饮水条件，提议为地方驻军修建军营。他到博罗县香积寺游览，见溪中水势湍急，就建议县令修建水磨，又向大家推介新式农具"秧马"。这些对于一个"罪臣"来说都是分外之事，弄不好还会给自己惹上麻烦，可是苏轼却以为是自己应尽的义务。

在惠州的日子，苏轼也作诗。广东出产荔枝，此物在北方是极为难得的水果，唐朝杨贵妃喜吃荔枝，明皇曾不惜动用军士快骑，为她从南方取回荔枝，唐朝诗人曾有"一骑红尘妃子笑，无人知是荔枝来"的诗句。苏轼在这里也吃到了荔枝，还作了赞美的诗句，他的《食荔支二首》中有一首是：

罗浮山下四时春，卢橘杨梅次第新。
日啖荔支三百颗，不辞长作岭南人。

苏轼的堂妹在哲宗绍圣三年（1096年）四月十九日去世。不幸的是，她的名字始终未能传下来；苏轼也只是称她"堂妹"，或"小二娘"。她丈夫给苏轼写信报告了这个噩耗，可这封信竟走了三个月。这许多年来，苏轼对堂妹的珍爱并未减少，这一点从在几年前他给一个亲戚写的信可以说明，因为在那封信里他说一次旅行时未能到常州去看堂妹，始终引以为憾。在最后一年，她和丈夫显然是迁到苏轼为官的定州去居住。她丈夫柳仲远，是一个正直的贫穷儒生，没有考中科举，但很喜欢收藏字画。苏轼在京城时，他曾去探望苏轼，苏轼曾以书画相送。苏轼在给程之才的信里，提到堂妹死讯，说自己难过至极，在给堂妹的儿子的信中，也说"此心如割"。用这类说法表示伤感，在中文里虽没有什么特殊意义，但所表示的仍是浓浓的怀念。

他为堂妹写的祭文，明显是在得到噩耗之后写的，这篇祭文颇有真诚感情，显示出他的一往情深。文中说，他祖父所有的孙子，现今只有四个尚在。那四个是：子瞻、子由、子安，另一个便是这位堂妹。说她"慈孝温文，事姑如母，敬夫如宾"。随后谈到私下的感受。她盼她的两个儿子能早日长大成人，能够光宗耀祖。祭文上说：

一秀不实，何辜于神，谓当百年，观此腾振。云何俯仰，一嚬再呻。救药靡及，奄为空云。万里海涯，百日讣闻。柎棺何在，梦泪濡茵。长号北风，寓此一樽。

一年之后，她丈夫也去世了，灵柩运到靖江附近的老家埋葬。

苏轼到惠州不久，还得到一个消息，令他心中非常担忧。在过去四十二年里，自从他姐姐去世，他父亲公开指责他表兄家之后，他和弟弟苏辙就一直没和内兄程之才通信或交往，但只和程家其他弟兄有书信往来。章惇听说后，就专派程之才专程南下担任提刑，处理重大诉讼和上诉的案子。在哲宗绍圣二年正月，他到了广州时，是苏轼到达惠州的三四个月之后。苏轼也不知道程之才是否已把过去的事置诸脑后了，因此完全不知道会有什么情况发生。由于一个友人的关系，苏轼给程之才写了一封比较客气的信，因而知道程之才要在三月到惠州。知道他别无他意之后，苏轼派儿子苏过在他来时去接他，并且带着一封欢迎信，自称："杜门自屏，省穷念咎。"程之才此时已然上了年纪，年约六十岁。事实上，程之才很想消除过去的恩怨，重叙亲戚之情。他向苏轼恳求为他曾祖父写了一篇墓志铭。或许是，亲戚毕竟是亲戚；也许是眉山城皆以苏轼此位大文豪为荣，而程之才也颇有此自豪感。于是双方的关系又显得非常亲热起来，由双方交换很多信件诗文，苏轼对他也有所请求。在惠州住了十天，程之才又走了，大概那一年大部分时光他都在广州附近度过。

有程之才在，并且借助他，苏轼得以在地方很有建树。虽然苏轼已无权签署公文，可是他却能充分利用他对程之才的影响力。他对朝廷高层政治固然已经失去影响，可是为邻人和当地百姓的造福，他还是看作己任。倘若有什么事非法无理，他就不会坐视不管。绍圣三年正月元旦，博罗大火，全城付之一炬，使苏轼大为震动。地方官对无家可归的百姓进行救济，临时搭帐篷供灾民居住，并严防抢劫。官府署衙完全焚毁，全须重建。苏轼恐怕那些官衙的积习恶俗又要出现。他担心官方在重建此一城镇时，又要乘机盘剥百姓，而地方政府会征用民工物资。他建议程之才令当地政府在市场公开购买，禁止征缴民间物资，征用民工。他指出一定要这样做，否则"害民又甚于火灾"。

站在惠州街上，他看到十分心痛的情形。农夫满车装着谷子去向当地官府缴纳捐税。因为丰收，谷价反贱，政府拒绝收购谷子，这也是苏轼要管的事。他一探问，才清楚政府要的是现钱。农民必须在市场低价时将谷子卖出，才能得到现钱，可是农民需要缴纳的现款捐税却按粮价高时结算。结果，农民欠一斗税粮，却得卖两斗谷子才够缴纳。苏轼给程之才去了一封长信，言辞恳切，就仿佛以前上皇太后的表章一样，把这个衙门积习揭发无遗，指为向农民勒索。他请求程之才和当地的税吏与运输官举行一次聚会，并建议当地政府应当依谷物市价向农民征税。几月之后，他听说那几位官员已经决定向朝廷奏请，于是十分高兴。

四、彩云难留

在惠州，苏轼与朝云的爱情生活更加甜蜜了的。苏轼去世以后，他在白鹤峰的居所经后人辟为"朝云堂"。朝云就一直与苏轼在一起生活，现在又随同他外放出来。秦观赠她的诗说她美如春园，目似晨曦。她到惠州时还年轻，才三十一岁。苏轼那时已五十七，虽然二人年龄差异较大，却情爱无殊。朝云聪明开朗，活泼有活力。苏轼生平的几个女人之中，朝云可谓最是知己。她爱慕苏轼这个诗人，自己也很向往他那种精神境界。苏轼对朝云在他老年随同他颠沛流离，不但把感激之情寄之以诗文，并且写诗赞美她，这些诗使他们的爱情化为共同追求仙道生活的高尚友谊。

绍圣元年十月初二，苏轼家人到了贬谪地惠州时，苏轼的船从西江、东江合流处靠了岸，惠州太守詹范早已等候在岸边，还有许多惠州百姓在等候，人群之中发出"苏学士来了"的欢呼。詹范上前迎接："惠州太守建安詹器之在此迎候学士。""罪臣不敢劳动太守，多谢了！"苏轼答谢。

"在下在考进士之前就仰慕先生，背诵过先生的诗文，今日得见先生，也是晚生之幸。"詹范极为谦虚。

"我航行至清远县，遇见一位顾秀才，他也读过老夫的诗文，他向我仔细介绍了惠州风物之美，说这里漠漠江云，飘香桂花；丝丝海风，黄柑朱橘；荔枝鲜美，特产丰盛；罗浮仙山，更是令我神往。他还介绍到惠州贤太守，说你上任后，时值丘荒，田野里多暴骨，太守取而掩埋，建立丛冢。太守的仁慈，百姓传为美谈。我来到惠州，会给太守带来不少麻烦，还望多加关照。"苏轼说道。"先生不要这般说，先生来到敝府，也是我们有缘，今后还望前辈多多指点。"

苏轼一家被安置在东江、西江合流的岸边，名唤合江楼。

朝云正在摆放家具，詹太守派来两个军兵，送来了粮米，邻居送来了新鲜的蔬菜，这使东坡、朝云非常感动。苏轼另一个崇拜者循州太守也送来了三石米，说是给苏轼酿酒之用。东坡知道，中原地区的人来到岭南，要特别注意瘴毒，而预防瘴毒的特效药是桂酒。于是他又开始酿制桂酒。朝云也高兴地帮忙。桂酒飘香时，苏轼对朝云说："朝云，你身体虚弱，刚从北方来到惠州，一定要注意瘴毒。如今，我们已经酿好了桂酒，你一定要学着饮桂酒。""我不善饮酒，你是清楚的。"朝云说。"这没有关系，虽然我每天饮酒，可是你知道，天下须眉中，我算是酒量最小的了。现在为了预防瘴毒，你必须得喝桂酒。你可以每次只喝一二口，多喝几次，这样就有效了。""好吧，我听你的。"就这样，朝云陪着东坡喝起桂酒了。酒兴正浓不觉酩酊。

苏轼饮酒，本有一个特点，就是酒性发作极快，平时只有一小杯的酒量，今天则过了量，所以酒性发作更快，不一会就朦朦胧胧，醉倒在椅子上。朝云把东坡扶到一把躺椅上，让他躺下，东坡已发出一阵阵鼾声，飘逸出一阵阵桂酒香。朝云抱来一床被子，轻轻给东坡盖好。她也感到有些头重脚轻，就立刻躺到床上，也朦朦胧胧进入梦乡。

苏轼被一阵晨鸟快乐的鸣声吵醒。这种小鸟，像鹦鹉，全身绿毛，红嘴，是从东海岛上飞来的，东坡特别喜爱这种小鸟。他正在猜这群倒挂子有多少只，却始终听不清楚，倒挂子的鸣叫此起彼伏，怎能辨清呢？于是东坡睁开眼睛。这时才发现自己身上的被子，他知道这是朝云给自己盖上的。

看着熟睡的朝云，东坡想了很多很多。东坡平生最敬重白居易，他觉得自己和白居易有许多相像的地方：进士出身，做过杭州太守，都是翰林院学士，也都是诗人。自己取号东坡，也受白居易影响。白乐天贬忠州时，有《东坡种花》《步东坡》等诗，于是苏轼自号"东坡居士"。但是白乐天晚年退休住在洛阳，过着悠闲的太平岁月，这是自己无法比及的。现在自己被贬谪到惠州来，成了一个心绪无法平静的闲人。想来想去，觉得唯有一点，自己是胜过白乐天的，那就是享受朝云的爱。朝云从定州追随自己，万里长程，一直深深地爱着自己，无微不至地关怀照顾自己。而白乐天晚年虽也蓄养了两位姬妾：樊素、小蛮。白居易在诗中还赞扬她们说："樱桃樊素口，杨柳小蛮腰。"她们都嘴似樱桃，腰似杨柳，善舞能歌。但是樊素、小蛮一定不爱白居易，明智的白居易最后无奈，只得还她们自由，离开了白居易的家。白居易也痛苦万分，写了不少诗抒发自己的痛心。可朝云，却千真万确地就在自己眼前。这难道不是他值得自豪的吗？于是苏轼立即写了《朝云诗并引》：

世谓乐天有《鬻骆马》《放杨柳枝》词，嘉其主老病，不忍去也。然梦得有诗云："春尽絮飞留不住，随风好去落谁家。"乐天亦云："病与乐天相伴住，春随樊子一时归。"则是樊素竟去也。予家有数妾，四五年相继辞去，独朝云者，随予南迁。因读乐天集，戏作此诗。朝云姓王氏，钱唐人。尝有子曰干儿，未期而夭云。

不似杨枝别乐天，恰如通德伴伶玄。
阿奴络秀不同老，天女维摩总解禅。
经卷药炉新活计，舞衫歌扇旧因缘。
丹成逐我三山去，不作巫阳云雨仙。

等到朝云醒后，发现桌上的《朝云诗》，知道东坡在作诗赞赏自己。但是对诗句的含义，还有许多不明白的地方，她就缠住东坡，要东坡讲解。东坡笑着故意不讲。朝云就缠住东坡，非要他讲，苏轼就抚摸着朝云的头发说："好吧，我跟你讲几段白居易的故事吧。"

白居易晚年退休后，来到了洛阳。乐天和夫人感情不和谐，这是白居易一生的大不幸。他早年有一个恋人唤作湘灵，生活在符离。白居易后来进京考了进士，经朋友介绍，与杨汝士的妹妹成了婚。这门婚姻令他不满意，因此他常常忆起符离的湘灵。人世间令人满意的婚姻确是很少的。白居易感叹人间真正的爱情难得，就酝酿着创作了《长恨歌》。白居易的想法是就算做了皇帝，有心爱的嫔妃，也不一定就有美满的婚姻爱情。于是连唐明皇和杨贵妃，也只能"此恨绵绵无绝期"。他晚年在洛阳花了大价钱买来两位歌妓，一位叫樊素，一位叫小蛮。她们都有美丽可人的樱桃小嘴，苗条似柳枝的腰身，能歌善舞，善解人意。白居易和夫人生活很不和谐。有时，白居易在内室练内功，结跏趺坐，意守丹田，忘记了一切。他的夫人发现米囤里没有米了，就去喊白居易。白居易把她拒之门外，不加理睬。他把感情都给了樊素、小蛮，他还带着她们，出席丞相家的歌舞乐曲晚会。他的老朋友刘禹锡，也见过樊素、小蛮。白居易以此为荣耀。

一次，白居易、刘禹锡听说有一位官员家中的侍妾为了自由，逃离了主人。那位官员便张榜缉捕这位姑娘，白居易和刘禹锡议论了这件事，两人各作一首诗。白居易讽刺那位官员家的围墙太矮太低，以致让婢女逃掉。又嘲笑那位官员追捕婢女的文榜贴迟了，以前一定没有好好对她，所以姑娘逃了。他说"笼鸟无常主，风花不恋枝。今宵在何处？唯有月明知。"刘禹锡的诗比白居易要开明。他赞扬这位勇敢的姑娘，勇敢地争取自由。他说："不逐张公子，即随刘武威。新知正相乐，从此脱青衣。"两相比较之下，苏轼很赞成刘禹锡的观点。白居易对那位侍女则太苛刻，他似乎不赞成婢女逃离主人。

原来，白居易是担心他的小蛮、樊素离去。六十八岁时，白居易一次中风发作，眩晕眼花，左足行走不便。于是他作了《别柳枝》："两枝杨柳小楼中，袅袅多年伴醉翁。明日放归归去后，世间应不要春风。"不过他还是比较理智的，准备让"两枝杨柳"获得自由。他先让樊素离去，还留小蛮在身边。然而小蛮不爱白居易，最后，也还是追随樊素去了。白居易的寂寞空虚便可想而知了。

朝云说："我是你救出火坑的，二十年来，你又对我这么好，你可别把我当作樊素、小蛮！""我的诗里不是讲了吗？你'不似杨枝别乐天'，你是永远不会舍我而去的。"苏轼笑道。"我在汴京、定州都发过誓，我求过先生，不要丢下我！我们一同经历了黄州以来的一切艰难，我永远是你的人。"朝云说着掉下了眼泪。苏轼抹去她的眼泪说："我知道，我明白。朝云，你是我亲自挑选的人，我一直都把你当作跟闰之一样的夫人。这一点，你也一定明白。"朝云说："那么你给我讲这首诗。"苏轼和颜悦色地说："好吧，我的好夫人，你好好听着吧。这第一句是说朝云可不像樊素、小蛮，这就证明我比白居易更幸福。第二句说你在我艰难时，和我生活在一起。樊通德是汉朝宫女，她被遣散出宫之后，爱上了文人伶玄，跟伶玄谈汉宫故事，伶玄就写出了《飞燕外传》。实际上，你比通德更可爱，这里仅仅是打个比方。不过，有一点是相同的：没有你，我也写不出这么多好诗。阿奴、络秀是晋朝一对母子。这里也是打比喻的，说你生下的孩子夭折了，没有长大成人。"在朝云平静以后，她就问：

"下面一句'天女维摩总解禅'我更不懂。"

苏轼说："《维摩经》里有两位主人公，一位是散花仙女，一位是多病的维摩诘。天女和维摩居于一室，都精通禅理。《维摩经》中说，天女居住在维摩室，与舍利佛共创神理。维摩说：'此天女已能游戏，菩萨之神通也。'天女做的游戏，都是爱情游戏，都和男女之事有关。有一次，大弟子带了一群菩萨来到维摩诘家。天女见大家都在议论佛法，便想考验一下众人对佛的心意，便把一朵朵鲜花散落到大弟子及众菩萨身上。鲜花落到众菩萨身上，即刻落地，证明众菩萨佛性坚定，他们见到漂亮的女人，遇到女人的引诱，都坚定不移。但是鲜花落到大弟子身上，便紧沾在大弟子身上不落，这说明大弟子还喜女色。你想，天女和维摩同居一室，他们即便共同进行各种游戏，也会平安无事。我这句诗讲的是个比喻，你就是那散花仙女，我就是维摩诘。我们共居一室，共做游戏，相爱相亲。"朝云紧紧地依偎在苏轼怀里，她终于明白了这句诗。东坡说，你现在身体不好，常常手拿佛经，在煮药炉边念佛经。我们还要共同炼丹，双炼双修，炼成内丹，我们一起飞到海上三仙山，蓬莱、方丈、瀛洲，随便你选择，到那时，我们就可忘记人间一切烦忧，成为得道的神仙眷侣了！""最后一句中'巫阳云雨仙'是什么意思？"朝云像个虔诚的小学生一样发问。"宋玉的《高唐赋》里说巫山之阳台，生活着一位天女，也叫朝云。她每天善于变化，朝为行云，暮为落雨，朝朝暮暮，暮暮朝朝，为云为雨，为雨为云，侍奉着楚王。你是我的朝云，不是楚王的朝云，所以，我不希望你作巫阳云雨仙。"朝云明白了最后一句，羞得把头埋到东坡怀里。她知道，先生是深深地爱着自己的，她感到心里踏实了，紧紧地拥抱着先生。苏轼感到，他离开了京城，来到岭南，本觉得人生更空虚寂寞，却没有想到，怀里的朝云把他带进了一个神仙般的境界。靠着桂酒，靠着爱情的力量，东坡和朝云很快适应了岭南的生活方式。

苏轼和朝云早已适应岭南一带的生活，东坡甚至在诗中说："日啖荔支三百颗，不辞长作岭南人。"端午节将近，苏轼就在计划着怎样过端午节。家中吃的用的，样样都不缺。惠州太守詹范、循州太守周文之等常常送来粮米；附近仰慕苏轼的学子，还常常来讨教学问，希望得到指点；罗浮山道士邓守安、广州来的道士何宗一，常常送来蔬菜、水果，因此苏轼觉得生活比较宽裕和充实。最令他开心的是朝云，她已恢复健康，有时还和邻居家的姑娘一起采莲，一起上山摘杨梅。邻居们经常送她许多莲子、杨梅。邻居们怎么也没有想到，貌若天仙的朝云，嘴唇抹上胭脂膏，发髻黑得发亮，如此美丽高雅，竟然会和她们一同劳动。东坡看着这一切改变，朝云变得更健康、更漂亮了，格外开心。

端午节前一天，朝云正在梳洗打扮，苏轼手拿一纸，兴致盎然地说："朝云，我为你填了一首曲子词。我知道你喜欢唱，所以不作诗，改作词。"朝云接过一看，见是《殢人娇·赠朝云》：

> 白发苍颜，正是维摩境界。空方丈，散花何碍。朱唇箸点，更髻鬟生彩。这些个，千生万生只在。
>
> 好事心肠，著人情态。闲窗下，敛云凝黛。明朝端午，待学纫兰为佩。寻一首好诗，要书裙带。

朝云忙又试着哼了一下，说："这支曲子本来就难唱，你又让我自己唱自己，这怎么好意思？"苏轼说："这首曲子词，上阕写到维摩诘菩萨和散花天女，用典稍难了一点，唱起来当然是困难了。"

这时，邻居给朝云送来从山上采摘来的兰草。原来岭南风俗，端午节要洗兰汤浴，这样可以趋吉避凶。

邓道士送来了端午节用的五彩丝带与符咒。这是东坡和邓道士早商议好的。邓道士说："五彩丝带，给嫂夫人系在臂上，符咒戴在身上，就可避兵灾、避鬼、避瘴毒。"

邓道士还带来一些野菜山珍，苏轼留他一同吃了饭，又送了他一坛酒，邓道士就回罗浮仙山了。

苏轼把五彩丝带、符咒给朝云。朝云不停发笑，说："你和邓道士把我看作个小姑娘了，这些，都只是姑娘家用的。"

苏轼说："朝云，这就是你错了！你到街上去瞧，这五彩带、符咒，这两天都是好值钱呢！邓道士是忠厚老实之人，他在惠州这一带名誉极好。我们可不能辜负他的一番美意。岭南这几年，兵灾、瘴气、邪鬼作祟，都很吓人，洗兰汤浴、系五彩线、挂符咒，你可是一样不能少！"

说着，苏轼亲自将五彩丝带系在朝云白玉般的手臂上，又把符咒挂到发髻上，藏在头发里。朝云很开心地像个小孩，听任东坡摆弄。苏轼一丝不苟地完成每一个动作，朝云则不住地吃吃发笑。

"朝云，你罚我作的词，我已想好。"苏轼说着就要朝云准备纸笔。朝云想：今天苏轼填作《殢人娇》，又请老朋友邓道士吃了饭，还一直为自己准备过端午节，现在怎么又有兴致作词了？

只见苏轼手拿毛笔，蘸墨搦毫，不假思索，就写下一首词《浣溪沙·端午》：

　　轻汗微微透碧纨，明朝端午浴芳兰。流香涨腻满晴川。
　　彩线轻缠红玉臂，小符斜挂绿云鬟。佳人相见一千年。

　　《浣溪沙》是朝云非常熟悉的曲子，苏江坡写时，朝云就在哼。苏轼刚写完，朝云说："这首小词好唱，唱起来也好听。"朝云清了清嗓子，唱了一遍。歌唱时，压抑着自己的兴奋，唱得非常动听。
　　朝云道："谢谢先生，给我准备了这样一份丰厚的礼物。"
　　苏轼说："词里说'佳人相见一千年'，我还要感谢你呢！端午节到了，我就用这首小词来衷心祝福你。"
　　朝云想起在京城时，很多达官贵人都羡慕着得到苏轼的诗词，用非常贵重的礼物来换苏轼的一首诗，一幅字，苏轼惜墨如金，只跟几个要好的朋友来往，从来不卖自己的墨宝。在惠州，苏轼竟然为自己一天连作两首词。幸福而满意的微笑，使朝云显得更像一位天女。
　　绍圣三年四月春，惠州已经春光明媚，无限生机。苏轼寓居的合江楼前院子中，花草树木都欣欣向荣。竹林里，到处冒出春笋。连台阶边也长出许多竹笋尖尖。这年，已是东坡贬到惠州的第三个年头。
　　苏轼已习惯了惠州的寂寞生活。东坡早年很爱热闹，贪求享受，连弟弟苏辙也批评他"纵欲"。他在杭州任太守，他可以寄情于西湖；他在京城作翰林，他就迷恋于宫廷的艺术、文化气息浓厚的高雅生活中；加上杭州、汴京，苏轼的朋友太多，他们经常在一起诗酒文会，生活是洒脱而热闹的。而在惠州，这一切都变了。惠州、循州等地方官员，常来送米、送酒，但这占用不了苏轼很多时光。苏轼在惠州，要好的朋友多数是文人、道士，比如罗浮山道士邓守安、广州道士何宗一、海上道人，还有早在杭州、汴京就来往的道士吴子野，等等。他们经常到东坡家，有的一住就是几天；像吴子野，一住则是几个月。他们是传授静气功的，这种内丹功追求宁静，因此，道士们到来，并不带来热闹，却是带来安宁。
　　真正和苏轼朝夕相对的是朝云，朝云竟成了苏轼的自豪。朝云今年三十四岁，人本来就娇美苗条，她又很会打扮，擦上唇膏、涂上脂粉以后的朝云，竟像少女一般。苏轼常常感到惊讶，自己身边，生活着一位美女天仙。
　　苏轼和朝云商量怎么过这个生日。朝云说："我今年三十四岁，不是逢五逢十，不必排场。"苏轼说："你的生日，我可从来没有忘记。"朝云想起了以前在杭州、汴京过生日的情形，都是令人开心的回忆，就说："我知道你疼我！"
　　苏轼说："如今，只有你陪伴我，只有你时时刻刻无微不至地关心我，我自然要疼你爱你。说吧，这个生日想怎么过？""只要做些汤饼就可以了！"朝云所说的汤饼，就是今天的面条。"做汤饼，这太容易了！"东坡说。"以前在京城，用的、吃的，要什么有什么。可是有时我并不开心。你太忙了。三十岁那年过生日，季章姐姐为我预备得非常周全。谁想到，我们快要吃晚饭时，皇帝召你立即进宫，诏书一到，你登上轿子，就把我们撇在一边。那天晚上我气得直哭，你直到第二天下午才回家。""我记得，我一回家就到你房内看你了。"苏轼说。"是呀，你一来我就扑在你怀里哭……"朝云说道。"我记得那一回。"朝云说："那时，除了我，你还有两位姬妾呢！我真怕你不喜欢我。你后来把她们都遣散了，我才放心呢！"东坡说："《易经》里说，两人同心，其利断金。我和你，患难与共，生死相依，你是我真正的伴侣知音。经历了黄州之贬、惠州之难，我们之间有更深的了解，同心合意，终生相依。""我知道，先生从来不把我看作小妾，你总是把我和姐姐同样对待。"朝云很开心。"你不是常爱买羊脊骨，这一次，你就去买些羊肉吧。"朝云像在征求苏轼的意见。"不，为你过生日，你怎么感谢我了呢！再说，惠州的羊肉，都是当官的买，我何必和官家去争呢？那羊脊骨，一般人觉得它肉少，不会烧。其实，脊间的羊肉，有蟹肉味，新鲜无比。这样便宜的东西，我当然爱吃。现在是我征求你的意见，你爱买什么？"苏轼说。

"今春身体好像没有去年春天好。我天天诵佛经，愿学禅师放生，以种善因。你不如为我买几条活鱼，在生日那天放生，行吗？"朝云征求东坡的意见。

"好吧，你生日前后三天，每天买两条活鱼放生，好吗？"

"能这样，比买什么好吃的都好！"

于是苏轼连续三天，每天买两条活鱼，让朝云亲自放进东江。朝云提着桶，小心地来到江边，看着鱼儿游进东江的碧浪，感到无比安慰。一连三天，朝云在东江放生，她的精神，升华到诚心的顶峰。

苏轼看着朝云放生，心中不禁涌起一阵伤感。朝云刚到惠州，住在合江楼。合江楼靠近江岸，地基潮湿，对健康不利。又靠近市场，嘈杂喧闹，日夜不得安静，因此在合江楼居住，自己与朝云身体都不好。后来就迁到嘉祐寺，嘉祐寺在江水之东，居于高坡，周围全是树林。住在那里，自己与朝云身体都有所好转。可是官府不允许苏轼住在嘉祐寺，绍圣二年三月十九日，又迁回合江楼，这样他们又身处在闹市中，身体又不如去年，于是苏轼就和朝云商议，要早日迁居。

苏轼对朝云说："我一直喜欢嘉祐寺那边的坡地。周围都是树林，早晨与喜鹊、乌鸦相伴，傍晚和牛羊相伴。晚上、早晨做内功，寂静无声，和天地相通，那是多么好的地方！离嘉祐寺不远，有一处古白鹤观遗址，地皮非常便宜，我们把它买下来，筑起房子，那里环境，不比嘉祐寺差。"

朝云说："你决定下来买白鹤观遗址，就早点买。若钱不够，把我的首饰当掉一些。"

"钱肯定是不够，这可以与迈儿商量，现在他在韶州当县令，他会有办法的。"

"不要烦扰迈儿了！先当些首饰，这办法不是现成的吗？这些首饰，全是先生送我的，现在拿出来派上正当的用途，不更好吗？"

朝云知道，苏轼天天做内功，总是埋怨合江楼的气氛不好。既然这样，何不早些换个环境呢！于是她坚持要典当自己的首饰，让苏轼早日把白鹤观遗址买下。白鹤观，是传说中古代辽东仙人丁令威飞来的地方，苏轼早就看上这块地皮，如今，朝云这样通情达理，为了早日离开合江楼，他就决定依朝云的办法，买下古白鹤观的遗址。

生日那天，阳光明媚。朝云微施脂粉，略涂唇膏，光彩照人。她婷婷玉立地站在梳妆台旁，对东坡微笑。苏轼一阵惊喜：

"是何方神女下凡，来伴老坡？还请仙女研墨铺纸，待我为仙女写一篇生日口号。"

朝云以为苏轼是在与自己开玩笑，她也没有弄明白"口号"两个字的意思。因此，她没有像往常一样去准备笔墨纸砚。从前，苏轼很多次写诗作文，都是由朝云侍奉，已非常熟悉。

苏轼又对朝云说："朝云，我要为你的生日献上一份礼物。人间的汤饼、美酒、佳肴，不足以表达我对你的爱，我要借仙家的食品，借天地间最美好的东西，为你做生日。朝云，真的，我要为你写一首生日口号。""什么是口号？"朝云迷惑不懂。"口号是一种颂诗，很肃穆、庄严。从前，我只为皇帝、皇后写生日口号，或是圣诞口号。每逢皇帝、皇后的生日，或是国家的典礼大节，我就写口号，写好后，先给乐工排练，然后在朝廷宴会上由乐工演唱。口号，一般只请翰林或有名的大臣做。"朝云笑着说："这让我如何受得起？"东坡说："现在，你对我，比皇帝、皇后更重要！你怎么这般说呢！""那就有劳苏翰林了！"朝云说着就去拿纸笔，准备研墨："学士大人，请了！"苏轼手握毛笔，看着朝云专心地研墨，他已经进入创作的最佳状态。苏轼蘸了一下毛笔，就写下八句口号：

> 罗浮山下已三春，松笋穿阶昼掩门。
> 太白犹逃水仙洞，紫箫来问玉华君。
> 天容水色聊同夜，发泽肤光自鉴人。
> 万户春风为子寿，坐看沧海起扬尘。

苏轼写完口号，先吟诵一遍。朝云听后，知道写的全是她和苏轼的感情。有些词句，似乎跟苏轼平日开玩笑用的是相同的词，自己是能明白的。

苏轼说："这前二句，讲我们俩已在仙山脚下生活快三年了。从晋朝起罗浮山就是著名的神仙之山，抱朴子葛洪在此山上炼过丹。虽然我们在山下，可是有了你，你我就是神仙。松根竹笋穿过台阶，春天又来了。这白昼掩门，自然利于我们炼内丹。"朝云说："这两句写的都是我们的事。台阶边长出笋尖尖，还是我先看到后告诉你的。"苏轼说："为你写口号，自然写有关我们俩的事。"朝云说："下面的李太白肯定是你，你经常说太白也是供奉翰林，离开朝廷后就在济南入了道门，成为道士。你就是水仙洞神，我就是水仙洞中的神女玉华君。夫妻咸恒，和谐象顺，携手同衾，交颈内庭，世珍芬馥，同求长生。"

朝云温柔地斜倚在苏轼怀里，轻轻地说："你为皇帝、太后、皇后、妃子写了不少口号，如今到了惠州，你只为我写口号，真要折煞我了!"苏轼抚摸着朝云的满头青丝说："为皇帝、皇后们写口号，大多不是我自愿的，是奉命而作的，我身为翰林，没有办法! 为你写口号，可是我最情愿的事。这里不是宫廷，没有乐工，但是有你这样出色的歌手，你应该歌唱这首颂歌。"朝云说："是你为我而写，我一定唱给你听，别人还听不懂这首歌呢!"苏轼说："我本来只为你写，为什么要别人懂呢? 只要你明白我的心意就足够了。"朝云说："我明白，你恨不得希望岭南家家户户都以万户春酒为我祝福; 你恨不得让南海变成美酒，为我祝福; 你恨不得去盗来西王母的蟠桃，为我祝福……我却最爱这首口号，它比神仙的琼浆玉液、金丹蟠桃更贵重!"朝云紧紧地依偎着东坡，沉醉在无比的幸福之中。

绍圣三年夏季，岭南流行瘴疠。岭南的本地居民讲，这次流行的瘴疠，叫黄茅瘴，害人尤其厉害。患了这种瘟疫很快地就会丧命。

可怜的朝云，偏偏患上了瘴疠。病情甚急，喝桂酒也不起作用了。朝云每天只是昏昏沉沉地睡，不吃也不喝，浑身软绵绵的，好像永远睡不够一样。苏轼家中，平时藏有不少药草。朝云患病后，苏轼请来最好的医生，全力抢救。苏轼亲自为她煎药，又亲自一口一口地喂她吃药。由于朝云得到了最好的医治，精心的照料，病情一度得到遏制。但是这年夏天非常湿热，黄茅瘴使得一个村庄接一个村庄的毁灭，蔓延的势头越来越猛。到了七月初，朝云已不能下床了。

苏轼万分焦急，他要的药，朋友们、门生们都给送来了。最有名的医生也请来了，可是朝云还在昏迷之中。

初三的早晨，朝云醒来，她想下床，又动弹不得。她想讲话，却无力说出只好凝噎而泣。东坡抹去她的眼泪，轻轻地对她说:

"天女、维摩，同居一室，本来只有维摩多病，天女永远是健康的。本来我就是维摩，你从前开玩笑也喊我维摩，还是让我生病，你的病快好起来吧!"朝云说:"先生，我这个天女，还想散花给你，我甚至还想再为你生个孩子。"说着又凝咽流泪，她一定又想起了夭折的干儿。

苏轼只是安慰她:"让我这老维摩代替你这天女生病吧! 朝云，你的病一定会好的。"朝云说:"我还想为你再唱一首《金缕曲》，花开堪折直须折，莫待无花空折枝。"东坡说:"朝云，等你身体好些再唱。好了，现在我喂你吃药。"东坡喂药时，告诉朝云:"我们在白鹤观的新房子快建好了，等你的病好了，我们就搬进去!"朝云看到家里到处是一包包的药。惠州太守、循州太守、广州提刑程正辅、罗浮山的道士邓守安，都送来最好的药。家里也因不停地煮药，弥漫着一股浓烈的药香味。她明白，东坡在全力挽救自己。

昏昏沉沉的朝云，想起了自己从前的生活经历。年幼时她父母双亡，自那时起，她就生活在恐惧之中。后来被亲戚卖进青楼，那时她还小，还没受接客的摧残，并不觉得刻骨铭心的痛苦，只是成年后懂事时，才越想越后怕，也越来越感激苏轼。进了苏轼的家，她只觉得像进了一所学校。她努力地跟苏轼学习认字、写字、读书，她像一个最谦虚、勤奋的学生。有时，她也侍奉东坡的日常起居，每次她捧上洗脸盆或递上毛巾，苏轼总要说声谢谢，或是对自己笑一笑，他是那么疼爱她，尊重她。在她开始侍寝东坡成为他的如夫人后，她才以新的身份深深地爱上他。她明白，即使在京城苏轼做高官姬妾最多的时候，苏轼也是最爱她。如今来到岭南，这正是她感到最幸福最开心的一段时间，可是却患病倒下了，想到这里，她的两行泪水不知不觉淌了下来。苏轼托门生、朋友寻找治瘴的偏方，他希望通过偏方来挽救朝云。朋友们、门生们都送来了偏方，有的还带来了配好的药。

昏昏沉沉的朝云知道这一切。但是她知道，这一切努力都无济于事。七月初五，东坡喂朝云吃药，朝云不肯，只是用清楚的语言说："《金刚经》中四句偈语说得好：一切有为法，如梦幻泡影，如露亦如电，应作如是观。先生，你不要再到处找药了，也不用为我费心了。我去后，你把我葬在栖禅寺松林之中，面对大圣塔，这样我就安心了。"绍圣三年七月十五日，王朝云病逝，年仅 34 岁。苏轼作诗纪念说："瘴雨吹蛮风，凋零岂容迟！老人不解饮，短句余清悲。"苏轼把她埋葬在栖禅寺松林中，为她写了一个简短的墓志铭。

第十一章　天涯归舟

一、独居海南

祸不单行，绍圣四年春季，又一场灾难降临。自从苏轼、苏辙被贬南方后，熙宁、元丰年间主持新政的大臣纷纷回朝，主张新法的章惇、曾布、蔡卞执掌朝政。而元祐大臣被罢的罢、逐的逐，已死的司马光、吕公著也被夺去谥号、官职等。到了绍圣四年二月，新党执政的朝廷对元祐旧党实行了又一次打击，30多名官吏被贬放，其中包括苏辙，被贬为化州别驾，往雷州安置。闰二月，又下令苏轼降为琼州别驾，儋州安置。

可是苏轼还要面对更为严峻的事实。在绍圣二年后半年，他患痔疮非常严重，失血甚多。他自己治疗，不但遍读所有医书，而且经常把别人分辨不清的药草写文字说明其异同性质。关于痔疮，他的观点是这种病，就象体内有虫啮咬，治疗之法，是"主人枯槁，则客自弃去"。一切普通食物他全不吃，连米在内，只吃不加盐的麦饼和玉蜀黍饼。这样几个月下来，暂时痊愈。这时，他对炼丹似乎渐趋怀疑。他觉得自己太容易激动，不适于修炼成仙。他给苏辙写信，谈到原砂保存的方法，说苏辙性情平静，修炼较易成功。《山海经》是中国古代述说远方怪异的书，苏轼写诗谈到《山海经》时，他说："金丹不可成，安期邈云汉。"即便炼成长生不死之药，又有什么用？只要练习深呼吸以及控制精气就足够了，而他已开始练习了。

他对将来如何，全然没有把握。他刚一到达，说要以惠州为家。可是他却永远不知道下一步会被派往什么地方。若能一直在惠州住下去，他当然可以把孩子们全家从宜兴迁来，在绍圣二年九月，朝廷有皇家祭祖大典，按习惯，应当进行大赦。那年年终，他听说元祐诸臣不在大赦之列。这个消息至少有镇静剂的作用，使他觉得心情更加安宁。他写信给程之才说："某睹近事，已绝北归之望。然中心甚安之，未话妙理达观。但譬如原是惠州秀才，累举不第，有何不可？"又在给知己孙勰的信里说："今者北归无日，因遂自谓惠人。"给曹辅的信内又说："近报有永不叙用复旨。正坐稳处，亦且任运也。现今全是一行脚僧，但吃些酒肉尔。"

如今一切既已确定无疑，于是苏轼决定自己盖房子住。那年年终，他给王巩去了一封长信。他说："某到此八月，独与幼子三庖者来。凡百不失所。某既弃绝世故，身心俱安。小儿亦超然物外。非此父不生此子，呵呵。子由不住得书，极自适，余无足道者。南北去住定有命，此心亦不念归。明年筑室作惠州人矣。"

苏轼着手在河东四十尺高的一座小山的山顶上建房子，那地方离归善城的城墙很近。经过多年的战事和破坏，这栋房子倒还一直保存到今天，人们都称之为"朝云堂"。在苏轼的作品里，这栋房子则叫"白鹤居"，在这里北望可见河上风光，河水由此折向东北流去。这栋房子占地约半亩，后面为山所限，前面地势陡然下降，当设计此房子时，必须适合那有限的地皮，所以一头宽，一头窄。在城墙那边早先已经有了两栋小房子。一家是酿酒老妇林太太，一家是翟秀才。这两家既是苏家的邻居，也是好朋友。苏轼开了一口四丈深的井，林翟两家也颇为受益。另一方面，苏轼也可以赊酒喝。后来，他又从此被调任，但还不断给这位老妇寄送礼品。

苏轼建的这栋房子十分精致，共有房屋二十间。在南边一块小空地上，他种了柚子树、橘子树、杨梅树、荔枝树、枇杷树和几株桧树。他告诉帮他物色这些花木的那位太守，要给他找中等年龄的树，因为他已经年纪不小，不能等小树长大，大树又不容易移植。如果树大，苏江坡就告诉朋友在移树之前，先要标出方向范围。大多数移树的方法，是先斫一条主根和一条中根，然后用土埋起来，如此让树先慢慢适应。到第二年，另一面的主根也要斫断，再用土盖好。到第三年，在树的四周围标好了方向之后，再将树移植，栽种之时，必须注意仍然与原来的方向相同。苏轼的思无邪斋，现在是在白鹤峰上，另一间房子他称之为"德有邻堂"。孔子在《论语》中说"德不孤，必有邻"，这个堂名便是由此而来。这两个堂名都是四个字，而通常都是用三个字，苏轼以四个字做堂名，居然开创了一时的风气。邻居的房子在他的房子后面东北，完全被苏轼的房子遮蔽住。他的前门向北开，正对河流，数里田野的美景，一览无余，白水山和更远处的罗浮山，也依稀可以望见。

房子上梁时他写了诗，那诗描写从屋子各方面所见的景色。上梁就等于奠基，是一件大事。所有邻居都会带着鸡和猪肉前来道贺。此时的诗是写来供一般民众唱的喜歌，一共六节，起句都是"起锚了"。

儿郎喂！东拉梁！
儿郎喂！西拉梁！

六节歌都是描绘天地广远间四方风光的。东方山上，一个寺院掩映在乔木参天的树林之中。在春季，苏轼享受甜美的春睡时，他能听到寺院传来的钟声。向西俯视，可以看到虹形的桥梁横卧于碧溪上，每次城中太守夜间来访，他可以看见长堤上灯火明亮。在南面，老树的影子映入深深的清溪里，在他的花园中，他自己种了两棵橘子树。最美的风景是在北面，河流向城镇蜿蜒流去，正好环山麓而过。附近岸上，有一个垂钓佳处，他可以整整一上午在那儿消遣，忘却了时光的流逝。

命运却很会捉弄苏轼，绍圣四年二月，六十二岁的苏轼刚从嘉祐寺迁入白鹤新居，长子苏迈还专门从毗陵赶来探望。父子团聚没有多少天，闰二月，苏轼又接到诏令：再贬到海南岛。四月，苏轼匆匆忙忙出发，途中又听到更可怕的消息：弟弟苏辙也被贬到雷州半岛，这样苏轼和弟弟就只隔着一条海峡了，苏轼自己在海南岛上，而弟弟却在大陆最南端的半岛上。局势发展到这样可怕的境地，是他没有想到的。

这年夏五月十一日，苏轼和苏辙在藤州相会。苏轼遇事很容易激动，苏辙则比兄长冷静得多。他们在藤州街上吃东西，心事重重的苏轼食不下咽，吃了一口，就放下了。苏辙则默不作声，吃完了那碗面条。

苏轼到了雷州立即病倒了，多年旧痔复发，疼痛难忍，竟无法下床，只能在病床上呻吟。自从爱妾朝云去世后，只有幼子苏过和他生活在一起。此时，人又在贬途中，没有适合的药物，苏辙只得日夜陪伴在床边。

"刚去黄州时，我又是痔疮，又是红眼，病了两个月。右目几乎失明。刚到惠州时，我的痔疮又发作。我想，下尸虫知道我天天喝酒吃荤，所以留恋在肚子里，令我旧痔复发。我就戒荤戒酒，连饭也不吃，每天只吃些炒面粉，主人无食，下尸虫也不再会留恋，痔病也好了。这次，还没到海南，竟发得这般厉害。"东坡说。

苏辙说："痔疮乃人人皆有，男人爱喝酒，火气大，故十男九痔，此话有一定道理。你这几年酒一定喝多了，所以痔疮发作。"

"这几天，酒是天天喝，但酒量还是和原先一样！东皋子日饮三升酒，我每天最多喝五合，如果我有东皋子那样的酒福，日有三升酒，那么，二升五合是给客人喝去了。"

"你天天渴酒，酒量再小，也是天天与酒为伴！痔疮怎能好呢？我劝你还是戒酒。"苏辙语重心长。苏轼一阵疼痛，又呻吟不停，稍为好些后就说："人生如寄耳，人生中欢乐太少，苦难太多！我天天饮酒为乐，不计其量，只求把盏，常常饮不尽器，以忘却太多的烦忧。子由，你连这一点点可怜的快乐也不让我享受吗？"

"陶渊明嗜酒如命，但他的诗集中还有《止酒》诗呢！"苏辙又说道。苏轼的书箱中，只有陶渊明、柳宗元两部诗集，这是他贬来岭南后最喜欢的两位作家。苏辙找到《陶渊明诗集》，为哥哥读着《止酒》诗。陶诗正如一针止痛剂，苏轼停止呻吟，仔细听着一句句质朴无华的陶诗，跳跃进脑海的却是一个个"韵"脚的字。这些年来，他认真作"和陶诗"，陶渊明原诗中的诗韵，就成了苏轼最关心的事。为了尊重苏辙的意见，他决定立刻作一首《和陶止酒诗》。诗前并作了序引：

　　丁丑岁，予谪海南，子由亦贬雷州。五月十一日，相遇于藤，同行至雷。六月十一日，相别，渡海。余时病痔呻吟，子由亦终夕不寐。因诵渊明诗，劝余止酒。乃和原韵，因以赠别，庶几真止矣。

　　时来与物逝，路穷非我止。与子各意行，同落百蛮里。萧然两别驾，各携一稚子。子室有孟光，我室惟法喜。相逢山谷间，一月同卧起。茫茫海南北，粗亦足生理。劝我师渊明，力薄且为己。微痾坐杯酌，止酒则瘳矣！望道虽未济，隐约见津涘。从今东坡室，不立杜康祀。

　　兄弟俩"同落百蛮里"的命运，使得苏轼不得不为弟弟的命运着想。好在苏辙有一位贤妻良母式的夫人，可自己呢，惟"法喜"为妻，孤单一人。如今旧痔复发，原因在酒，于是苏轼决定戒酒，"从今东坡室，不立杜康祀"。

　　苏轼到海南后，无力再酿造酒。只是儋州太守张中，还有崇拜苏轼的一些学生，还经常请他去喝酒。苏迈也曾给父亲寄过书和酒。不过苏轼自己戒酒决心较大，几乎和酒断了关系。

　　那时海南岛是在北宋统治之下，但是大多数居民是黎族人，在北部沿岸居住着少数汉人。苏轼就被贬谪到北部沿岸一带去居住，这是中原文化波及不深的地方。数百个元祐党人遭贬官流放，只有他一个人被贬官到此处。朝廷当权派为防止元祐党人卷土重来，在那一年及以后数年，决定惩处所有与前朝有关系的臣子。苏轼贬谪到海南岛没多久，司马光后代子孙的官爵也一律被剥夺，好多大臣都予调职，其中包括范纯仁和苏辙，调往的地方不是岭南就是西南。甚至已经九十一岁高龄的老臣文彦博，也没放过，不过只是削除了爵位。凡受贬谪的大臣，其家族亲戚不得在其附近县境担任官职。因为苏迈原在南雄附近为官，现在也丢了官。

　　苏轼于四月接到诏命，这时苏轼刚刚建成了在惠州白鹤观的房屋，长子苏迈又谋到一个韶州仁化县令的差使，带着全家来惠州与父亲团聚。没想到团聚变成了分别，苏轼安排家人在白鹤峰居住，自己与苏过赶赴儋州。临行时，他立下遗言，吩咐死后将自己埋在海南。儿孙在江边痛哭送别，情景十分凄惨。

　　一到儋州，苏轼就受到太守张中的礼遇，请他住在州衙中，并调拨军兵修葺驿馆，准备给苏轼居住。不想正巧碰到一位湖南提举常平官名叫董必的到广西察访，发现此事后就派人把苏轼从官舍中赶出，张中也因此被罢了官。相同的事也发生在雷州，雷州太守张逢，因为盛情接待了苏轼兄弟，又为苏辙安排了住所，也遭受"馆留党人"的弹劾，罢去官职。于是苏辙也被调到循州居住。

　　被赶出官舍后，苏轼便开始买地建屋。当地百姓纷纷前来相助，运泥担水，新居很快就盖好了。前来相帮的人中，有不少当地的学子。苏轼的到来，使他们得到了一位最优秀的老师，这可是他们过去做梦也梦不到的事！

二、返璞归真

苏轼很少怨恨别人，但他不喜爱董必。他要向把自己赶出屋去的这个朝廷命官开个玩笑。"必"字在古时其音同鳖。他写了一篇寓言，最后讲到鳖相公。这篇故事就这样开始。有鱼头水怪奉龙王命令，前来把东坡先生请到海中。他去时头戴黄帽，身穿道袍，足登道履，不久便觉得行于水下。忽然雷声轰隆，海水翻滚。只见强光一闪，他发现自己已经站在水晶宫中。像通常所说的龙宫一样，龙宫中有好多珊瑚、宝珠、其他宝石等物，真是精工细琢，琳琅满目。不久，龙王盛装出迎，二宫女随侍。苏轼问有什么吩咐。不久，龙王夫人从屏风后出来，递给他匹绢，有十尺长，求他在上面作诗一首。对苏轼而言，再没有比作诗容易的事。他在绢上描写了海底风光和水晶宫的霞光瑞气。他写完诗，水中各灵怪都围着看。虾兵蟹将莫不赞美连声。当时鳖相公也在。他迈步走出，向龙王说到东坡先生诗内有一个字，是龙王的名讳，应当避圣讳。龙王听后大怒。苏轼退而叹曰："到处被鳖相公使坏！"

苏轼写了三四个寓言故事，但是古时文人写的想象故事，直到宋代以后才有新的发展，苏轼写的也与唐宋寓言作家一样，都是明显的道德宣传加上少许的一点想象而已。

在他建了几间陋室之后的两年半时间，他过的倒是轻松自在的日子，只是一贫如洗罢了。他有两个很不一般的朋友，一个是为他传信的广州道士何德顺，另一个是供给他食物、药物、米、咸菜的谦谦君子。夏天在炎热的海岛上，因为潮湿的缘故，人是很受煎熬的。苏轼只有静坐在椰子林中，一天一天地数着度过，直到秋天来临为止。秋天多雨，因为风雨太多，自广州福建来的船只经常停航。粮食不继，有时连稻米都没有供应。苏轼确实是感到一筹莫展。哲宗元符元年（1098 年）冬季，他给朋友去信说他和儿子"相对如两苦行僧尔"。那年冬季，一点粮食接济也没有，父子二人简直饥肠辘辘。他又采取煮青菜的老办法，开始煮苍耳为食。

苏轼曾在札记中写餐霞止饥办法，却不知是认真还是玩笑。了解道教的人知道，道家要决心离开此一世界时，往往忍饥不食而自行饿死。苏轼在杂记《辟谷之法》中讲了一个故事。他说海里阳有一人，一次坠入深坑，坑中有青蛙有蛇。那个人注意到，在黎明之时，这些动物都将头转向射来的太阳光，而且好象将阳光吞食下去。这个人既饥饿又好奇，也试着模仿它们吞食阳光的动作，饥饿之感竟然消失。后来此人遇救，竟不再知道饥饿是什么感觉。苏轼说："这办法简单易学，可许多人都不晓得。又说："知者莫能行者何？则虚一而静者世无有也。元符二年，儋耳米贵，吾方能绝食之忧，欲与过行此法，故书以授。四月十九日记。"

　　苏轼实际上不必挨饿。他的好邻居好朋友也不会让他挨饿。他似乎是过得开心又轻松。有一天，他在头上顶着一个大西瓜，在田地里边走边唱时，一个七十多岁的老太婆问他说："翰林大人，你过去在京城当大官，现在想来，是不是像一场春梦？"此后苏轼就叫她"春梦婆"。有时他在朋友家遇到雨天，就借那家庄稼汉的蓑衣斗笠木屐，在泥水路上溅泥蹚水而回，狗见而吠，邻居大笑。一遇有机会他还继续月下散步的老习惯。有时候他和儿子到六里以外西北海边，那里有一块巨大的岩石，像一个和尚向海而望。好多船只在那里失事，本地人就讲那块岩石有什么灵异。那块岩石下面，生长了许多橘子树和荔枝，在那里正好摘水果吃。但是如果有人摘得吃不了，打算带着离开，立刻就风浪大作。

　　此次到海南岛，以肉体的折磨加之于老年身上，这才是真正流放。据苏轼说，可以说在岛上要什么没有什么。他讲："此间食无肉，病无药，居无室，出无友，冬无炭，夏无寒泉，然亦未易悉数，大率皆无尔。惟有一幸，无甚瘴也。"

　　可是他那不屈不挠的精神和豁达的人生哲学，却不会使他丧失人生的欢乐。他写信给朋友讲："尚有此身付与造物者，听其运转流行坎止无不可者，故人知之，免忧煎。"

　　这几年之中，苏过是父亲形影不离的伙伴。据苏轼讲，象苏过这样的好儿子实在是难能可贵，无以加矣。他不但做家中一切琐事，同时也是父亲的好帮手。在如此高明的父亲教导之下，苏过很快便成了诗人画家。在苏轼的三个儿子之中，苏过也成了一个有相当地位的文学家，他的作品也已经流传到今日。他遵守父命，得到了父亲当年在祖父教导下相似的教育。他有一次将《唐书》抄写一遍，借以帮助记忆。此后，又抄写《汉书》。苏轼博闻强记，他读过的这些史料每一句都记得。有时他倚在躺椅上听儿子背诵这些书，偶尔会指出某些古代文人生平的相似之处，并评论之。

　　他们经常以没有好笔好纸为苦，但仅用手中所能得到的纸笔，苏过也学着画些冬景竹石。大概二十年后，苏过到京城游历，在一座寺院中稍停，几个皇宫中的军兵忽然到来，抬着一顶小轿，要他进宫谒见徽宗皇帝。苏过完全不知是何原因，只得遵命。一上轿，轿帘子立刻放下，所以他看不见是往何处去。轿上无顶，有人持一大阳伞遮盖。他觉得走得很快，大概过了四五里，到达一个地方停下。他走出轿来，见自己站在走廊之下，有人过来接引他到一座极美的大殿。他一进去，看到皇帝坐在里面，身穿黄袍，头戴镶有绿玉的帽子。皇帝周围有一群宫女围绕，穿得极为鲜艳。他觉得那样美的宫女为数不多，但是不敢抬头看。当时虽然是六月，殿中极为清凉。屋里有巨大冰块摆放，点燃的妙香气味弥漫在空气之中。他认为自己必是在一座宫殿里。施礼问安之后，皇帝对他说："我听说你是苏轼之子，善画岩石。这是一座新殿。我想让你在墙壁上绘画。因此请你前来。"苏过吃了一大惊。徽宗自己就是一位大画家，他的作品留传至今。苏过再拜之后，便开始在墙壁上作画，这时皇帝离座走近，站着看他动手。画完之后，皇帝再三赞许。告诉宫女送苏过美酒一杯，还有好多贵重礼品。苏过自大殿退出之后，又在走廊之下上轿出宫，在路上依然轿帘低垂，回到家之后，想起刚才的经历，恍然如梦。

岛上没有好墨，苏轼就自己试制。苏过后来说他父亲险些把房子烧掉。这个故事与杭州一名叫潘衡的制墨专家有关系，这位制墨人所卖的墨价比别家高出两三倍，他说他是在海南岛跟苏轼学的制墨秘法。有些文士向苏过打听他父亲制墨的办法，苏过笑道："家父并没有什么制墨秘诀，在海南岛闲来无事时，以此为消遣罢了。一天，著名制墨家潘衡来访，家父就开始和他在一间小屋里制墨，烧松脂制黑烟灰，到半夜，那间屋子着了火，差点儿把整个房子烧掉。第二天，我们从焦黑的残物中弄到几两黑烟灰，但是我们没有胶，父亲就用牛皮胶和黑烟灰混合起来，可是凝固不好，我们只制得几十条像手指头大的墨。父亲大笑一阵，没多久潘先生离开。"不过，在苏过讲述这件往事时，潘衡这家店铺的墨已经非常好了。显然是他从别人那里学得的制墨秘诀，而不是跟苏轼学的，他只是借苏轼的名声卖墨而已。

现在，苏轼闲来无事，却养成到野外采药的习惯，并考订药物的种类。他考订出来一种草药，在古医书上是用其他的名字提到过，别人从没有找到，而他发现了，自然十分高兴。在他写的医学笔记中，有用荨麻治风湿的办法，荨麻含有黄体素和荨麻素，像毒藤一样，皮肤碰到就红肿疼痛。他说把荨麻敷在初起风湿的关节上，其他关节的疼痛都可以消失。他还认为苍耳的治病功效极佳，苍耳极为普通，各处都长，并且没有什么害处，吃多久都可以，怎么吃法亦无不可。他告诉人把此植物制成白粉末的办法。方法是，在文火上，把这种植物的叶子灰，加热约二十四小时，即可。这种白色粉末，如果内服，能使皮肤光滑如玉。他还有些笔记提到蔓菁、芦菔和苦荠。他称这些东西是"葛天氏之民"的美食，味道好，营养高。

除去做这些事之外，他还在儿子的帮助下，整理文稿杂记，编成了《东坡志林》。过去他和弟弟苏辙分别为"五经"作注，他担任两部。在黄州谪居时，他已经注解完《易经》和《论语》。现在在海南，他又注完了《尚书》。最了不起的是他所和陶渊明的诗一百二十四首。在颍州时他就开始这项工作，因为当时在被逼之下，过田园生活。他觉得自己的生活与陶潜当年的生活，可谓天缘巧合，完全相似，而他又非常崇拜陶潜。离开惠州之时，他已经作了一百零九首，还只剩下最后十五首没有和，这十五首和诗就是在海南岛写成的。他要苏辙给这些诗写一篇序言，在信里说："然吾与渊明，岂独好其诗也哉！如其为人，实有感焉。"他觉得和陶潜的为人也很相似，很多仰慕苏轼的人，大概也有同感。

苏轼父子两人在贬官海南的日子里，一直挂念着家里的亲人，日夜盼望着北返中原。然而时间一天天、一年年地过去了，却始终等不到皇上开恩赦免的好消息。元符三年正月，苏轼在海南听闻黄河恢复北流的消息，这又激起了他回归的欲望。他忆起自己和苏辙曾极力主张北流，并因此受到元祐执政大臣们的妒恨，被迫离朝外任。现在北流实现了，朝廷论功行赏之时，自己却仍在海南被贬，少柴缺米，艰难度日。他希望朝廷能认可自己的忠诚和功劳，转念又想到自古以来忠臣、功臣遭受流放，至死不还的也多得是，自己恐怕也难以侥幸。想到这里，他不禁又感到灰心和失望。

三、天意归途

元符三年苏轼已经六十二岁，这是他谪居海南儋州的第四个年头了。他又兴致勃勃地酿酒了，这次酿造的是天门冬酒。苏轼对酿酒总有一种宗教观念，他认为酿酒能否成功，是预示着人的命运、机缘的。他起初酿酒，始于黄州的艰难岁月，初次酿造，又缺少钱，买的原料不符合要求，酿酒失败。他认为是人穷，穷人办事，件件事都捉襟见肘，很难成功。后来，他得到多才多艺的西蜀道士杨世昌的指导，酿成蜜酒，东坡虚心好学，终于掌握了关键。此后，定州酿松酒、惠州造桂酒、真一仙酒，都成功了。尤其是在惠州，多次得道士秘诀，苏轼对酿造技术，已是了然于胸，熟能生巧了。即便如此，东坡也不轻易酿酒，他总感觉酿酒和自己的命运有一种联系似的，要等待某种机缘，才能下定决心去酿酒。

苏轼也不希望重复酿制以前会酿的酒。他喜欢创新，他喜欢超越自己。这次在儋州酿造天门冬酒，原因是阅读了道家仙书。在葛洪《抱朴子》中说，天门冬汁可酿酒，用此酒服散非常好。魏晋之间文人服五石散，曾因此死去了大量的服食之人，他深知其后果之严重，不敢以此身去冒险。孙思邈《千金方》中说：天门冬酿酒，服之，去三尸虫，轻身益气，令人不饥。这对苏轼非常有吸引力。既然唐朝的孙真人已熟知天门冬酒，那么，凭东坡的酿酒技术，酿造天门冬酒想来一定能成功。儋州没有好的天门冬，他去信给大陆的苏迈，要他寄来上好的天门冬。

可能真正促成他酿造天门冬酒的，却是这样几件有如天意的事情。去年，黄河又恢复了北流，宋神宗元丰四年，澶州黄河决堤，黄河变成向东、向北两支流。没过多久，向东一条淤塞，只剩下向北流的一支。宋哲宗元祐三年，枢密院安焘等大臣上奏，建议疏浚东流黄河故道，使黄河东流。一批大臣也力主此议。苏辙坚决反对这一观点，认为陵谷变迁，顺其自然，宋神宗并无过错。但是，苏辙寡不敌众。于是，就开始引黄东流的巨大工程。此项工程劳民伤财，结果，使东、北二支同时并存，东流河床高出地面，非常危险。北流顺其自然，仍为主流。元祐三年，苏轼作哲宗侍读时，他要小皇帝读《祖宗宝训》，讲到神宗时，赞叹他对黄河北流的决策："先帝说陵谷变迁，虽神禹复出，亦不能强，这真圣明。盖水之性本为向低处流，而强迫黄河东流，此之谓违反自然。"此时，许多因施行黄河东流工程而升官发财的人，对苏轼简直恨之入骨。元祐四年，苏辙又上书说："臣兄轼前在经筵，因论黄河等事，为众人所嫉，迹不自安，遂求引避。"元符二年六月，东流黄河决口，并入北流，东流于是断绝。因而许多支持东流的大臣，都因此被惩处。历史事实证明苏轼、苏辙等大臣的赤诚忠心及判断才能。苏轼高兴得作了《庚辰人日作，时闻黄河已复北流，老臣旧数论此，今斯言乃验，二首》。诗评家说此诗："已形北归之兆，气机动矣。言者，心之所发，虽然有不自知其然也。"实际上，苏轼是知其然而作此诗。第二件天意征兆是《五色雀并引》中讲到的："海南岛有一群五色鸟，常以两只绛色雀为领头鸟，其他彩色雀都追随绛色雀。当地黎族人叫它们是凤凰，久旱见凤凰就意味着下雨，久涝见之则天晴。我蛰居儋州城南，曾在庭前看见过一次。今天，又在进士黎子云和其弟弟黎子威家第二次见到凤凰。凤凰离去时，我举起酒杯，祈祷说：'凤凰啊，如果你们是因我来的，那应当再来一次。不一会儿，我果然又见到凤凰，我就作了这首诗。"诗的开头说："粲粲五色羽，炎方凤之徒。"结尾说："回翔天壤间，何必怀此都。"苏轼相信自己要离开儋州了。

为了检验自己的命运是否真有转机，苏轼特地重抄自己平生最满意的八篇赋（前后《赤壁赋》《杞菊赋》《胡麻赋》《洞庭春色赋》《中山松醪赋》《酒子赋》《酒隐赋》），如果抄错一个字，即天意留我；如果一字不错，则定可北返中原。东坡老人专心致志，抄完八赋，诵读一遍，竟一字不差。东坡高兴雀跃，祈祷上苍保佑自己平安北返中原。

受这种种天意的鼓励，苏轼决心酿天门冬仙酒。天门冬性苦寒，能润肺、生津、清热。东坡常口渴，多热病，服此仙酒，定有补于己。苏轼亲自动手操作，幼子苏过帮着干些重活。

苏轼把天门冬淘洗干净后晒干，煎熬成汁，以汁浸泡糯米，作饭，等饭冷到与人体温度相似，加入酒曲，中间掏挖成井形，井中灌满天门冬汁，一般来算，夏天需七日，冬天需十日，天门冬酒就酿成了。苏轼虽熟知这些常规，但他仍不敢大意。他从《外台秘要》中看到："天门冬酒，初熟，味酸，久停则香美，余酒皆不及。"苏轼懂得，酿天门冬酒，最怕发热，一热，酒就会发酸。因此，东坡在酒瓮上只盖了件夹衣。日夜在瓮边又是侧耳细听，又是伸鼻闻嗅。正月十二日，苏轼闻到天门冬那特殊的清香。香气越来越浓，桃椰庵中，到处飘溢着天门冬酒香，就开始滤酒。酒香诱人，苏轼就尝了一口，入口并不甜，只有香味，酒下肚后，却齿颊留香，甘甜无比，口舌生津。一边滤，一边尝，美妙无比。滤完酒，他已经醉意朦胧。他抬头看看菜园，南国的冬天，菜花茂盛。金黄的菜花突然变成模模糊糊的一片淡黄色。这一片淡黄色慢慢扩大，吞噬了竹篱笆，又溶进了纷纷细雨。他只觉得东风拂面，脸上每一条皱纹都舒展开来了。

苏轼在藤榻上睡着了。苏过给父亲盖上一件皮袄。一阵阵鼾声，吹出一阵阵酒香。苏轼做了一个彩色的梦，梦到一群五色雀在他周围飞舞欢唱，两只绛色头鸟正在为他送行，原来他渡过海峡，已踏上了大陆了……

多彩的梦刚醒，他还沉浸在梦中。他兴致所至专门作了两首七律。

一首是：

> 自拨床头一瓮云，幽人已先醉浓芬。
> 天门冬熟新年喜，曲米春香并舍闻。
> 菜圃渐疏花漠漠，竹扉斜掩雨纷纷。
> 拥衾睡觉知何处，吹面东风散缬纹。

另一首为：

> 载酒无人过子云，年来家酝有奇芬。
> 醉乡杳杳谁同梦，睡息齁齁得自闻。
> 口业向诗犹小小，眼花因酒尚纷纷。
> 点灯更试淮南语，泛滥东风有縠纹。

又过了大约半个月左右，苏轼就接到了北归中原的诏令。苏轼在岭南六个半年头的贬谪生活宣告结束，受牵连的苏辙、黄庭坚、张耒等，也相继获得了自由。

回归的愿望终于在这一年实现了。原因却不是因为朝廷认为他主张北流有功，而是皇帝的座位上，又一次换了人。这年正月，宋哲宗病逝，时年仅27岁。端王赵佶继位，也就是宋徽宗，第二年改年号为"建中靖国"。宋徽宗登极后罢免了章惇、蔡卞等主张绍述熙丰的大臣，四月皇长子出生，于是宣布大赦天下，又下诏令被贬谪流放的元祐朝大臣范纯仁等人恢复原职，苏轼等人内迁中原。

五月苏轼接到内迁廉州的诏令，一边准备启程，一边向儋州邻居及学生告别。儋州三年，苏轼和这里的百姓已相融无间，他非常感激儋州百姓对他的帮助和支持，苏轼在其《别黎民表》一诗中这样写自己的体会：

> 我本海南民，寄生西蜀州。
> 忽然跨海去，譬如事远游。

离开海南，就像离开家一样，苏轼分作诗记之，其中一首有：

> 余生欲老海南村，帝遣巫阳招我魂。
> 杳杳天低鹘没处，青山一发是中原。

当苏轼渡海北返的时候，心情欢乐中又带着许多的感慨，劫后余生，恍若梦中。回首往事，又觉得数年的贬谪生涯，是多么值得回味，其诗《六月二十日夜渡海》形容：

> 参横斗转欲三更，苦雨终风也解情。
> 云散月明谁点缀，天容海色本澄清。
> 空余鲁叟乘桴意，粗识轩辕奏乐声。
> 九死南荒吾不恨，兹游奇绝冠平生。

苏轼到达廉州后没有待多久，又接到改任舒州团练副使，永州安置的诏令。于是他又一面启程，一面通知苏迈、苏迨带全家到广州会合。与此同时，苏辙也在奉命徙居永州的途中，在虔州接到任濠州团练副使岳州居住的诏令。

苏轼和苏辙被贬后，他们的门生故旧，也纷纷遭到株连。秦观、黄庭坚、张耒等人都被贬放远州，其中秦观被"编管"在雷州。苏轼渡海北返，在雷州遇到了秦观。分手后苏轼得知秦观也被允准北归的消息，以为师生很快又会见面，没料到传来的却是秦观在返途中死于藤州的噩耗。秦观才华过人，是宋朝杰出的文学家，他的词作更是自成一家。他为人坦诚，重视友情，死时仅52岁。苏轼闻讯后难过得两天食不下咽。他在《答陈伯固书》中说："我能全身而返，不是天幸又是什么呢？只是对少游的逝世感到无穷无尽的悲伤。"苏轼把秦观词《踏莎行》中"郴江幸自绕郴山，为谁流下潇湘去"两句写在扇上，又写道："少游已矣，虽万人何赎！"

苏轼一家在广州团圆，没多久又继续前往永州，在英州又接到诏命：恢复朝奉郎的职务，"提举成都玉局观"，"在外军州任便居住"。这样一来，也就是说，他又成为朝廷的官员，可以得到宋王朝专门为退休官员设置的宫观使的薪俸，而且可以在京城以外任何地方居住，不再受到约束了。于是他便不再前往永州，开始考虑到什么地方归园养老。

他在虔州逗留了一些日子，以便计划筹备安家之事。当时有两个方案，一是去东南，苏轼在常州有田地，可以到那里安家；一是去许昌，和苏辙一同居住。苏辙在鄂州也得到"提举凤翔上清太平宫"，任便居住的诏命，便北上返回颍川还来信劝苏轼也到许昌。苏轼收到信，想念弟弟，便决定去许昌，可是走到真州，见到表弟程德孺和黄师是、米芾、钱济明等几位亲戚朋友，向他介绍了目前朝廷中的情形，劝他不要北上，使得他又改变主意，决定还是到常州去居住。

五月一日，他到达金陵之前，他已经写信给故交钱世雄，求他在常州城内为他找房子。但是在那半年内他所写的那些信的内容，显示出他颇为犹豫不定。苏辙这时已经回到许昌的老农庄，而且已经写信要他去同住。可是他却不知如何是好，拿不定主意。他知道常州地濒太湖，风光美丽，并且他在常州也有田产，可作生活之资。他很希望和弟弟住在一处，可是弟弟有一大家人，而且家境并不宽裕。他不知道该不该带一家三十口人，子孙仆人等，去加重弟弟的负担。接到信之后，他先是决定去和弟弟结邻而居。他在金陵渡江，告诉儿子迈和迨到常州处理家事，然后在仪真相会。他还真写了公函请求拨四只官船，供一家人往京都方向前进。

可是，皇太后那年正月不幸病逝，现在已经是五月。一切情况表明政策又要恢复旧观。苏轼判断恐怕又要有事故出现，所以不愿住得靠近京畿。他给苏辙写了一封长信，把他们不能相会归咎于天命。他说："吾其如天何！"情况既然这样，他自然只好定居在常州。全家安定之后，苏轼才让苏迈去任新职，他和另外两个儿子则在太湖地区的农庄上居住。

这时，苏轼在仪真等待孩子们前来相接，他就住在船上。那年夏天突然来到，而且非常之热。他奇怪自己从海南回来，为什么反觉得在中原中部会如此之热。太阳照到岸边的水上，湿气从河面上升，他觉得十分难受。在六月初三，他得了大概是痢疾一类的病。他以为自己喝冷水太多，也可能是一直喝江水的原因。第二天早晨，觉得特别体虚无力，就停止进食。因为他自己懂医术，就自己买了黄芪来吃，觉得好了很多。中医认为黄芪是很有力的补药，能补血补内脏各经脉，是衰弱病症的好补药，而并不适于专治某一种病。这味药在目前还在研究，因为很多如今的人天天用碗喝黄芪汤，证明确有益于身体。

四、荣辱瞬灭

建中靖国元年（1101 年）六月，苏轼到达京口，突然收到章惇的儿子章援的书信。章援此时正在京口，正准备陪伴章惇去雷州贬所。元祐三年正月，苏轼主持礼部考试时，章援以第一名及第，也算是苏轼的"门生"了。章援以为苏轼将要重登朝堂，担心父亲遭到报应，他说："南海之滨，上有雾气，下有积水，毒气熏蒸，这是您亲自经历过的，如今回想起来，一定还会感到后怕；何况家父年事已高，身体又非常不好，贬去这样的环境，实在叫人惴惴不安。好在老父性情豁达开朗，不护短，心中反省自己的过错，感戴皇上的恩泽，或许还能自我宽慰；如果节制饮食，而且辅以药物，或许可以侥幸不死。否则的话，假使稍有愤愤之情，交结于胸中，忧思郁结，很轻易就会伤到元气，再加上瘴毒瘟疫，那么朝夕之间恐怕……，我怎么忍心说出来呢！更何况考虑到还要长期滞留在那里！每想到这里，悲伤之极，因此心怀犬马般的恐惧心情，为人子的私下为父亲求请，日夜盼望：当今圣上仁慈宽厚，怜悯老臣，降下前所未有的恩泽，稍稍松弛法网，让他还能东归田园，安度晚年。这样低微的祈求，悲伤涕泣，片刻起卧，也不能忘。"他希望苏轼还朝执政后，不念旧怨，宽恕章惇。

苏轼因路上中暑，精神不大好，头昏眼花，看了章援的信，他非常开心，对苏过说："这篇文章，和司马迁的一样。"立刻让随从准备笔墨，写了回信，信中说："看了你的信，感叹不已。我与章丞相交往 40 多年了，虽然中间政见稍有不同，交情并未受到损害。听到他高龄寄身海边，此时心情也不愉快；只是过去的事再说还有什么用，只谈谈将来的事好了。皇上极为仁慈诚信，这是连草木动物都知道的。建中靖国的意思，就是以安定为治国之本。至于说到雷州的气候并不是很糟，冷热都比较适中。海船到来时，各地的货物大多都有。如果你们兄弟须先从福建、客家、四川、广东来的船中购买大量日常要用的药，除了自己治病，还可以给同乡邻里用。另外丞相很久以前就知道练功健身之法，从前之所以未能炼成，正是因为受到重用，公务繁忙的缘故。如今闲置外放，正适合完成修炼。不过只可以从体内培养丹田，切不可服用丹药。我在海外，曾写了一篇《续养生论》，很愿意写出寄去，因病未能写成，到常州后一定翻检出来，以便抄录给你们……"信后还附了一服强身祛病的"白术方"。这封信笔势翻飞，一挥而就，也是一幅书法艺术的杰作。苏轼大笔一挥，道出了他与章惇的友谊，挥去了 40 年的恩恩怨怨，展示了他宽阔的胸怀、高尚的品格。

苏轼在京口还赶上了老朋友苏颂的去世。苏颂字子容，和苏氏家族有着多年的交往。早在嘉祐年间，苏洵带着苏轼、苏辙二次进京时，苏颂就前来和苏洵认族。"乌台诗案"时，苏颂受人诬告被关进御史监狱，和关押苏轼的牢房仅一墙之隔。元祐时期，苏颂又和苏轼、苏辙同为翰林学士。苏颂为政没有特别强烈的党派倾向，办事小心谨慎，为人诚恳。元祐年间执政的大臣们遇事都直接向高太后请示，不把年幼的宋哲宗放在眼里。只有苏颂在向高太后请示后，总是要再去禀报皇上，并且劝别的大臣尊重皇上。在元祐年间的朋党纷争中，他也能保持中立。元祐七年，苏颂做了宰相。绍圣年间章惇等人报复元祐朝大臣，也有人弹劾他，宋哲宗则予以制止，苏颂不但是苏氏家族的朋友，而且是苏氏家族荣辱盛衰的见证人。苏颂死于建中靖国元年（1101 年）五月，享年 82 岁。

苏轼听说苏颂去世的消息，百感交集，立刻派苏过前去吊唁，又抱病写了文章以表祭典，此文叫"饭僧文"。当时把施斋饭给僧人，为死去的人作功德叫做"饭僧"，饭僧时写的祭文，叫"饭僧文"。苏轼在文中讲："虽然人品的端正高洁，我不敢说和他一样；但在平生作为的大节上，互相没有什么遗憾的。"当苏颂的子孙前来道谢时，苏轼因病侧卧在床，不能起身还礼，只是在床上不停地流泪。

回到常州之后，他的病还是迟迟不愈。始终没有胃口，一个月时间，始终躺在床上。他感到大去之期已不远。在家人陪伴之下卧床养病，好友钱世雄几乎每隔一天就去探望他。他在南方时，钱世雄不断写信捎药物给他。每逢苏轼觉得好转一些，他就让儿子苏过写个便条去请钱世雄来闲聊。一天，钱世雄到来时，发现苏轼已不能坐起来了。

苏轼说："我能够从南方，万里迢迢，生还中原，十分高兴。唯独心里难过的是，归来之后，始终没看见苏辙。我们在雷州海边分手后，就一直没能再见一面。"

又过了一会儿，他又说："我在海南，完成了《论语》《尚书》《易经》三书的注解。我想把这三本书交给你，把稿本妥为收藏，不要让人看到。三十年之后，一定会很受人重视。"

然后他想打开箱子，可是寻不到钥匙。钱世雄劝慰他说，他的病一定会好，不必急在一时。在那一个多月里，钱世雄经常去探望他。苏轼开始和最后的喜悦，都是在创作上。他把在南方所作的诗文拿给钱世雄看时，两眼炯炯有神，似乎忘却了一切。有几天，他还能写些小文札记题跋之类文章，其中一篇是《桂酒颂》，他把那一篇送给钱世雄，他知道这位好朋友一定会悉心珍藏的。

七月十五日，他的病情恶化。夜里发高烧，第二天清早牙龈出血，觉得身体特别虚弱。他分析病征，相信自己的病是由于"热毒"，就是一般所谓传染病。他认为只有让病毒力尽自消，别无办法，用药物治愈是没用的。他于是不再吃饭，只吃人参、麦冬、茯苓熬成的浓汤，感觉到口渴时，就饮下少许。他写信给钱世雄说："庄生闻在宥天下，未闻治天下也。如此而不愈则天也。非吾过矣。"钱世雄送给苏轼几种据说颇具奇效的药，但是苏轼却不肯服用。

七月十八日，苏轼把三个儿子唤到床前说："我生平未曾做恶，相信不会入地狱。"他告诉他们不用伤心，嘱咐他们说，苏辙要为他写墓志铭，他要和妻子合葬在苏辙家附近的嵩山山麓。几天之后，他好象有点起色，让两个小儿子扶他由床上坐起，扶着走了几步，但是感觉不能久坐。

七月二十五日，康复已经绝望，他在杭州期间的老朋友之一维琳方丈，前来探视，一直陪伴着他。苏轼虽然不能起身坐起来，但他希望让方丈留在他屋里，以便说话。二十六日，他作了最后一首诗。方丈一直和他谈论今生和来生，劝他念几首倡语。苏轼笑了笑。他曾读过高僧传，知道他们全都离开人世了。

他说："鸠摩罗什呢？他也离开了人世。是不是？"鸠摩罗什是印度高僧，他东晋时期来中国，独自将印度佛经三百卷左右译成中文。一般人认为他是奠定大乘佛法的创始人，中国和日本的佛教即属于这一派。鸠摩罗什行将去世之时，有几位从天竺同来的僧友，正在替他念梵文咒语。纵然如此念，但是鸠摩罗什仍旧病况转坏，不久去世。苏轼在《后秦书》中，读到过他的传记，还依稀记得。

七月二十八日，他很快衰弱下去，呼吸已感到困难。根据风俗，家人要在他鼻尖上放一块棉花，好方便看他的气息。这时全家都在屋中。方丈走得离他很近，向他耳朵里说："现在，要想来生！"

苏轼轻声道："西天极乐也许有。可空想前往，又有何用？"钱世雄此时立在一旁，对苏轼说："如今，你最好还是要做这样未来之想。"苏轼最后又说道："勉强想就不好了。"这是他的道家道理。解脱之道在于自然，他不知善而善。

儿子苏迈走上前去请示遗言，但是父亲一言未发，苏轼便离世了，享年六十四岁。半月以前，他曾写信给维琳方丈说："岭南万里不能死，而归宿田野，遂有不起之忧，岂非命也夫！然生死亦细故尔，无足道者。"

苏轼离世一年之后，在当权的一群小人政客还没有把长江以北拱手奉送给来自荒沙大漠的异族之前，一件历史上的大事发生了。那就是著名的元祐党人碑的竖立，也是宋朝朋党之争的一个结局。元祐是宋哲宗的年号，在那些年里，以苏轼为首的蜀党执政。元祐党人碑是哲宗元祐年间当政的三百零九人的黑名单，这些人以苏轼为首。石碑上刻有奉圣旨这三百零九人及其子孙永远不得为官之言。皇家子女也不得与此名单上大臣的后代通婚，如果已经有婚约，也奉旨取消。与此相同的石碑要分别在全国各县竖立；直到现代，好象有些山顶上还留有这种石碑。这是将元祐党一网打尽、赶尽杀绝的办法，也是立碑的小人政客蓄意使那些元祐党人千秋万载永受羞辱的恶计。自从宋朝因王安石变法失败使社会混乱，纲纪败坏，把宋朝北方拱手让与金人之后，元祐党人碑给人的观感，和立碑的那群小人的想法，可就天差地别了。随后一百多年间，碑上元祐党人的后代，都以碑上有他们先辈的名字向人夸耀。这就是元祐党人碑在历史上出名的原因。实际上，这些碑上的祖先之中，有的并不配享有此种光荣，因为在立碑时要把反对党斩草除根，那群政客小人全把自己个人私下仇人的名字也擅自列入了，所以此一黑名单上的人是各式人等兼而有之的。

在宋徽宗崇宁五年（1106年）正月，似乎是出于天意，天空出现彗星，立在文德殿东墙上的元祐党人碑突遭雷击，裂为两块。毫无疑问，这是上天降怒。徽宗大惧，但因怕宰相反对，派人在深夜时分悄悄把端门的党人碑破坏。宰相发现这件事，十分气恼，但是却毫无惭色地说道："此碑可以破坏消灭，但碑上人名则应当永志不忘！"现在知道，他是如愿以偿了。

雷电击毁石碑这件事，使苏轼身后的名声越来越大。他辞世后的前十年之间，凡石碑上刻有苏轼的诗词或他的文字的，都奉文销毁，他的著作严禁刊行，他在世时一切官衔也全部削夺。当时有文人在札记中曾记有如下文句：

> 东坡诗文，落笔辄为人所传诵。崇宁大观间，海外苏诗盛行。是时朝廷禁止赏钱增至八十万。禁愈严而传愈多，往往以多相夸。士大夫不能诵东坡诗，便自觉气索，而人或谓之不韵。

第十二章　自然人生

一、养生之道

苏轼的养生之道又是怎样的呢？

苏轼曾经有言："未有天君不严而能圆通觉悟者。"所谓解脱，亦或者佛道，都始于本心的自律。人在能获得心神的宁静之前，必须克服恼怒、恐惧、忧愁等感情。在黄州那一段日子，苏轼开始钻研佛道，此后的作品也就染上了佛道思想的色彩。他专心研究灵魂的奥秘。他问自己，人如何才能得到心灵的解脱？有印度的瑜伽术，有道家的修炼法，为人提供很好的心灵控制法，如此可以达到情绪的稳定，促进身体的健康，当然是在很长一段时间以后，甚至会炼就"长生不死"的丹药。因此，他对寻求长生之术十分着迷。人身的不朽与灵魂的不朽是应当截然不同的，因为不管对灵魂看法如何，身体只不过是个臭皮囊。若经过适当的修炼，灵魂早晚会抛下臭皮囊而飞升到仙界去。退一步说，身体的不朽，至少包括一个可修炼达到的目标，就是延缓衰老，增加寿命。

长寿的目的包括身心两方面。在身体方面，其目的在求精神焕发的健康，体格与精力的强壮和旺盛，以及祛除缠绵的疾病；精神方面，在于求得心灵和情绪的稳定以及灵魂元气的增长。再加上朴实的生活，某些中药的理疗，行为的修习就与长生术在不知不觉中结合起来。简单点说，这种方法在中国称作"养生术"或是"炼丹"。所求取的丹，是内外兼指。"内丹"，按照道教的说法，是静修坐忘；"外丹"是"铅汞"之术，则中国道家所寻求的一种长生不死之药，一旦得到而服用之，便可成仙升天。外丹中最重要的成分是汞的合金。在这一点上，外丹术炼金术合而为一了，完全与欧洲的炼金术雷同。

苏轼之所以会喜欢上道家仙术或印度瑜伽，一方面因其人生坎坷，另一方面我们也可从其小时的经历窥到些缘由。苏轼的启蒙老师是道士张易简。那时眉州天庆观北极院也算是一所小学，经常有学生一百人左右。苏轼每天去上学，一共学了三年。这三年启蒙教育，对幼小的苏轼一生崇尚道家道教有深刻的影响。晚年，苏轼贬居海南，一日梦回天庆观北极院，老师张道士恭候在庭院，若有所待，看见苏轼就说："老先生且回到这里来吧！"道观中，他的门徒正在诵读《老子》："玄之又玄，众妙之门。"眉山另一位"隐者"，曾给苏轼讲了一堂课。年幼的苏轼遇到这位隐士，隐者摸其骨相说："孺子近道，唯独今后一定要少思寡欲。"苏轼问："思虑与欲望，对人的养生修炼同样有害吗？"隐者答："思虑比欲望更有害于养生。"他指着庭院里两只蓄满水的缸说："庭院中两只水缸，如果其中一只有蚂蚁大小的洞，一直在流水；另一只，每天只取一升水，你说，哪一只缸中的水先没有？"苏轼说："那肯定是有蚁漏的那只。"隐者说："不错！多思多欲对人的害处，犹如蚁漏之水缸，它的坏处是蚁漏似乎难以让人发觉，人们不觉其害。"苏轼牢记隐者之言，认为不思不虑无忧无愁之乐，简直不可言传。苏轼曾给自己的堂取名"思堂"，告诫自己不要总是专心于思虑之苦，不要去自寻烦恼，而要自找乐趣。

秀丽而古朴的眉山，是远离中原的古色古香的小城。眉山的士大夫贵族，崇尚西汉经学，崇尚隐居修炼，不求入世为官。苏轼在童年、青年时期，受眉州风气影响，一心希望到眉州的道教圣地青城山修炼隐居。《与刘宜翁使君书》中说："轼龆龀好道，本不欲婚宦，为父亲所强，一落世网，不能自逭。"他在给苏辙女婿王库的信中说："轼少时本欲逃窜山林，父亲不许，迫以婚宦，故汩没至今。"元祐年间在汴京为官时，苏轼已经是翰林院、端明殿两大学士，为皇帝起草过不少诏书。但他已厌倦无止无休的党争，多次请求离开京城，别任外郡。幼年好道、欲求隐居的潜意识又萌生了。他请当时著名画家李伯时画了一幅《卜居图》，苏轼题跋道：

> 余本田家，少有志丘壑，虽为缙绅，奉养犹农夫；然欲归者盖十年，勤请不已，仅乃得郡。士大夫逢时遇合，至卿相如反掌，惟归田，古今难事也。……吾若归田，不乱鸟兽，当如陶渊明。

苏轼希望归隐田居，与自然万物为友，就像隐渊明一样。难怪后来贬居海南时，他和陶渊明所有的诗韵，作了"和陶诗"一百二十多首。童年的熏染，影响了苏轼一生的生活和创作。

苏轼的弟弟苏辙也习练气功瑜伽，他是在神宗熙宁二年，跟随一个道士学的。这个道士在给苏轼的次子看病时，方法是吹"神"入腹。苏辙到淮扬送兄长到黄州时，苏轼发现弟弟精神焕发。苏辙童年时夏天肠胃消化不好，秋天咳嗽，吃药不见效。现在他说练气功和打坐，病都好了。苏轼到了黄州，除去钻研佛经之外，他也曾在一家道观里由元丰三年冬至开始闭关七七四十九天，在他写的《安国寺记》里可以看出，他用很多时间来练习打坐。他在天庆观深居不出，则是在练道家的辟谷，辟谷在道家气功中是境界最高的。苏轼同时给武昌太守写信，向他请教炼朱砂的方法。在他写的一首诗里，他说在临皋堂里已经另辟一室，架有炉火，以备炼丹之用。

在给王巩的信里，苏轼道出他对修炼等方面的看法，认为道家之方术丹药对身体有好处，他曾亲自服用过。还说弟弟苏辙现如今面目清润，精神很好。经常练习气功可使身体健康，但气功这种健身之法，必须持之以恒。说到苏轼的练功养生，有这么一个故事：

在熙宁十年二月，苏轼和苏辙相聚于徐州。七年没有见面的这对兄弟再次相见，无比高兴。苏轼才从密州调至京城还没上任，不久又被排挤出政治中心，出京做徐州知府。苏辙从济南调到南都，路经徐州，就在徐州住了一段时日。四十二岁的苏轼，早衰多病，头发又疏又白，耳朵已有些聋，怕冷畏寒。而苏辙，得气功异人指点，早已祛除肺疾，长年练功，养成习惯。他在诗中说自己已炼就内丹。兄弟俩住在逍遥堂，同床而眠，无话不说。头天晚上，兄弟俩先是下棋，但话及时政，苏轼是万分愤怒，苏辙也满腹牢骚，两人空对着棋枰。

"我们离别七年，日夜盼望见面，如今相见，难道是为了'无言对空枰'吗？"苏轼说。

"以前我们同床共枕，同窗读书，分别后常常吟韦应物的'那知风雨夜，复此对床眠'！今日重逢，见哥哥秋霜满发，始信兄长诗中常说'人生如寄'之理。不知兄长内功练得如何？"苏辙问。

"可惜没有异人指点，总是不得要领。"

"异人指点，只是师傅引进门。能否学成，关键还在自己的恒心。"苏辙说，"熙宁八年，张伯端的《悟真篇》售于市上，想必兄长早读过了吧？"

"早已拜读，但却未能入门。"

"入门先得筑基百日，兄长何不从今天开始？"苏辙的建议，得到苏轼热烈的赞许。他们收拾棋枰棋子，立即上床。苏辙躺下后说："我在给李邦直诗中讲，炼成内丹，'真能一醉逃烦暑，定胜三杯御腊寒'。三伏大暑，别人烦躁怕热，我却能如入醉乡，不知天热。三九严寒，别人要借酒御寒，我有内丹在身，胜过喝三杯烧酒，不知其寒！"

"子由，我看你天资近道，自幼心静，无为豁达，又得异人养生长年之秘诀，已炼成内丹。为兄若能学得一二，则我可无忧无虑了。子由，官场混乱，我们相约，早些退休，再住在一起，那就相从之日长了！"

苏轼正说之间，忽听弟弟被窝中传出一阵阵雷声样的响动。"子由累了，大概是在打鼾了吧！"苏轼正寻思着，断断续续的雷声传来，越来越响。苏轼怕自己耳聋，听不真切，就翻身起来看苏辙，苏辙轻声地说："快睡下，这不是鼾声，此乃气在腹中运行之声。"苏轼惊异万分，没想到弟弟已有此种境界！难怪他生了七八个子女后，反而比以前显年轻！苏轼决心要向苏辙学习气功。

苏辙之气功做了半炷香工夫，然后就收功，给苏轼介绍如何练闭气胎息："身要轻，心要静。欲念要少，晚饭要少吃。晚饭后更不能贪吃零食。最好在子时前腹中空空，空腹作胎息，气息流畅。"以此，苏轼才真正开始练胎息功。

眼看百日将到，苏辙必须去南都赴任。苏轼的内功，得苏辙面授秘诀，也已入正轨。为了苦练内丹，苏轼满怀信心地告诉苏辙："但令朱雀长金花，此别还同一转车。五百年间谁复在？会看铜狄两咨嗟。"道家阴真君《金液还丹歌》讲："北方正气为河车，东方甲乙成丹砂。两情合养归一体，朱雀调护生金花。"苏轼的诗大意如此：这次，得苏辙指点，炼成内丹，犹如"朱雀长金花"，那么，兄弟俩都成仙了！这次百日相逢后的分别，如同风转帆车，转过去后，又会转回来。兄弟俩双双修炼成仙，五百年后，我们俩会一同去摩挲铜人呢！

苏轼送别苏辙那天嘱托弟弟："南都靠近京城，也是事端特别多的地方，一切纷争人事，你不要介入。你就安心练内功，只当自己是瞎子聋子。我也决心练好内功，'会须扫白发，不复用黄精'。"苏轼练功的决心之大，令苏辙放心了！

苏辙离开徐州，又快半年了。繁忙的公务，已经耗去了白天的精力。苏轼只有到了晚上，才想起练内功。一天之中，只有在作胎息时，好似才真正恢复了自我，而这种宁静的心态，一进入梦乡，又被混乱而变幻莫测的梦搅乱。第二天一大早，州府里种种琐事纠缠，深感烦躁。苏轼已意识到这种不良的心态，想找几位内功高手请教一番。

一天，苏轼去云龙山解闷散心，又遇见老朋友道士张天骥。张天骥正在亭前放鹤。苏轼在亭前极目远望，只见彭城之山，冈岭四合，隐隐如大环，只缺西方。眺望西方，茫茫平川，此亭正对西方。苏轼问张天骥：

"张山人，通常筑亭，都面南朝阳。你这亭子为何朝西方？"

"家父见彭城东南北三个方向，冈岭相连，只有西边是一马平川。放鹤时，他常让鹤望西山之缺而放，纵其所如，没有山岭阻挡。那鹤或立陂田，或飞云外，暮则沿东山返回。"

"那这亭子应叫'放鹤亭'。"苏轼随口而说。

"得太守题名，家父一定高兴。"

"我来题写匾额，改日叫州府派人送来。"

"代家父谢太守。"张天骥拜揖，苏轼连忙摆手，问他："令尊在哪里？"

"从上个月起，家父已在练辟谷，快一个月了。每天不食五谷，只饮些水，偶而吃些许蔬果。"

"我听闻令尊以前曾辟谷二个月，有这件事情吗？"

"有的。家父今年已经七十，他这次想辟谷更长时间。"

苏轼要张天骥陪同，前去拜会天骥之父张希甫。

苏轼见到张希甫。只见老人清癯而有精神，步态健硕，神清气爽，目光炯炯，苏轼不胜羡慕。

"先生年已古稀，却像神仙一般。"苏轼说。

"草民乃一介隐士，何劳太守知州大人拜望。"张希甫作揖道："只有那些造福于民、有大功德之人，才能成仙！苏大人去年秋天率领彭城军民战胜洪水，那才是天大的功德呢！"

张希甫告诉苏轼："我们原先的草堂，去年秋天发洪水时，被水淹去一半。今年春天，才在更高的东山之麓新盖了这一草堂。蒙太守大人错爱，多有帮助，令草民多有愧疚！"

"先生，隐居之乐即使贵为帝王，也享受不到！苏某也是爱山乐水之人，还望今后公务之余能常来打搅先生。"苏轼又询问了许多辟谷的事情，还有老人的生活习惯，养生秘诀之类。张希甫说："大人是一州之长，公务繁杂，怎能学我等隐士辟谷呢！大人心地仁慈，一心为民，这就是成仙的天赋了。为今之计，大人要善于养气。人之一身，躯体乃是皮囊，关键是运行于全身的精、气、神。精、气、神三者，忽分忽合，实则密不可分。养精能蓄锐气，精气足则神旺。神气足则又能生精。"

"家父作古文时，常讲孟子名言'吾善养吾浩然之气'。"苏轼忽然记起父亲把"浩气"当作自己的座右铭这件事。

"不错，浩然之气就是精、气、神都旺时才有的正气。练内功，就是要练出这种正气。"说罢，张希甫又请太守去草堂。苏轼步入草堂，进入一间静室，原来是张希甫修炼静功的卧室。壁上挂着一幅画。此画非山水花鸟，却是人体。张希甫指着那轴画说：

"大人，这是道家流传的烟萝子《养神关锁秘诀图》，真气在人体运行的路线，全在这幅图中。"苏轼惊讶地说："久闻烟萝子有《内真通玄歌》以及《秘诀图》，今天在老先生家才大开眼界。愿听先生细述。"张希甫手指画的下方桌上一盆花，盆里栽种着锦被堆，粉红色的小花长满带刺的枝条，"这种锦被堆，又叫粉团儿，淡淡的花香，不知大人闻到没有？"

"早已闻到。"苏轼嗅了嗅说道。"气，无色无味无形，很难把握。您把这香味想象作一股气。现在，我想听大人讲气在人体内任督两脉如何运行。"张希甫如此形象地讲内气，苏轼一听便明白要领，跟他在《道藏》中看到的《黄庭经》的原理是相同的。

从此苏轼常去云龙山，去得最多的地方，那就是放鹤亭下张天骥家。苏轼豪放的个性，热爱生活的性情，使他无法静下心来。他常与张天骥对饮。这张天骥虽说是道家隐士之流，但也酷爱饮酒，喜欢热闹。有时候苏轼带了州府的歌妓，在放鹤亭下张氏家中饮酒听曲，赋诗吟唱，苏轼那种奔放不羁的豪情，才华洋溢的天赋，也令张天骥父子吃惊。张希甫对儿子说："苏太守是文曲星下凡，有仙家的天分，却很难有练功的恒心。"

一次，苏轼在放鹤亭与张氏父子小饮，临分别时苏轼说："我饮用山人家的井水，觉得特别甘甜可口，犹如琼浆玉液。请山人再给我一瓶水，让我回家饮用。"张天骥从此派仆人每天给苏轼送放鹤亭的井泉。

苏轼这一年又向七十四岁的王仲素老人学练"养气功"。王仲素本来是朝官，他辞官后隐居潜山，他赞赏苏轼忧国忧民，在徐州治理洪水政绩很突出，特地来徐州拜见苏轼。苏轼招待了他三天，向王仲素学习"养气功"，临别时特作《赠王仲素寺丞》，开头两句就说："养气如养儿，弃官如弃泥。"诗中，苏轼满怀信心地说要苦练内功，吸天地万物之灵气，气运丹田，用它来祛病防衰，返老长寿。

二、气功瑜伽

苏轼因性情使然，练功总是无法大成，但他却对各种养生之术进行研究体会，尤其印度的瑜伽术功夫以及它的原理，为什么中国道家比中国佛家更易于吸收呢？其理其实很简单。诚然，中国佛教中的禅宗一派，专攻打坐，则是印度佛教与中国道教哲学之融和。不过，实由道教先有自然之基础，才能吸收瑜伽之关键思想。道家的特点在于重视自然的沉思冥想，重视由清心寡欲以求心神的安宁，尤其重视由修炼以求长生不老。庄子《南华经》里，也有劝人凝神沉思，甚至于专心内观的文字。

练瑜伽术时，由于控制身心，就导人入于宗教的神秘境界。其领域由控制反射，进而达到精神中较深的境界。其好处身心得兼。瑜伽术的修炼者可以达到物我两忘的心境，和宁静出神的愉悦。这种喜悦虽然是暂时的，恍惚的，但确实是非常舒服，所有的修习者都希望尽量享受。现代练瑜伽术的印度人和中国人都承认他们获得的身体健康、心情安宁，与情绪的稳定，都非以前梦想之所及。此类功夫为"打坐"，或"静坐""内省""冥思"等，或是其他佛道两家的名称。自然一些身体扭曲过甚的姿式，如"孔雀姿""鱼姿"，或因其过于费劲，一些修习者拒而不学，而苏轼也只是以练几个舒服姿势为满足。

苏轼对佛经、《道藏》的精华已做了系统性的汲取，而且时常和僧道朋友们讨论。以他弟弟为榜样，他开始练气功和身心控制。对求长生不死之药的想法，实际上他并不专心，但是即便没法得到，只要能获得身体健康与心情安宁，他总是高兴的。瑜伽修炼身心健康的方法最适合一些文人，因瑜伽的精要是休息，是有计划的，自己感觉得到的休息。不但规定在固定时间如何呼吸，并且规定身体采取各种姿势，还要打消头脑里自然的思想。练习瑜伽，可以用简单也并不专门的术语描述为——在于努力少思想，以至一无所思，最后一点仍是最难做到的。最初是集中思想于一点，这已经够难，因为人的头脑总是习惯于漫想。使思想集中于一点还是初级阶段；再高一个层次，使专心于一点进而到一点都没有的思想，最后竟至达到无思出神的放松境界。

瑜伽术的特点是全部身心的休息，再运用各种方式的控制呼吸。此时胃中轻松无负担，浑身处于一种完全放松的姿态，深深的呼吸，身体则保持那种非常容易得到氧气的姿势，而同时并不消耗太多的精力，静练瑜伽功夫可以机敏到感觉出自身内在各类器官的活动。特别在最后的阶段，人可以内省，而成为自己的观察者，在更为微妙的阶段，可以以旁观者之身份，可以观察思想之间那段空白。最高阶段，在心灵里一无所思，而能觉察比较微妙的东西，消除自我的观念，对此各宗教皆有其不同的原理和解释。一种解释是个人的灵魂和世界万物完全的融合，这正是印度教修炼的目标。但是，不管人对宗教的看法怎么样，瑜伽术使人获得的心境，虽然与睡眠和自我暗示状态相似，但还是不同等的，因为心灵还保持完全的清醒和反射的控制，而且瑜伽术的修练者确实记得这种状态下发生的一切活动。

苏轼在叙述自己的修炼状况时，说到瑜伽术有许多明确的特点。他控制呼吸，把脉搏跳动五次左右的时间作为呼吸的一个周期。像一般瑜伽的修炼者一样，苏轼计算他的呼吸周期，也和别人一样，他自称在控制呼吸时有一段时间完全自发而规律。在集中注意力时，他也是凝神于鼻尖，这是瑜伽的一个特点。苏轼也描述了一种为人所知的瑜伽感觉，在此期间，身心完全休息，再加上内在知觉的高度灵敏，他感觉到脊椎骨和大脑间的振动，以及全身毛发的生长态势。

苏轼去掉了那些弯腰弯腿、脖子等类似杂技的动作，以及其他奇怪的扭曲动作，而且首创了定时的吞咽唾液的修练方法。他还向张方平推荐他的练功方法，在信里他这样描写："每夜以子后披衣起，面东或南。盘足叩齿三十六通。握固闭息，内观五脏，肺白肝青脾黄心赤肾黑。次想心为赤火，光明洞彻，下入丹田中。待腹满气极，即徐出气，惟出入均调，即以舌接唇齿，内外漱炼津液，未得咽下。复前法闭息内观。纳心丹田，调息漱津，皆依前法。如此者三。津液满口，即低头咽下，以气送入丹田。须用意精猛，令津与气谷谷然有声。径入丹田，又依前法为之。凡九闭息三咽津而止。然后以左右手热摩两脚心，及脐下腰脊间，皆令热彻。次以两手摩熨眼面耳项，皆令极热。仍案捉鼻梁左右五七下。梳头百余梳而卧，熟寝至明。"吞咽唾液的方法与道家五行阴阳论密切相关，有人可能觉得怪诞，可是对相信这种五行论的人则很有道理。苏轼作品中最不易懂的一篇散文叫《续养生论》。在这篇文章中，他将中国非常难懂的古语"虎从火里出""龙从水中生"解释得非常独到。苏轼说，我们随时都在消耗自己的精力，主要是两种方式：其一，包括种种情绪上的纷乱，如愤怒烦闷、忧愁、情爱等；其二，包括泪、汗、排泄物。在道家的宇宙论里，火用虎代表，水用龙代表。代表火或控制火的是心，代表水的是肾。根据苏轼的解释，火代表公正；因此在心控制身体之时，其趋势是善。另一方面，人的行动如果受肾控制，其趋势则为邪恶。所以肾控制人体之时，人就为恶欲所左右，于是"龙从水中生"，意即损毁元气。在另一方面，人们就受心火所引起的情绪不安所困扰了。人们生气就会相争，失望忧愁就会顿足，高兴就会舞蹈。每逢情绪非常激动，身上的精力元气则由心火而消耗，此之谓"虎从火里出"。这两种毁损元气的行为都是"死之道也"。因此人们应当借心神的控制，一反水火正常的功能。而吞咽唾液是以心火把肾水压下去。

此外，道家还努力寻找"外丹"，又称为"方士丹"，也就是"仙丹"，就是长生不死之药。中国道士主要用汞的化合物来制炼。因为汞的特殊性质，有像金属的光泽、重量大，其密度接近黄金，还易于流动，和金属（如金和铜）等混合，还可变成气体、粉末、液体等。这种金属当然引起炼金术士的关注，不管西方、东方，都认为那是最容易炼成人造黄金的原料。在苏轼的时代，中国的炼金术大部分是受阿拉伯人的影响，如同欧洲一样。但是在汉代，却有记载，说有中国人炼金成功，想来大概是用金的化合物提炼的。晋朝道士葛洪，曾用金与水银炼制成药，可延缓衰老。葛洪认为草木烧过之后变成灰烬，可是丹砂烧过后变成水银、冷却后又成丹砂，因而可以使人长生。他又讲丹分为九品，按炼制程序而药效不同，最精者人服后三日成仙，最次者则需耗时三年。炼丹的原料为原砂、白矾、雄黄、磁石、还有曾青。

何薳，他父亲曾由苏轼推荐为官。《春渚纪闻》的作者曾在书中以一章之多的篇幅记载长生不死之药，在当时很时尚。何薳所说的几个人，前面已经提过，另有几个人是何薳的亲戚。《春渚纪闻》中有几则故事也是作者经验谈。此书和一本叫《苏沈良方》的书，记载过一些炼朱砂的方法。如果读完那些故事和炼丹方法，就会得到这样的印象，总是有一座炼丹炉。炼丹者用水银、硫黄、铜、银、砷、硝酸盐或是硝石或其他合金炼制金丹，或许他们还试用其他东西。

该书中有一个故事，说有一位道士确能炼出真金，京城的商人都试不出是伪造。由于何薳的记述，大概那个道士用的是金矿砂，他能从其中提炼出黄金。其中欺人之处是道士说他用的是一种铜砂，因而用铜变黄金的说法自然就轰动了。苏轼还向何薳的一位亲戚表演过以铜变金。他称那矿砂是铜，他说他以铜砂来携带身边，而不用纯铜，是因为纯铜在旅途中有被偷窃的危险。那铜砂在火上加热，但并不融化。等道士在锅中放入一点白色粉末，竟变成了黄金。

那位道士曾与朋友约定十年之后在某处相聚。

几个朋友在指定的地方相会时，大家比较"炼丹"的成果。那个道士告诉朋友他已得到秘诀，只是所炼成品尚含有杂质。一个朋友说他已找到一种药粉，可以除去杂质。只要加上这种粉末，就可以炼出纯金了。

几个朋友说："咱们到京城去。听说京都'栾家金店'为国内最大金店，若能经得起他们的试验，咱们的办法就算对了。"他们拿了十两自己炼出的黄金去卖。

店家将黄金检查，过秤，用火烧，然后按真金价格付了款。朋友很高兴，终于成功，彼此相贺。

大家相对说："现在咱们终于可以成仙了。我们如果不愿抛弃红尘，可以用此钱吃喝玩乐。咱们再炼一百两分用吧。"

那天晚上，大家彻夜饮酒，都有几分醉意，把铜矿砂放到炼丹炉里就一起去睡了。夜里，铜水四溅，引燃了房子。三个友人还沉醉未醒，救火的人已经来了。那位道士醉得不太厉害，从火里逃出来。怕被捕，又识得水性，就跳进汴河，顺水游下。"若是修庙筹款，我当然要炼，但也要先求上天答应。"那道士说。

苏轼对于各类硫化汞药剂，也特别有兴趣。因为大家都晓得汞有毒，因此他试验那些药物时，特别警惕。因为那些药物的制造秘诀不为人知，其中什么成分谁也不太清楚。与苏轼同时代的一个人，就记载过一人因吞服汞化药物而死，那是因为他要在皇帝面前试验一个药方。而且道家术士也试验别的化学物品，如硝磺、硝石，甚至由钟乳石提炼出石灰质，为了尝试其药效，吃下肚子，结果引起溃疡。苏轼本人则吃两种别的，据说是仙家的食物，就是茯苓和芝麻。芝麻多油，并含有定量的蛋白质，自然有营养价值。但这种东西被认为是仙家食物，大概主要是因为道士居住在山上，不易找到别的食物的缘故。植物生长的地方越偏僻，越与普通的五谷杂粮不同，就会越被认为是仙人的粮食。

苏轼也写了两篇关于炼制外丹的札记：一篇叫《阳丹》，一篇叫《阴丹》。阴丹指的是从生第一胎男婴的母乳中提炼出来的东西。把乳汁放在银汞合金制成的锅里用文火加热，一边加热一边用同一金属造的调羹缓缓搅动，直到乳汁凝结，最后制成药丸形状。

苏轼除了修道以外，表明他那合乎情理的简单生活原理的，就只有这些他从古书上摘录下来的四条规则而已。有一姓张的人向他请教长寿良方，他就写出这样的四句话：无事以当贵。早寝以当富。安步以当车。晚食以当肉。

通常说来饿了就吃，但应吃蔬菜，那比各种珍味都有益健康。但吃饱之后，就不应再吃，即使有非常可口的菜肴也应当禁食。或许这是穷人度日之法，但对于那些修道的人则不是这样的，粗茶淡饭，闲庭信步，皆可比过吃肉坐车，这就是真正的养生之道。

苏轼给李常的一封信中，以常理的看法谈论节制与单纯。他讲："仆行年五十，始知作活。大要是悭尔，而文以美名，谓之'俭素'。然吾侪为之则不类俗人，真可谓淡而有味者。又诗云：'不戢不难，受福不那。'何穷之有，每加节俭，亦是惜福延寿之道。此似鄙吝，且出之不得已也。然自谓长策，不敢独用，故献之左右。住京师尤宜此策。一笑。"

李常这时已回到京城，连王巩也遇赦回返北方。皇帝现在深悔当初对反对派的惩罚了。

三、诗文绘画

苏轼才华横溢，神仙气质。在艺术方面，尤其是在表现中国笔墨欢畅的情趣上，他也能独创一派，这是不足为奇的。苏轼最重要的消遣应是他的"戏墨"之作，因为他那创造性的艺术想象力非此不足以得到任意发挥，他给中国艺术留下不朽的影响。苏轼不仅创造有名的墨竹，他也创造了中国的文人画。他和年轻画家米芾共同开创了以后在中国最富有特点与代表风格的中国画。中国绘画的南派喜欢一气呵成快速运笔的快感，这一派诚然是在唐朝吴道子和王维的笔下创立，与北派李思训之金碧朱红工笔细描是有明显区别的。可是，在宋朝，南派的文人画终于奠定了基础。这一派，重点是在于气韵的生动与绘画者坚定的主观性，其中含有的艺术原理与技巧对现代艺术也极其重要。

在苏轼、米芾、黄庭坚所保存下来的艺术批评之中，能看出文人画在苏轼生活里的起源，可以说是一件幸事。这几位文人都是诗人、书法家、画家。首先必须要知道的是，书画在中国是同源的。不管是技巧、工具材料，还是精神与原理，都是如此。如果不懂中国书法中的美学原理，就不能明白中国画南派的起源。因为中国画南派的始祖，在诗的精神方面有很好的修养，在运用笔墨的技巧方面都已晓其神妙，而且对书法的构造和气势形成的原理都已深得其真谛。书法为绘画提供了技巧与美学的原理，诗则是提供画的精神与气势情趣的重要手段，而且可以表达对大自然的声色气味美妙性的喜悦之情。

在苏轼出生之前，书法、绘画两方面就已经有丰富的艺术传统。苏轼自幼就仰慕吴道子。他在黄州那些年，一直倾其全部精力于绘画。如今他所有的诗画朋友都已雅集在京师，而气氛也非常有利于他在诗画上的创作，正如一个弈棋高手发现了城中另一个弈棋高手之后，他的生活便会有所不同，同样，苏轼的生活现在也改变了。他毕竟是个文人，既然是文人，他的志趣仍然离不开文房四宝。他的门人，也都是出色的文人，不断在他的书斋中流连往返。米芾后来成为宋朝杰出的画家，曾经有一次，他喜欢自己所画的在峭壁悬崖默然无色的巨石那雄壮的气魄，他乃以"丈人"之名称之。他自称"米颠"，别人也以此名相称。米、苏、李，这宋朝三大家，如今时常聚在一处。

这一群文人时常在彼此的家中聚会，饮酒、进餐、玩笑、作诗，而且大部分时间都在悠然佳境中度过。这样的时光中，苏、米、李三人常常走近书案，纸笔墨都在眼前。如果一个人开始作画作诗，或写字，别人便作壁上观，或也因而技痒，为其补上诗句，或增加题跋，当时的情形与气氛理想至极。诗、画、书，这三者主要的源泉，只是两种液体：墨与酒；除去最讲究的毛笔和用最贵、最为稀有的原料做的纸之外，他们有上等酒、上等墨。大书法家和大画家一发现有上等纸张，就忍不住想展技艺。苏轼最爱用的是澄心堂的纸、宣州的诸葛笔或是鼠毫笔，和李廷邦的墨。一个人作完一幅画，通常习惯是由其他文人在上面作几首诗文作评语，或仅仅写刚才说的几句玩笑。有时候苏轼和李公麟一同作一幅画。苏轼画石头，李公麟画松柏树，苏辙和黄庭坚题词。

有一次，十六个的名家聚会于驸马王诜的花园之中，这就是有名的"西园雅集"，李公麟画画，米芾题词。画里有宋朝三大家：苏轼、米芾、李龙眠，还有苏辙及苏门四学士。石桌摆放于花园中高大的苍松翠竹之下。最上面，一只鸟向一条小河飞去，河岸花竹茂盛。主人的两个侍妾，梳高发髻，带高贵首饰，侍奉于桌后。苏轼头戴高帽，身穿黄袍，倚案作书，驸马王诜在附近观赏。在另一张桌上，李龙眠正在书一首陶诗。苏辙、黄庭坚、张耒、晁补之都围在桌旁。米芾站着，头仰望，正在附近一块岩石上题字。秦观坐在多有枝蔓的树根上，正在听人弹琴，别的人则四散各处，以各种姿势，或跪或站，其余的则是和尚和其他文人雅士了。

人们都认为苏轼作品中最精妙的，都是他醉后或兴致昂扬之时所作。在哲宗元祐三年苏轼任主考官之时，他和书画家朋友李龙眠、黄庭坚、张耒等陪考官入闱将近两个月，在阅卷完毕之前是不得出闱的，也不得与闱外联络。他们空闲无事，李龙眠画马自娱，黄庭坚则写悲伤凄惨的鬼诗，彼此讲奇异的神仙故事。至于苏轼做什么，黄庭坚有这样的记载："东坡居士极不惜书，然不可乞。有乞书者，正色诘责之，或终不与一字。元祐中锁试礼部，每来见过案上纸，不择精粗，书遍乃已。性喜酒，然不过四五龠已烂醉，不辞谢而就卧，鼻鼾如雷，少焉苏醒，落笔如风雨。虽谑弄皆有义味，真神仙中人。"苏轼讲自己写字画画时说："我写的画的虽然不是最好，不过都有创意，不拘泥古人之规矩，这乃是人生一大快事。"

苏轼在世时，曾叫人画过多幅画像，其中最有名的是程怀立和名画家李龙眠所画。在李龙眠所画的那一幅上，苏轼斜坐岩石，一条藤杖斜横在膝上。黄庭坚说这张画像正是描绘着他微醉之时的神情。从姿态上看，他很轻松地坐着，似正在思索宇宙中万物盛衰之理，也正享受眼前大自然的奇妙美景。他随时都可能站起来，提笔蘸墨，抒写胸怀中之感触，或是用美妙的诗歌，或是用气韵生动的一幅画，或是用神韵十足的书法。

有一次，杜几先带来一张上等的纸张，请苏轼在上面写字，但是他提出了字的大小排列这样的问题。苏轼笑着问他："我现在是不是有点像卖菜?"哲宗元祐二年三月，康师孟已经刊印了苏氏兄弟九本字帖的精摹本。苏轼的许多朋友都是热心搜集他的字的。一天晚上，他的几个友人在他家，正在翻查几个旧书箱。有人找到一张纸，上面的字是苏轼写的，还依稀可读。仔细一瞧，原来是他在黄州贬官期间醉中写的《黄泥坂词》。有的地方已经污损，连苏轼自己都无法辨认。张耒抄写了一遍，交给苏轼，自己则保存那份真迹。几天以后，苏轼收到驸马王诜寄来的一封信。信中说："吾日夕购子书不厌，近又以三缣博得两纸字。有近画当稍以遗我，勿多费我绢也。"苏轼有几封给最亲密朋友的信，刻在了石头上，他去世之后当作拓片卖，那就是所谓"西楼帖"，这本帖如今还在。

说书法是一种抽象画，这样解释真是再容易理解不过。书法和抽象画，确是类似。在评论书法时，评论者完全不考虑字的含义，而从本质上来看就是一种抽象线条的组合。说汉字是抽象画，只因为不像普通画那样描写具体的物体。汉字是由线条构成的多种组合，具有无穷的变化，而艺术的原理则要求这些字要排列成行，而且必须排列地巧妙，必须和同一行或其他行的字搭配适当。因为汉字是由最复杂的笔画所组成，所以呈现出几何构图的各种问题，包括轮廓、轴线、对比、组织、平衡、比例等项，尤其重视整体的一致。

艺术大部分的问题，都可以说是节奏的问题，不管是雕刻、绘画、音乐，只要美是运动，每种艺术形式就有隐约的节奏。甚至在建筑一座桥梁，横跨一个哥特式的教堂，向高处仰望，也有节奏潜存。从美学上看，甚至可以论人品而说"疾扫""猛冲""狂暴"，这些都是节奏概念。在中国艺术里，节奏的基本理念是由书法确立的。中国的批评家鉴赏书法时，不欣赏静态的比例与对称，而是在头脑里伴随着书家走，从一个字的开始到末尾，再一直到一张纸的末端，仿佛是在观赏纸上的舞蹈一般。因此探索这种抽象画的方式，就不同于西洋抽象画，其基础的理论是"美是运动"，发展成为绘画中至高无上的理论，就是这种观点的基本概念。

这个运动上的节奏美的理念，改变了所有艺术家对线条、质量、表象、材料的观点。因为，倘若美是动态而不是静态的，所有平直的线条和表面，像工程蓝图的东西，当然都不属于艺术的范围。

为了追求富有活性的线条，书法家通常都关注大自然。自然中的线条永远是明暗运动的，且其变化异常丰富。书法家希望在笔下运动中所模仿的，就是自然的节奏韵律，这在很大程度上也借助于毛笔的功能发挥。有的笔划沉稳而丰满，暗示巨大力量，有的点划要暗示清丽整洁，字也有方正的身材骨架，像端正的女人。有的模仿枯藤的姿势，藤的末端稳定而稍稍向上弯曲，再点缀以一些小叶嫩芽以求平衡对称。

苏轼说，他的朋友文与可练习书法甚久而不见成功，从前一人独行山径，看到二蛇相斗。他从相争斗的两条蛇身上的运动，激发了灵感，把蛇具有的那种矫健动作吸取于书法之中。另一位书法家是在看到樵夫和一村姑相遇于山间小径上时，悟出了韵律的秘诀。因为当时樵夫和村姑都要给对方让路，二人当时都犹豫不决，不知谁应该站定让对方先过去。那二人一阵的前后推让，产生了一种动作的韵律，据说这种动作韵律使他生平第一次悟到了书法艺术的真谛。

艺术的关键问题，不论古今中外，大致相同。印象主义简单来讲，就是对照相般的写实的反叛，而主张将艺术家主观的印象表现出来，将此作为艺术上的新目标。苏轼用两句诗充分表达出这种反叛精神。他说："论画以形似，见与儿童邻。"在评价一个年轻写意派画家时，苏轼说："观赏文人雅士的画就像看草原上的骏马，关键在于意境和气势。如果只是线条工整，只能表现表面形象，而无深意，那么看一会儿就会厌倦。但宋子房的画确实是真正的好画。"

宋朝画家又提高了一个层次，在一幅画里，不但要表现作者的印象或理念，也要表现内在的韵律。简单来说，宋代画家要画的是精神，而不是形式。宋代哲学的派别称做理学。在佛教的形而上学影响之下，儒家把注意力从政治的规范形式和社会移开，转而沉浸到心和宇宙方面去。借助于神秘主义和形而上学，他们开始讨论那个"理"字，大概讲，就是自然和人性里的"理由"，或"自然的法则"，或"万物的内在精神"。宋儒囿于古人对抽象的形而上学无能力或无偏好，他们在把"理"当作"自然律"的研究上，钻研不深。但是他们却完全相信在万物的外形后面，有一种无处不在的力量，或是精神，或是"理"；自然本身，是精神，是有活力的，而画家应当在画里把握事物此种无以名状的内在精神。所以画家在画秋天的林木时，不应当以描绘树叶丰富的颜色为目的，而是要把握那不可见的"秋意"或"秋思"。换言之，就是要让人觉得要披上一件夹衣出去感受那干爽清凉的气息，似乎在大自然季节的变换中，体会得到渐渐地阴盛阳衰了。苏轼在教儿子写诗时，让他将花的个性充分表现出来，使人对一首描写牡丹的诗，不致误认是描写紫丁香或梅花。牡丹的特性是丰韵华丽，梅花则飘逸脱俗。那种特性的把握，则有赖于画家的眼睛与诗人的想象。如果画鱼，则艺术家必须了解鱼的特性，但是为达到这个目的，画家必须运用其丰富的想象。在心神上，与鱼同在水中游，体会出鱼对水流和暴风、光亮与食物的反应变化。只有懂得鲑鱼在湍流中跳跃时的快乐，并了解那些鱼是多么富有刺激性，一个画家才应当画鲑鱼。否则，他最好不要动笔。不然，无论他画的鱼鳍、鱼鳞、鱼眼多么写实，那张画仍是没有朝气，没有精神的。

画家必须注意认真观察细节。苏轼有一次记载了一件好笑的趣事。四川省有一个绘画收藏家，在他珍藏的一百多幅名画中，他最珍惜戴嵩画的《斗牛图》。一天，这个收藏家在院子里晾画。一个牧童赶巧在此经过；他向那幅画看了一会儿，大笑摇头。人家问他何故发笑，牧童回答说："牛相争时，牛尾巴一定是紧夹在后腿中间。这张画上牛尾巴却垂直在后面！"

苏轼也不欣赏著名花鸟画家黄筌，因为他对鸟的习性观察错误。只凭观察精确，并不能产生真艺术。画家还要运用直觉的洞察力，等于是对大自然里的鸟兽有一种相通的喜悦。或许要弄懂苏轼描绘万物的内在机理以及他所竭力追求的是什么，最好看他画的一幅仙鹤图上的题诗。他说，仙鹤站在沮水中看见有人靠近，甚至仙鹤连一根羽毛还未曾动，已经有了飞走的意向，但是四周无人之时，仙鹤完全是一副轻松悠闲的神态。这就是苏轼想表现的仙鹤的内在精神。

四、竹子精神

苏轼的表哥文同，家住在四川北部的梓州。文家门前和苏家相同，有一大片竹林。后来文同成了画竹大师，他和东坡有着相同的政治观点，相同的审美情趣。文同还是东坡的画竹老师。

文同流传至今的代表作是《墨竹图》。这幅图画于绢上，无题款，画一枝偃竹，没有根，只画竹枝中段与竹梢，他告诉苏轼："此竹数尺耳，却有万尺之势！"竹枝从绢左上方伸出，出枝弯曲，柔中有刚，刚中有柔，向下逐步变曲，至竹梢又翘首向天，气势逼人。弯曲的枝竿，竹节分明，又自然迎风而折，生机勃勃。竹节两边，密叶纷披，生趣盎然，葱郁喜人。老枝多用浓墨，苍劲有力。嫩叶新枝，则用淡墨。浓淡相间，非常和谐。撇叶锋长，有枪尖般的寒光。叶尾拖笔飞白，运用行草笔法，这本是文同擅长的。整枝竹布局合谐，气韵生动，传神地画出了竹子临风擎雨、斗霜傲雪的精神。

苏轼深晓文同善画筼筜谷偃竹，所以趁文同还在筼筜谷时，求他画一幅筼筜谷偃竹。文与可没多久送他一幅画，苏轼还高兴地作了《文与可画筼筜谷偃竹记》，文尾记到与可去世半年后，那时苏轼在湖州任上，他在其中叙说那年七月七日我在湖州晾书晒画，看到这幅竹图，不禁失声哭泣。当年曹孟德的诗中有"车过腹痛"之语，我曾将此作为戏言和他玩笑，想到此更感到友情之可爱。曹操对死去的老朋友发誓赌咒，自己如果路过朋友墓地而不拜祭，必将"车过腹痛"，苏轼借用来形容自己见到文同筼筜谷偃竹图时的悲痛的感情。

苏轼见过文同许多幅墨竹、筼筜偃竹画，并为文同作品写题跋及评赞。还有两篇短的，其一是《戒坛院文与可画墨竹赞》文中有："风梢雨箨，上傲冰雹。霜根雪节，下贯金铁。谁为此君？与可姓文。唯其有之，是以好之。"另一篇是《文与可画赞》："友人文与可既没十四年，见其遗墨于吕元钧之家，嗟叹之余，辄赞之：'竹寒而秀，木瘠而寿，石丑而文（纹），是为三益之友。粲乎其可接，邈乎其不可囿。我怀斯人，呜呼，其可复觏也。'"

前面一篇画的是墨竹，从文中可知是筼筜偃竹。后者则是枯木竹石"三益之友"。这幅画已失传，但苏轼传世的绘画名作恰恰是《枯木竹石图》。

此图纸本，无款印，上有米芾等名家题诗，可断定为苏轼所作。画作是横幅的，右方为枯木一株，苍老的树干，盘曲而长。枝干中有斜枝，至顶部突然弯曲一周始复向天翘起，分为数枝。枝梢凌空舒展，全树不著一个叶片，却苍劲有力，积蓄着斗霜傲雪、不畏任何打击的姿态。巨石左侧，伸出几支竹子，野趣横生，生意盎然。

苏轼平生爱画枯木怪石，这种特别的审美情趣与两个原因颇有关系。首先，他身处北宋晚期政治斗争的中心，屡次受贬，所谓"欲问平生功业，惟有黄州、惠州、儋州。"一生之中虽做过八州太守，贵为翰林学士、端明殿学士兼做皇帝的老师、秘书，却也受过乌台诗狱之冤，在黄州、惠州、儋州流放过。他既忧国忧民，又豁达开朗，他需要借助枯木竹石来作自己的精神象征，这就像他自题《偃松图》所讲："怪怪奇奇，盖是描写胸中磊落不平之气，以玩世者。"他借助枯木竹石，尽吐自己不平之气，遣兴寄情，蔑视加害于他的政敌小人，以求得精神发泄。其次，枯木竹石，关键在于笔意情趣，需要的功力是书法的功底，而这正是苏轼的特长。这就是绘画史上所讲的"文人画"，后来的赵孟頫、文征明都是书法家，画树木、竹子、石头、花卉，都承接了苏轼的传统。

苏轼跟文同学画竹，文同给他讲"画竹必先得成竹于胸中，执笔熟视，乃见其所欲画者，急起从之，振笔直追，以追其所见，如兔起鹘落，稍纵则逝矣。与可之教予如此。予不能然也，而心识其所以然！夫既心识其所以然而不能然者，内外不一，心手不相应，不学之过也"。苏轼明白怎样画竹，但技法不熟，必然会"心手不相应"，因此苏轼画竹肯定没有达到文同的水准。但艺术创作必有赖作者"胸有成竹"的理论，却是文同、苏轼共同开创的，这一美学原理，给后世产生了巨大的影响。

在明朝人眼里文人画竹，文同、苏轼是两个榜样。薛岗《天爵党笔余》中说：

> 吾乡金本清太仆画竹，亦必在文与可、苏长公之间，以其皆文人之笔，无一毫画工色相。更难在每画之中，诗与书法无一不佳。百世可知，推之以理。

明朝人一定能看到更多的文同、苏轼的竹图，所以对这两位画竹名家的诗、画、书法都相当了解。

文与可画竹，当初并不自以为贵重，四面八方的人带着供作画用的白绢来求他画竹，接踵比肩，门庭若市。时间长了，文与可无法承受，开始厌倦了。有一次，他把白绢扔到地上骂道："我要用这白绢来做袜子！"没想到，这句话在士大夫官僚阶层中广被流传，以为口实。各地辗转相托送白绢求竹画的人更多，文与可不堪其苦！不久，文与可洋州任满返回京师，汴京士大夫更是争相求画。文同为了减轻负担，便告诉京城士大夫："你们请我画墨竹，何不去求徐州太守苏轼呢！他也是墨竹派里的新秀！"文同又给苏轼写了一封信："我在京城告诉文人士大夫，我们墨竹一派，近在彭城，可去求得。我想那些做袜子的白绢很快就会集中到你那里去了！"信末还附诗，其中有两句说"拟将一段鹅溪绢，扫取寒梢万尺长"。鹅溪绢，是文同故乡梓州附近向朝廷进贡的珍品，主要是用来作画。苏轼接到这封信，非常了解自己的墨竹老师的用意，就写了一封复信说：竹长万尺，当用绢二百五十匹。我明白你在汴京无法应付，已经厌倦，所以要我画墨竹，我也很想要这些绢呢！老实的文同立即回信："我的话太狂妄了，世上哪来的万尺长的竹子呢？"苏轼又以诗作信："为爱鹅溪白茧光，扫残鸡距紫毫芒。世间那有千寻竹，月落庭空影许长。"诗的大意是：我为了能得到那白玉般光亮的许多鹅溪绢，准备用尽家中的鸡距笔。世间哪里会有万尺长的竹子呢？有的，你看月亮照到庭院中时竹子的影子，不就有万尺长吗？文与可回信说："子瞻的辩才，令我钦佩！然而如果有二百五十匹鹅溪白绢，我将买田归老了！"文与可还画了他的得意之竹——筼筜谷偃竹，送给苏轼。

苏轼得到文同的多年指点，画墨竹、枯木、石头也非常出名，有些画作流传至今，已成国宝。苏轼四十九岁那年，从黄州到金陵，路经当涂，当地一位退休在家的郭祥正，想要苏轼诗书画，专门宴请他多次，苏轼曾在郭家醉画石竹，又赠诗书，有诗《郭祥正家醉画竹石壁上，郭作诗为谢，且遗二古铜剑》：

> 空肠得酒芒角出，肝肺槎牙生竹石。
> 森然欲作不可回，吐向君家雪色壁。
> 平生好诗仍好画，书墙涴壁长遭骂。
> 不嗔不骂喜有余，世间谁复如君者。
> 一双铜剑秋水光，两首新诗争剑铓。
> 剑在床头诗在手，不知谁作蛟龙吼。

苏轼的绘画和书法，早就名满京师。元丰三年，苏轼同乡石康伯收集到书画数百轴，"以册编之，谓之石氏画苑。幼安与文与可游，如兄弟，故得其画为多。而余亦善画古木丛竹，因以遗之，使置之苑中"。汴京书画古董文物收藏家石幼安的"石氏画苑"，是宫廷画苑之外著名的画苑，就像今天的美术馆、展览厅、画廊一样。东坡的"古木丛竹"能进入"石氏画苑"，也证明了他的绘画达到很高的水平，至少，除文与可之外，东坡也算画竹的名家。

苏轼和文同，这两位北宋的爱竹的名人，两个人是政见相似的政治家，清正廉洁有志气的官吏，更是胸有成竹的艺术家。他们两人之间的深情厚谊，有《题文与可墨竹并叙》可以为证：

> 故人文与可为道师王执中作墨竹，且谓执中勿使他人书字，待苏子瞻来，令作诗其侧。与可既没八年，而轼始还朝，见之，乃赋一首。
> 斯人定何人，游戏得自在。诗鸣草圣余，兼入竹三昧。时时出木石，荒怪轶象外。举世知珍之，赏会独予最。知音古难合，奄忽不少待。谁云

生死隔，相见如龚隗。

　　"隗"是指晋朝的艺术家隗炤，临终时告诉妻子，五年之后有位"龚"姓朋友会送给我们一笔巨款。五年后，他的妻子果见朝廷使者龚氏路过，龚氏、隗氏都精通《易》，龚根据卦象，告诉隗氏妻，她家堂屋东头，有一青瓷，里面有金五百斤，隗炤妻子回去挖掘，果如卦象所言。文同画好墨竹，要等苏轼题诗。这就是知音之语。文同因胸有成竹，故能入竹三昧。"举世知珍之，赏会独予最。"这并非夸张，在中国文化史上，是苏轼最早给予文同最为恰当的高度评价。